全国青年司法書士協議会50周年記念誌

使命を胸に
―青年司法書士の軌跡―

全国青年司法書士協議会　編

発行　民事法研究会

全青司50周年記念誌発刊に あたって

第45代全青司会長

川上　真吾

　1970年2月1日に創立された全国青年司法書士協議会（以下、本書におい
て「全青司」という）は、今年（2020年）創立50周年を迎えた。この50年とい
う歴史は、市民の権利擁護のため、そして司法書士制度確立のために、全青
司の諸先輩方、全国各地の青年会（各地の青年司法書士の団体は、「青年司法書
士協議会」「青年司法書士会」「青年の会」などと呼称されるが、本書において
「青年会」という）の諸先輩方が闘ってこられた、その闘いの歴史にほかなら
ない。

　その闘いの歴史を繙けば、司法書士制度廃止論から全青司が生まれ、市民
の信頼にその存在意義を求め、制度的基盤の確立、法改正運動、社会問題へ
の取組みなどに邁進してきたことがわかる。「制度的基盤の確立（市民のた
めの司法書士）」をめざして活動に邁進してきたのが、創立から1990年代頃で
あろうか。上記の活動の中で原野商法や多重債務問題、消費者問題、貧困問
題や労働問題など、許しがたい社会問題に遭遇し、「市民の権利擁護のため、
社会正義の実現のための活動」にも邁進するようになり、現在の全青司では、
制度研究と社会正義の実現が活動の両輪となっている。

　2002年、金子良夫会長年度の月報全青司の役員就任あいさつにおいて、当
時の後閑一博副会長が「そろそろ制度内正義は本会に任せて、社会正義の実
現のために戦う集団になろうよ！」と書かれていて、それが私にはとても印
象深く感じられた。

　このような先輩方の全青司活動の軌跡を、過去の「月報全青司」や大会資
料、総会資料により振り返ってみると、その情熱と行動力、発想力に感動す

1

ら覚え、現役として活動する私たち全青司役員にとっては、現在の全青司活動への大きな刺激となり、道しるべとなっている。

そして、全青司50年の活動の成果の一つとして、今般の司法書士法改正に「使命規定」が創設された。司法書士は人権擁護の担い手であることが明確となり、また、それをもって「自由かつ公正な社会の形成に寄与すること」が司法書士の使命であることが法律に記された。

さて、全青司50年の歴史に照らし、現在の司法書士界を俯瞰してみる。使命規定は創設されたが、はたして「法律家」として市民の信頼を得ることができ、司法書士の制度的な基盤は確立されているといえるのだろうか。現在、弁護士の大増員による司法書士の簡裁代理権不要論、裁判事務を取扱う司法書士が少ないという指摘、簡裁事件への関与率の低下、人権問題・社会問題へ取り組む司法書士が増えないという指摘が聴こえてくる。また、法研究・各種制度研究はしっかりと市民の声を踏まえたものとなっているのか。さらに、市民と接する機会が少ない形態での業務が、いまだに司法書士業務の中心となっていないだろうか。

やはり、まだまだ、司法書士制度は道半ばといわざるを得ない。それどころか、現在の司法書士の多くが見ているものが、市民ではなく、ほかの何らかのものであるとするならば、司法書士制度の行き先はとても危ういのでは、とすら思える。

私たち司法書士は、市民の信頼にしかその存在基盤を求めることはできない。それは全青司50年の歴史から明らかである。もう一度、「今」を生きる私たち青年司法書士がそのことを確認し、全青司は51年目も、その先も、市民のための活動に邁進し、市民のための司法書士制度、法制度の確立のため闘い続け、走り続けていく。

苦難の途
──全青司創立について──

初代全青司会長

髙橋　一夫

　1964年の春、政府の行政改革委員会が発足し、当時の社会党の太田薫氏が就任、資格改革運動が起こり、その俎板の上に司法書士がのった。司法書士は役所の下部組織として書類を書き、運ぶ機能であり、単に「代書」をしているだけで、何ら国民の役にたってない、不必要ではないかとの意見がだされた。法曹界はもちろん経済界からも賛成の意見が噴出、司法書士会も日司連をはじめ、右往左往する事態が生じた。当時は、代書の看板を誇りに、研修すら無く、社会的評価の低さは目に余るものがあった。

　司法書士廃止論に憤慨した私は、全国の青年司法書士に呼びかけた。

　司法書士の必要性を踏まえ、まずステータスの向上にあり、国民に愛される司法書士となるため、東京、大阪、愛知の若手司法書士が数回集まり、未来を考え、討議のうえ、司法書士を改革するには、青年司法書士しかない。各自が発奮せよとの意見が噴出した。その結果、1970年２月１日熱海「ホテル大野屋」において、各地の青年司法書士が集まり創立総会が220名出席の下開催。会則制定、役員が選任され全青司が発足、創立された。

　会議で一番問題になったのは、建議の件で対象が単位、日司連、法務省民事局等いずれにすべきか？　強硬説、柔軟説入り混じった。

　当日は研修会が総会に熱中したため時間がなく、事後に開催することになる。これが現在まで総会、研修会の年１回の慣習となり、当初は東京、大阪で開く予定が、これについても組織つくりのため、各地で開かれるようになった。第１回研修会は東京オリンピック村において合宿形式で開かれている。

　なお、結成後の苦労は並大抵ではなく、各単位会の会長から単位会がある

にかかわらず、二つの会ができることは組織が成り立たないとの反撥があり、日司連の総会で話さえさせてもらえず、私自身、涙を流したこともあった。

　50周年おめでとう……。今まで続いて発展していることにつき、感無量である。結成した私にとって、当時青年会が必要性であったことに、間違いないと自負している。苦労を喜びに変えたい。

　今後、皆様に言えることは、未来を考えるのは青年であり、青年が活躍する団体は必ず発展に連なるものである。設立当初から、全青司が考えた、簡裁訴訟、立会理論、登記のコンピュータ化、国家試験に至るまですべて実現されている。当時の青年は今の時代を見据えていたことに間違いはなかったのである。

全国青年司法書士連絡協議会創立総会

『使命を胸に──青年司法書士の軌跡──』

目　　次

全青司50周年に寄せて

第3部
全青司活動の記録

目　次

全青司
50周年に寄せて

使命規定を活かす先進的活動に期待する

九州大学・東京経済大学名誉教授

大出　良知

　全青司とのお付き合いは、1980年代半ば頃から始まったと記憶している。1980年代から1990年代にかけてごいっしょした方々の多くは、その後日司連の枢要な地位を占められることになった。それは、全国研修会はじめさまざまな場面での全青司の活動から受けていた印象からすれば必然的な事態であったであろう。市民の視点から、司法書士制度の発展をめざし、牽引する意欲的で活動的な集団であり、制度発展の原動力を見る思いがしていたからである。

　そのような活動とのかかわりで記憶にあることには限りがない。中でも特に忘れられないのは、1992年9月5日と6日の2日間にわたって福岡で行われた全国研修会である。前年に福岡に赴任してたということもあり、その準備をお手伝いすることになった。1年近くにわたった実行委員会では、主として全体会議のもち方にかかわり毎回忌憚のない激論が終了後の飲み会にも継続で闘わされた。

　研修会全体のテーマは、「視点——司法書士の存在意義と使命」ということだったが、それを受けて全体会議で、どのような議論を行うかが主たる課題であった。長時間に及ぶ議論の末、全体会議のテーマは、最終的に「市民のために市民とともに行動する司法書士」ということになった。要は、市民の要望・需要があり「やろうと思えば、できるのに、ほとんどやっていない業務」にいかに取り組むかを具体的に明らかにし、法律家として実践への道筋をつけようということであった。

　議論では、先進的・意欲的な実践報告があり、裁判事務や遺言執行などの日常業務と結びついた業務のみならず、たとえ日常業務と結びついていない業務であっても需要がある以上、弁護士法72条との関係を気にする前に要請

に応える努力をすべきであるとの認識を共有することになった。ゲストの法学者からも「青年司法書士の成長には本当に驚かされた。……市民のニーズに応えて、仮に72条を侵害したとしても、緊急避難として許される。また、日常業務と結びついていない業務については、職域論の問題ではない。誰がやるかの問題であり司法書士に大いに期待したい」といった激励も表明された（福岡県青年司法書士協議会会報「おっしょい」16号6頁）。

パネラーであった私もまとめに「制度は後からついてくる」と申し上げた（同前5頁）。実践によって市民の需要に応えることによって発展を実現してきた制度のさらなる発展は、全青司の活躍にかかっているとの思いからのエールであった。その後、簡裁代理権を獲得しただけでなく、昨年（2019年）には、全青司が昭和53年（1978年）法改正へ向けて議論の過程で提起していた職責（使命）規定の創設が実現することになった。

使命規定で期待されている「法律事務の専門家として、国民の権利を擁護し、もつて自由かつ公正な社会の形成に寄与する」司法書士の活動こそ、前述の全国研修会の問題関心の延長線上にあるであろう。

50周年を機に、さらなる制度発展への礎を築くべく全青司のますますの活躍に期待したい。

法律家への道

弁護士

木村　達也

はじめに

　私事ながら、私は1971年に大阪弁護士会に登録をした。そして、2020年4月に弁護士生活50年目の節目の年を迎えた。半世紀にわたって日本社会と法曹界の変遷を見続けてきたことになる。そして、全青司の創立が1970年2月1日であるとのことであれば、私は弁護士として全青司の皆さんと同じ時代を生きてきたことになる。

全青司鳥取全国大会「サラ金シンポ」

　1977年5月、私は、仲間の弁護士15名と「サラ金問題研究会」を結成し、「サラ金110番」を開設し、多重債務者の救済と貸金業法規制運動を始めていた。

　1982年の暮れであった。1983年3月に鳥取三朝温泉で開催される第12回全青司全国大会に「サラ金問題と司法書士」というテーマを取り上げるので出席してほしいと、当時の全青司の会長宮谷昭廣さんが訪ねて来られた。

　未だ未だ弱々しい私たちのサラ金運動であったが、全青司の方々が支援してくれるというのは、鬼に金棒であり、百万の味方を得たような心地になった。この時の全国大会は大変盛り上がった。

　そして、その時から全青司の会員の方々との長い長い付き合いが始まった。

クレサラ運動

　私たちのクレサラ運動では多重債務者救済のため、利息制限法を活用し、取立禁止の仮処分、告訴・告発、調停、自己破産・免責の申立てなどさまざ

まな法技術が開発され活用された。法規制運動では、数次にわたる金利引下げ、開業規制、取立規制、画期的な過剰与信規制と、2006年12月13日の貸金業法の成立まで30年、完全施行まで35年の年月を要したが、今や借主保護の法制度が確立されている。この間、弁護士や司法書士をはじめ、行政や被害者の会などの懸命の取組みが進み、世論は借主責任論から貸主責任論に変更された。司法関係者の果たした役割は大きい。

司法書士への期待

代表幹事の甲斐道太郎先生の「司法書士も弁護士も差はない、共に闘いましょう」との言葉に私たちは励まされ、私も司法書士さんたちと運動を進める中で、司法書士さんたちのもつ知識、経験、熱意、能力に感服し、全青司の方々とともに運動を進めてきた。日司連の中央新人研修の場でも、私は司法書士さんへの期待を語り続けた。

弁護士と司法書士が法律家として競い合ってこそ、日本の司法が健全に成長すると考えているからである。

法律家への道

2002年の司法書士法の改正で司法書士に授与された簡裁代理権の権限をめぐる訴訟が、神戸訴訟（大阪高判平21・10・16判例集未登載）、和歌山訴訟（最判平28・6・27民集70巻5号1306頁）、広島訴訟（最判平25・6・7判例集未登載）などとして争われたが、私は司法書士さんたちに対する期待からその代理人を引き受けた。しかし、折角、獲得された簡裁代理権がいまだ十分に行使されないまま眠っているのはあまりにももったいない。法律家にとって、原告側と被告側に分かれて事実の裏表を見る目を養うことは大切なことであると思う。

2019年6月、司法書士法が改正され、司法書士の使命規定が定められた。「国民の権利を擁護し、もつて自由かつ公正な社会の形成に寄与することを使命とする」という高い理念が挙げられた。50年前に比して、司法書士の地位も職域も大きく変化した。全青司は、今こそ、司法書士法改正に伴う国民の負託と信頼に応えなければならないと思う。

陽が射し始める日を信じて

早稲田大学教授

山野目　章夫

　親が二人いて育てられる子は、羨ましい。新幹線でＣの指定席から、斜め前のＤ・Ｅ席がよくみえる。母と父の間に挟まれて座る幼児が、旅という非日常をいきいき楽しんでいる。年齢の要件が満たされれば、鉄道会社の規定上、適法な乗車である。飽きてきた子がグズりだす。親が交代で子を抱いてデッキにいく。

　親が一人であれば、どうか。節約をして子のための座席をとらないならば、ずっと親が抱いていなければならない。グズりだしても。その親は、さまざまな事情から、多くが母である。父子家庭にも困難があり、その論点に留意しつつも（葛西リサ『母子世帯の居住貧困』（日本経済評論社、2017年）第6章参照）、問題の重みは、圧倒的に母子家庭にある。厳しい職場環境で働く母は、帰宅後に子に食事を用意する。児童扶養手当と養育費の調整になお見直すべき問題はないか（児童扶養手当法2条3項・9条2項参照）。また、民事執行法の改正は、しないよりはしたほうがよかった。けれど、その手続は、疲れて帰宅する母が、子に食事を与えたあと、裁判所に出す書類の準備を就寝前に要求する。「1日に142件もの方が、養育費について相談をしなければならないという状況、これが今の日本」である（川上真吾「『全国一斉／子どものための養育費相談会』開催報告」月報全青司462号）。支援しようとする人々の輪が制度の基盤を得るために、全青司は、何をするべきであるか。

　二つの期待がある。

　第一は、外向きの団体であってほしい。「相談の受け皿になることと、個別事件の解決に取り組むこと、法改正や制度改善につなげること」と述べられる際（川上・同号）の、この最後に述べられる活動の強化である。

　養育費は、さしあたり公的機関が取り立てるという制度（フランスに例を

得ると、扶養給付の公的な取立てに関する1975年7月11日附ロワ第618号、なお2016年12月23日附ロワ第1827号による改正）が実現されるべきである。皆で子らを育む覚悟をしない社会は、やがて壊れる。

　要望の二つめ。ウィングを広く！　中道連立政権をつくる際の定石である。イデオロギーが先鋭化すると、主張は明確になり、魅力は増す。が、じつは魅力が増すと感じている者は、もっぱら本人たち。幅広く人々を結集しなければ、制度を実現する力は備わらない。ここ、よく考えていただきたい。

　附録の願いを添える。「達成感」を追い求める組織でないと信ずる。勉強会や相談会が終わった夕暮れ、居酒屋で盃を掲げるビールはおいしい。アサヒ、キリン、サッポロ……なんでもよいし、しないでください、とまでは言いません（私ならハイネケンがいいけれど）。あの母らは、気が晴れるビールを飲む光景など、全く想像が困難であるに違いない。自らの食事の一部を子に与え、かろうじて飢えを躱す彼女たち。私の世代のうちに容易に変わることはない。皆さんであれば、陽が射し始める日に立ち会うことができてほしい。遠い目標を睨み、絶望もいけないし、一時の達成感を求めてもいけない。大切なことは、「日々の達成」ではないか。

全青司50周年に寄せて

九州大学教授

七戸　克彦

全青司第37回大阪全国研修会

　私が全青司とかかわりをもったのは、今から13年前の2008年9月13〜14日大阪全国研修会が最初である。

　当時は現行不動産登記法（平成16年6月18日法律第123号）の制定に続き、会社法（平成17年7月26日法律第86号）が施行されて（平成18年5月1日施行）まもない時期で、研修会初日の全体会では、法務省民事局付検事として会社法の立案を担当された後、2007年4月に弁護士（TMI総合法律事務所）に転進された葉玉匡美弁護士による基調講演が行われた。

　一方、私はといえば、第7分科会「司法書士・立会業務のパラダイムシフト」のパネルディスカッションのパネリストの一人として参加したのであったが、ほかのパネリストは中村善人司法書士（京都会）と齋藤幸光司法書士（群馬会）、コーディネーターは石橋修司法書士（群馬会）で、パネルディスカッションの内容は、群馬司法書士会会報「執務現場から」41号（2009年）90頁以下に掲載された。私自身も大変勉強になった分科会であった。

全青司第44回熊本全国研修会

　その後、全国の青年会の単位会やブロック会で報告・講演の機会をいただいたが、全青司に関しては、2015年10月17〜18日熊本全国研修会・第8分科会での登壇が2度目であった。

　分科会のテーマ（「不動産登記制度から考える司法書士の流儀〜マイナンバーによって実務はどう変わる!?〜」）は、同年10月より通知が開始されたマイナンバー（正式名称は「個人番号」。翌2016年1月よりマイナンバーカード交付開始）

が不動産登記制度・司法書士業務に及ぼす影響に関するものであったが、マイナンバーカードの交付率は、2019年7月1日段階で13.5％にとどまっており、目下（2020年6月現在）法制審議会の部会にて審議中の所有者不明土地問題に係る民法・不動産登記法改正でも、マイナンバーとの連携は後退しているように見える。

全青司第46回広島全国研修会

このように、全青司の全国研修会は、毎回先進的で刺激に満ちたものであったが、2017年9月16～17日広島全国研修会・第7分科会のテーマも、資格者代理人方式の導入という、きわめてホットな話題であった。ところが、その後、どこでボタンをかけ違えたのか、司法書士の内部で意見の調整がつかず、資格者代理人方式の導入問題は、暗礁に乗り上げてしまった。

その後、この方式は、土地家屋調査士に対してだけ導入され（令和元年10月7日民二第187号民事第二課長依命通知「土地家屋調査士等が電子申請の方法により表示に関する登記の申請又は嘱託をする場合における添付情報の原本提示の省略に係る取扱い」）、2019年11月11日から運用が開始されたこの方式は、「調査士報告方式」と呼称されている。

だが、これに対して、全青司は、2018年8月21日「不動産登記制度の未来像に関する意見書」で「資格者代理人完全オンライン方式」を提案した。

さらに、その後においても、全青司は、2019年5月23日には「資格者代理人方式に係る意見書」を公表、2020年1月10日には「『個人情報保護法いわゆる3年ごと見直し制度改正大綱』に関する意見書」を提出、同年3月9日には「民法・不動産登記法（所有者不明土地関係）等の改正に関する中間試案に対する意見書」を提出するなど、社会へ向けた意見表明を今もなお積極的に行い続けている。全青司50年の伝統である「突破者」としての真骨頂に今後とも期待したい。

訴訟支援のあり方をめぐる協働

早稲田大学教授

和田　仁孝

　私と全青司との出会いは30年以上前にさかのぼる。駆け出しの研究者であった私は、本人訴訟に関する経験的調査に従事し、法律家関与の意義について検証を進めていた。そこでの発見は、司法書士の本人訴訟支援としての訴訟業務が、対照群としての弁護士の関与と比べ、非常に高い評価を得ているという事実だった。それを規定していたのは、地理的分布、経済的優位性にとどまらず、まさに本人訴訟支援に必然的に伴う丁寧な説明や自律的解決へのサポートといった要因であった。

　このことは、研究者としての私にとって、あるべき法律家関与とはなにか、法律家とはどうあるべきかのモデルを構築するための基盤的知見となった。すなわち、紛争の主体が当事者である以上、解決の主体も当事者であり、本人訴訟支援にせよ、代理型関与にせよ、当事者の主体性を尊重することが、何より重要な法律家関与の要素である、という知見である。

　この知見は、全青司でも好意的に受け止められ、何年にもわたって、全青司の大会でも議論されてきた。当時、司法書士には簡裁代理権はなく、全青司でも、本人訴訟という形での訴訟業務を職域として充実させていこうという流れのなかにあった。一方で簡裁代理権の獲得を目標として掲げつつ、他方で、本人訴訟を、ある意味で弁護士の代理型関与よりすぐれた支援のモデルとして位置づけ、市民の伴走者としての司法処理の存在意義が、より強調されていったのである。

　私の考察や主張は、こうした全青司の訴訟業務をめぐる理念の一つの支えにもなったと自負しているし、またこの面での全青司の活動から多くを学ばせていただき、私のその後の研究を支える礎ともなった。

　また、司法制度改革の中でADRの充実が求められるようになり、全青司

をはじめ司法書士にとっても重要な課題となった。この点でも、当事者の主体性を尊重し、その自律的解決支援を重視する司法書士の支援形態が、モデル選択に大きく影響した。当事者の主体的解決を尊重するために、これまで日本で標準的モデルであった評価型調停ではなく、対話促進型の同席調停の導入が視野に含められてきたのである。もっとも、横のものを縦にするだけで法制度環境が異なるわが国で適切に機能するかには、当初より疑問もあった。そこで、積極的に、新たな対話促進、主体性尊重の理念を取り入れつつ、現実的で機能的なモデルが構築される必要があった。

さらに、本人訴訟支援、ADR 運用モデルの基礎となる伴走型支援の思想は、登記業務を含む司法書士のクライアントとのかかわり過程全体を貫く基本理念としての意義も有している。相談過程をリーガル・カウンセリングとして捉えなおしていく関与モデルが、専門家としての知識の供与や助言という従来の理解を越えて、当事者の抱える問題全体への支援者としての役割を再定義することになったと考えている。

全青司とは、この本人訴訟支援、ADR、リーガル・カウンセリングのすべての点で、協働してきたと考えている。ただ、危惧もある。簡裁代理権を取得したいま、それでも私には、代理それ自体が本人支援でないといけないという想いがあるが、それは維持されているか、ADR は新たな理念を取り入れつつも、わが国の環境と適合する形に構成されているか、これらは継続的に、今後の全青司においても問われ続けるべき課題である。全青司は、まさにこうした課題に真摯に取組む組織として発展していくものと信じている。

全青司50周年に寄せて

山形大学教授

高橋　良彰

　全青司と付き合いができたのは、1987年9月9日の高崎全国研修会に出席したことが最初である。この研修会では私の恩師である清水誠先生が記念講演をされたこともあり、参加しないかと群馬会の小西伸男司法書士に誘われたのがきっかけであった。私は、日司連の肝いりで幾代通先生を座長に結成された「不動産登記研究会」（同年4月25日が第1回）において、ボアソナードの不動産登記制度について報告したばかりの大学院生であったが、小西司法書士もその研究会に参加されていた、というつながりで、誘ってもらったところであった。この研修会は、実行委員長の石下雅邦司法書士をはじめ全国の司法書士の方々とお近づきになれた最初の経験となった。

　以来、現在まで、全青司との付き合いは長いのだが、特にかかわりの深かった二つのことを記しておきたい。

　まずは、海外視察についてである。研修会の際に埼玉会の方々と知り合いになり、いっしょにフランスに行くこととなった。そして、この年の10月2日の勉強会を皮切りにその後何回か勉強会をしたうえで、翌年4月21日に台湾経由の飛行機で初めての海外旅行に旅立つこととなる。ちなみに、「フランス不動産登記制度視察団」は、その後何度か行われたが、第一次視察団報告書は「全国青年司法書士連絡協議会フランス不動産登記制度視察団編」とされ、全青司の名が刻まれている。海外視察としては横浜青年会（現・神奈川青年会）が1987年4月25日から5月5日までイギリス（ロンドンおよびエジンバラ）視察を行っているが（代金預託システム研究委員会編『司法書士の見たイギリス』（1988年）を参照）、全青司としてはおそらくそれに次いでの海外視察だったと思われる。

　視察の様子は、報告書をご覧いただくこととして、私自身は、初めての海外旅行であり、留学中の先生や国際会議に出席された清水先生ともご一緒した。その後ギリシャ・イタリア・オーストリア・ドイツなどを回る大旅行となった（訪問したのはこのほかオランダ・ベルギー・フランス）。一人旅が多く、言葉も不安な中での旅行だったが、フランスの視察では通訳の方の力を借りながらいろいろなことを聞けたのが嬉しかったところである。

　もう一つは、登記制度委員会・登記部会への参加である。

　高崎全国研修会の後も、大会や研修会に誘っていただき各地を訪れる機会があったが、ほとんど毎月全青司の委員会に出席し、いっしょに勉強をしていた時期がある。大学に就職してしばらく後のことであるが、1997年頃から1999年頃にかけての時期、登記制度委員会・登記部会に参加していたのがそれである。稲村厚会長の時代からしばらくの期間であり、1997年9月20日・21日の大阪全国研修会がきっかけであった。この日の発言は、月報全青司（1997年10月号外）15頁と20頁に掲載されている。かなり批判的な発言をしたが、発言した限りお付き合いしなければならいと、不動産登記法改正大綱案の作成（月報司法書士224号13頁以下）や大富試案（月報司法書士248号6頁以下）までかかわることとなった。大綱では、おそらく最も早く「本人の同一性の確認」を前面に出したことや、不動産登記法の改正と司法書士法の改正とを連動させることなどを提案したことが思い出される。また、この時期、栃木の高橋清人司法書士を団長とし、全青司の何人かの方と世界で初めて不動産登記申請をオンラインで行うこととなったカナダ・オンタリオ州に視察に行ったことも思い出される。1999年11月6日から12日のことであった（主催した英国法研究会ではその後合わせて3回の視察を行っているが私はこの時かぎりの参加。月報司法書士239号6頁以下参照）。

　この間、パティオというニフティが提供する会議室で委員会の会員とやりとりしたことも重要である。パティオは廃止されたが、パソコン通信・E-mailの始まりは、全青司がらみだったことになり、ニフティのアドレスはは今でもつかっている。

　ところで、あのパティオでやりとりしたデータはどこにいったのだろうか。

　　　　　　　　　　（冒頭の画像は山形大学人文社会科学部HPより引用）

全青司とのかかわり
──50周年に寄せて──

大阪大学教授

仁木　恒夫

はじめに

　全国青年司法書士協議会が創立50年をお迎えになりましたこと、まことに
おめでとうございます。日本司法書士会連合会司法書士史編纂実行委員会
『日本司法書士史　昭和戦後編』（ぎょうせい、2014年）によると、全青司が
設立された当時、臨時行政調査会の司法書士制度廃止論を契機として、司法
書士の存在意義を問い直す機運が高まっていたということである。そして、
全青司の「情熱的な運動によって表明される若い世代の意向は、制度の変革
には無視しえない要因となることがあった」と記載されている。

全国大会

　私は、民事紛争処理と司法制度について研究している。司法書士について
も少しばかり勉強させていただく機会があり、それをきっかけに多くの司法
書士と交流の機会を得てきた。そうした司法書士のなかに全青司とつながり
をおもちの方々もいらっしゃる。なかでも全青司とのご縁は、2013年の長野
全国大会と2016年の奈良全国大会で深くかかわらせていただいたことが大き
な財産になっている。いずれの大会でも、考える若手の司法書士のなかで、
鍛えてもらった。

　長野全国大会では、上田市の市民への司法書士自身による直接面談調査の
結果をもとに、「くらしの法律家」を標榜する司法書士の自己像を疑い、そ
の実態を明らかにしようとしていた。それは、1981年にまさにこの地で実施
された市民実態調査「上田調査」（全国青年司法書士協議会・司法書士制度委員
会「市民からみた司法書士」（1984年））の精神と手法を引き継ぐものであった。

他方、奈良全国大会では、司法書士たちのあいだに漠然と抱かれている不安感の根源を、全青司会員への調査をふまえて、実証的にあきらかにしようとしていた。このとき奈良青年会はまだ結成10年目で会員だけでなく組織も「青年」であった。いずれの全国大会も、司法書士の現状を経験的に把握し、それとともに司法書士の存在意義を突き詰めて考えようとする全青司の性格に強く彩られた企画であったように思う。

全青司のあり方

司法書士は、現在、登記業務だけでなく、成年後見業務に専門家として絶大な存在感を示し、簡裁訴訟代理等関係業務を行える認定司法書士が7割以上になり、また対話型調停の主たる担い手となっている。全青司が立ち上がったころに比べると、司法書士は変貌をとげた。司法書士は、実績を積み上げながら、法律家へと大きく近づいたといえるだろう。そのことにより、なにより利用者にとって司法へのアクセスが拡充された。こうして標準的な司法書士の活躍の場面が拡がり、人々との接触点が増えてきた現状において、ラディカルに司法書士のあり方を問う全青司の姿勢はますます重要になってきている。

最後に

次の50年も、司法書士をめぐりさらに大きな変化がおこるかもしれない。司法書士が、引き続き「法と国民との間を架橋し、国民の法生活の指導者となる」（我妻榮）任務に立ち返りながら、方向を見定めていくことが求められる。今後とも、全青司が果たす役割は大きいものと思う。全青司のさらなるご活躍とご発展を祈念している。

クレサラ運動を共に
闘ってきた仲間

弁護士
宇都宮　健児

クレサラ運動と全青司

　全青司とのかかわりで、私が忘れられないのは、歴史的勝利を勝ち取った
クレサラ運動を共に闘ってきた仲間であるということである。

　わが国では、1970年代後半から、サラ金苦による自殺や夜逃げ、強盗など
の犯罪が多発するようになり、サラ金問題が大きな社会問題となった。サラ
金被害の原因は、高金利・過酷な取立て・過剰融資の「サラ金三悪」であっ
た。

　そこで私たちはこのサラ金三悪を規制する立法運動を行った。この立法運
動の中心を担ったのが、1978年に結成された「全国サラ金問題対策協議会」
（現在の「全国クレサラ・生活再建問題対策協議会」・いわゆる「クレサラ対協」）
と1982年に結成された「全国サラ金被害者連絡協議会」（現在の「全国クレサ
ラ・生活再建被害者連絡協議会」・いわゆる「被連協」）である。クレサラ対協・
被連協を中心とするクレサラ運動には、多くの全青司の司法書士が参加して
運動の一端を担った。

　立法運動の結果、1983年4月、貸金業規制法（いわゆる「サラ金規制法」）
を成立させることができた。この時の改正出資法で出資法の上限金利は年
109.5％から年73％、年54.75％、年40.004％に順次引き下げられた。また、
貸金業規制法により、貸金業者の無登録営業が禁止され、暴力的・脅迫的取
立てを禁止する取立規制が導入された。しかしながら、貸金業規制法では金
利規制や過剰融資規制が不十分であったため、多重債務問題はその後も、商
工ローン問題、日掛け金融問題、ヤミ金融問題、違法年金担保金融問題など
と形を変えて社会問題となり続けた。

クレサラ運動の歴史的勝利

2006年当時、大手サラ金業者は一部上場企業となり、サラ金業界は「全国貸金業政治連盟」という政治団体をつくり活発なロビー活動を行っていた。また、米国系サラ金会社や投資ファンドグループの意向を受けて、当時の米国ブッシュ政権は日本政府に対し金利引き下げに反対する働きがけを強めていた。さらに、2005年に行われた郵政民営化を争点とする衆議院議員選挙では、自民党が圧勝し、国会の勢力図は政権与党（自民党・公明党）が圧倒的多数を占めていた。

このような高金利引き下げ運動に立ちはだかる巨大な壁を突破するために、私たちはそれまでの運動を飛躍的に拡大させる必要に迫られた。そこで私たちは、労働者福祉中央協議会（以下、「中央労福協」という）との間で「クレサラの金利問題を考える連絡会議」を発足させ、中央労福協との連携を強化した。また、日弁連の中に「上限金利引き下げ実現本部」を立ち上げ、全国弁護士・弁護士会が一丸となって高金利引き下げ問題に取り組む態勢をつくった。さらに、日司連や全青司も高金利引き下げ運動に合流した。

私たちは、クレサラ運動のウィングを広げながら、全国キャラバン運動や署名運動、地方議会における意見書採択運動などに取り組んだ。この結果、340万人の高金利引き下げ署名を集めて国会に提出し、43都道府県議会1136市町村議会で高金利引き下げの決議を採択させることができた。地方議会における意見書採択運動では全青司が中心的役割を担った。さらに、国会の中では全国会議員を対象としたロビー活動を徹底して行った。

私たちのクレサラ運動が実り、2006年12月、ついに画期的な改正貸金業法を成立させることができた。改正貸金業法では、出資法の上限金利が年20％に引き下げられ、グレーゾーン金利が撤廃されるとともに、利息制限法の制限金利を超える貸付けが禁止された。また、年収の3分の1を超える貸付けを禁止するという総量規制が導入され、過剰融資規制が抜本的に強化された。

改正貸金業法が完全施行された後は、登録貸金業者数、自己破産申立件数、ヤミ金融被害者数、自殺者総数などが大幅に減少し、多重債務問題は劇的に改善された。

貧困問題の取組みを

多重債務者の多くは、低所得者層・貧困層である。貸金業者の高金利や過酷な取立て、過剰融資を規制しても、直接的には、貧困問題の解決にはつながらない。したがって私たちは、今後はわが国で広がっている貧困問題の解決に乗り出さなければならない。

貧困問題という大きな山を動かすには、私たちが取り組んできたクレサラ運動をさらに上回る運動が求められている。全青司の皆さんには、貧困をなくす運動にも、多くの団体や国民・市民とつながりながら、ぜひ積極的に取り組んでもらいたいと思う。

AI 時代こそ、われわれが活躍できる時代である

青年法律家協会弁護士学者合同部会議長*

北村　栄

　設立50周年、おめでとうございます。ここまで山あり谷ありのことと思いますが、50年継続し、世のため人のために活動され続けてこられたことはすばらしいことである。心から敬意を表する。

　私たち青年法律家協会も、1954年に設立後、司法反動の影響で裁判官部会と弁護士学者合同部会が分かれ部会制になってから、2020年で50年を迎える。全青司の皆さんとは、1984年に、青年実務家団体として互いの交流を深める目的で全国青年税理士連盟（全国青税）を含め三つの団体（三青会）の初めての交流会をもった。青年法律家協会の当時の記録では、全青司からは、「国民の権利を守る司法書士になるためにはどうすればよいか」、「市民から見た司法書士制度について調査をしたこと」、「市民法律教室を各地で開催していること」等が報告されたとされている。

　その後、現在まで定期的な情報交換会（3カ月に1度）を開催し、共通の課題や各団体の問題意識の交流を行っている。その中で、最近は共通して若手会員の人権活動と経営の両立が課題となり、さらには、AI時代の不安も言われるが、AI時代だからこそ私たちがより活躍できる時代になると思う。なぜなら、今では少数派かもしれないが、困っている方、弱い立場の方など、人のために何か役立ちたいとの感受性をもつ私たちは、AIでは察することのできない人間の心というものに対峙できるからである。これからは私たちの時代である。そんな自信をもって、全青司の皆さんと今後も楽しく活動できればと思う。

（＊肩書は執筆当時のもの）

同じ青年会として

全国青年税理士連盟会長*

三谷　智

　このたび、全青司が創立50周年を迎え、記念事業の一環として記念誌が発行されますこと、心よりお祝い申し上げます。

　1970年の創立から現在に至るまで、常に市民に寄り添い、全青司ホットライン、110番事業、市民向けフォーラムなどを幅広く事業を展開され、市民の権利擁護および法制度の発展にご尽力されたことに対し、深く敬意を表する。また、さまざまな社会問題や法改正について、より良い市民生活実現のために積極的に意見表明が行われていることはまことに意義深いものである。

　全青司のこのようなさまざまな活動に刺激を受け、私たち全国青年税理士連盟は国民のための税理士制度の確立と租税制度の改善をめざして行動している。専門領域こそ異なるが、同じ全国組織の青年会として、総会への相互出席、三青会活動等を通じた友好関係を維持し、切磋琢磨しながら共に発展していければと思う。

　これから時代は、IT 化が急速に進み、市民生活が大きく変化すると思われる。そこで、全青司には IT の利点を生かすためにも、IT にはない温かい手を市民に差し伸べることが必要不可欠であり、全青司がその中心となりご活躍されることを期待している。

　最後にこの記念事業を新たなスタートとし、さらなる団結と今後ますますのご発展を祈念して、お祝いとさせていただく。

（＊肩書は執筆当時のもの）

創立50周年をお祝いし、さらなる交流を願う

日本民主法律家協会理事長*

右崎　正博

　全青司が、50年の長きにわたり、民主的な法律専門家の団体として、市民の権利擁護のため尽力されてきたことに対し、心からの祝意と敬意を表する。

　日本民主法律家協会は、1961年10月、歴史的な国民的大運動「60年安保闘争」に結集した法律家によって創立され、平和、人権、民主主義、司法の民主化のために活動してきた法律家団体であるが、全青司は日本民主法律家協会に団体として加盟され、また、多くの司法書士の方々に個人会員となっていただいており、日本民主法律家協会にとって大切な友人である。

　歴史を振り返ると、1993年10月、2週間の日程で行われたフランス・イタリア司法調査に全青司の代表も参加されている。また、司法書士法が改正された2002年には、全青司の全面協力の下、日本民主法律家協会の機関誌「法と民主主義」において「『街の法律家』・司法書士の役割」という特集を組み、これからの司法書士像について、多くの司法書士の方々が執筆され、学者、弁護士とともに、多面的な議論を展開していただいている。

　今後とも、日本民主法律家協会と貴協議会が一層交流を深めていけることを願う。

　全青司のますますのご発展を心から祈念する。

（＊肩書は執筆当時のもの）

法教育活動から

司法書士法教育ネットワーク会長*

西脇　正博

　全青司創立50周年おめでとうございます。半世紀にわたる全青司の活動は、今般の司法書士法改正において創設された使命規程にある「国民の権利を擁護し、もって自由かつ公正な社会の形成に寄与する」ことをさまざまな方面で体現してきたものであり、本改正に大きな影響を与えたものとあらためて敬意を表します。

　司法書士法教育ネットワークは2007年に発足し、私は当初より代表を務めさせていただいておりますが、私自身がこの立ち上げに参画した大きな要因としてその前年（2006年）全青司京都全国研修会で事務局長を務め、「法教育の可能性」と題した分科会を設け多くの先達にめぐり会えたことが言える。同年の司法書士法教育ネットワーク創立記念シンポジウム「高校生・若者の今、そしてこれから～今、求められる『法教育』とは～」では、発足の呼びかけ人でもある当時の全青司会長伊見真希氏が総括の挨拶を行った。2008年全青司大阪全国研修会では法教育の分科会を担当して以来後援団体として、また、賛助団体会員として司法書士法教育ネットワークの活動に協力、支援をいただいている。

　また、司法書士法教育ネットワークでは毎年総会前記念研究会を開催しているが、ここでも全青司から度々登壇者を迎え討論を行ってきた。詳細は司法書士法教育ネットワークホームページ掲載の研究会記録集を参照されたい。

　直近では2019年第48回全青司いわて全国研修会にて、「18歳成年時代のほんたうの幸のために　学校教諭と連携する司法書士の法教育」と題した分科会を司法書士法教育ネットワークが担当し、18歳成年時代を迎えるにあたり法教育・消費者教育を通じて子どもたちに何をどのように伝えるべきか、「法とは何か」「情報とは何か」「政治とは何か」「働くとは何か」「消費するとは何か」を語り合い、司法書士と教育の現場で奮闘する教師とともにする授業作りをワークショップ形式で行った。実社会の現場で市民と直接触れ合

う司法書士が教師と協働し授業することは、教育を通じて現実の社会とつなげていくこととなり、有効な法教育の実践と考える。

　全青司が全国研修会をはじめさまざまな司法書士が研鑽を積む場を提供し続ける意義は極めて大きい。司法書士法教育ネットワークも同様に法教育の舞台を提供し続けていきたい。これからも全青司と司法書士法教育ネットワークが、法教育のさらなる活動を協働し、自由かつ公正な社会の実現に向けて貢献し続けることを期待してやまない。

（＊肩書は執筆当時のもの）

全青司50周年に寄せて

特定非営利活動法人司法過疎サポートネットワーク理事長＊

諫山　明子

　このたびは、設立50周年をお迎えになられたこと、心よりお慶び申し上げます。

　全青司には長年にわたり、私共の法人会員としてご理解を賜り厚く御礼申し上げます。

　私共、特定非営利法人司法過疎サポートネットワークは、20年にわたり、主に東京の島嶼地域を中心に、法律税務相談会を開催し、司法書士、弁護士、土地家屋調査士、税理士といった他士業のチームに公証人を加えて活動をしている。相談人数は延べ1030人、1112件にのぼる。全青司の会員の方々には、黎明期よりご活躍いただき、当法人の礎を築いていただいた。その相談内容は、不動産所有権、境界線、債権債務関係、親族問題、相続・遺贈・贈与などなど、日本の至る所で日常的に起きているようなものではあるが、島嶼部特有の事情がある。伊豆七島、小笠原諸島はその歴史的な違いにより各島の事情にも、違いが生じている。私たちは、継続的な相談会の開催や各士業間の垣根を越えた総合的な解決方法を見出すことにより、住民の方々のお役に立ってきたとの自負がある。また、活動の機会により、各参加士業も他士業の考え方を理解することにより、啓発されてきた。訪問先の島々の自然風土もすばらしい。今後の課題は、若い士業に参加を促すことである。どの士業団体でも、自由な発想で、進歩的に活動する「青年」団体の力は、ともすれば硬直化する法律士業団体の社会参加にかかわる先人となっていくことと思う。

　今後も、貴団体のさらなる発展をお祈り申し上げます。

（＊肩書は執筆当時のもの）

第1部
制度改革の道

全青司の50年を鳥瞰するため、全青司創立50周年事業
特別委員会において次の三つのテーマでまとめた。
1．全青司組織の誕生から組織としての草創期
2．不動産登記制度改革における全青司の活動
3．司法制度（訴訟制度・法律家制度）改革における
　　全青司の活動

1　全青司運動の原点
——全青司の創立と昭和53年および昭和60年司法書士法改正——

　全青司は1970年 2 月 1 日に熱海で開催された創立総会において「全国青年司法書士連絡協議会」として設立された。全青司の設立の経緯については、司法書士制度への危機感があったといわれている。そのことは全青司の草創期の活動に大きく影響があったと考えられる。そこで本稿では、司法書士制度の歴史的な沿革と全青司の草創期の昭和53年（1978年）および昭和60年（1985年）司法書士法改正に対する運動等について取り上げることとしたい。

1　司法書士の成り立ち

⑴　司法書士の起源
　司法書士制度の起源は、明 5・8・3 太政官無号通達によって制定された「司法職務定制」によって定められた代書人にさかのぼるとされている。司法職務定制は、司法の組織・権限、判事・検事の職務・権限、司法警察、証書人・代書人・代言人の職務、各裁判所の組織・権限その他を含む22章108条からなっていた。司法職務定制における証書人、代書人、代言人が、それぞれ現在の公証人、司法書士、弁護士といった法制度上の職業の濫觴にあたる[1]とされている。
　明 6・7・17太政官布告第247号「訴答文例」では、訴状等裁判所関係書類は、必ず、その選任した代書人に作成させなければならないとする代書人強制主義を採用した。この、代書人強制主義は、翌年の「代書人用方改定」により、廃止されることとなった。司法書士は、代書人として訴状等の裁判所

1　江藤价泰「準法律家」潮見俊隆編『岩波講座現代法第 6 』（岩波書店、1966年）296頁。

に提出する書類の作成を職務とする制度としてスタートしたものと考えられるのである。

司法職務定制においては、裁判所は司法省の省務を分担する一機構として、同省の管轄下で、全国的に配置することを構想していた。ところが、1875年4月に、大審院を頂点とする諸裁判所の組織が定められ、司法の行政よりの機構的独立を果たし、各審級を結ぶ上訴手続も定められた。このことによって、司法職務定制に定められた証書人、代書人、代言人はそれぞれの進化を遂げていくこととなった。そして、代言人については、明9・2・22司法省甲第1号布達により「代言人規則」が定められ、職業的資格として公認され、現在の弁護士制度につながる制度が構築された。他方、代書人については、1919年の「司法代書人法」の制定まではいったん法令上から消えた存在となったのである。

(2) 明治期の代書人の規制

代書人は、いったん法令上から姿を消した存在となったとはいえ、実際には裁判所内外に事務所を構え、1886年以降の登記法（明治19年法律第1号）の整備により登記が治安裁判所の管轄となったことから、登記手続をも担うようになっていった[2]。代書人は、1890年代には裁判所の許可を得て裁判所で執務する構内代書人として、主に「司法代書」を担う存在になったと考えられている[3]。1900年代になると、非弁護士の弊害が問題視されるようになり、各府県令による代書人一般の警察による取締りをめざす「代書人取締規則」が定められるようになっていった。

(3) 司法代書人法の制定と昭和8年司法書士法改正

1912年になると構内代書人から司法代書人について法制度化を求める動きが始まり、同年に招集された第30回帝国議会には、法制定を認める請願が提出されるに至った。

その後、種々の論説や請願署名等により、国民の「司法代書」へのニーズ

---

2 日本司法書士会連合会編『司法書士裁判実務大系 第1巻［職務編］』（民事法研究会、2017年）12頁。

3 日本司法書士会連合会司法書士史編纂委員会編『日本司法書士史 明治・大正・昭和戦前編』（ぎょうせい、1981年）261頁。

が示されたが、政府はその要望に対応する姿勢を見せなかった。そのため、1915年11月に開会された第37回帝国議会においては、請願を受けた衆議院の請願委員会が初めて法案（以下、「請願委員会法案」という）を用意し、審議されることとなり、法案の審議は、1919年に司法代書人法が成立するまで繰り返されることとなった。

　請願委員会法案は、①司法代書人の資格要件として具体的な考試制度が定め、資格要件について限定し、②司法代書人会を設け、強制加入制とすること、③会則違反を懲戒処分の対象とすること、の3点を主要な内容としたものであった。しかし、「司法代書人」が法的に認知すれば、弁護士の職域を侵すおそれがあるという反対から、法律制定の過程において修正がなされ、実際に成立した司法代書人法は、文字通り「代書」という基本的性格を再確認したうえで、取締法として再構成したものであり、社会的要請に支えられた「司法代書人」の要求を全く無視し、原案の内容を全面的に変更したもの[4]であった。

　司法代書人法には司法代書人の監督・取締りについては、明確に規定されていなかったため、施行細則や各地の司法代書人監督規程により定められることとなった。また、司法代書人法および施行細則では定められなかった司法代書人会についても、取締りの方策として、各地の監督規程によって定められ、創設されることとなった[5]。

　司法代書人法の制定は、すでに社会的に職域分化を果たしていた、「行政代書人」と「司法代書人」との制度的分化を承認したものであったが[6]、司法代書人の非弁護士行為の取締りを主眼としていたため、非司法代書人の取締りについては何らの規定が置かれていなかった。そのため、非司法代書人による司法代書人の職域侵害が問題となり、1920年11月に内務省令で制定された「代書人規則」（1921年1月1日施行）において、行政代書人の業務逸脱行為を禁止する規定が設けられるに至ったのである。

4　日本司法書士会連合会編・前掲（注2）322頁。
5　日本司法書士会連合会編・前掲（注2）325頁。
6　日本司法書士会連合会編・前掲（注2）344頁。

　1927年11月6日、司法代書人会の全国連合会である日本司法代書人連合会
が設立された。この連合会は、任意参加団体であり、各地方裁判所所属司法
代書人会を基礎単位としていたが、連合会に加盟した司法代書人会は38会、
未加盟は14会であった[7]。

　日本司法代書人連合会は、当面の最大の課題であった法改正へ向けての活
動を開始した。1934年の第65回帝国議会に提出された改正案の要旨は、①名
称を「司法書士」に変更する、②各地方裁判所に強制加入制司法書士会を設
け、かつ、会則に違反した者に対し懲戒処分を課する、③非司法書士の取締
りを行って司法書士の保護を図る、という3点で、当初盛り込まれていた、
非訟事件申請代理の承認および考試制度の確立の2点については削除されて
いた[8]。審議の過程において、名称変更以外の改正点をすべて削除する旨の
修正動議が提出され、衆議院を通過したが、貴族院においては委員会の審議
未了のまま閉会となってしまった。第67回帝国議会において、名称変更のみ
の法案が議員立法で提出されたが、弁護士会の反対もあり[9]、議員立法は挫
折しかけた。ところが、政府は、この議員立法とは別に「裁判所構成法中改
正法律案」に伴うものとして司法代書人法の一部改正を提案した。この政府
案に名称変更を加える修正をする形で1935年3月23日に成立、公布された。

(4)　戦後の司法書士法改正──昭和25年改正～昭和31年改正まで

(A)　新司法書士法の改正（昭和25年・26年改正）

　戦後、憲法改正の審議と並行して、司法制度改革の準備も進められた。司
法制度改革は、司法書士のあり方にも大きな変化をもたらした。最高裁判所
の発足に伴う司法省の解体がその原因となるものであった[10]。1947年12月17
日の法務庁設置法（昭和22年法律第193号）が制定され、翌年2月15日の施行
と同時に司法省官制は廃止された。登記は、法務庁の所管とされ、登記事務
は、司法事務局およびその出張所が取り扱うこととなった。その後、1949年

7　日本司法書士会連合会編・前掲（注2）440頁。

8　日本司法書士会連合会編・前掲（注2）484頁。

9　日本司法書士会連合会編・前掲（注2）488頁。

10　日本司法書士会連合会司法書士史編纂委員会編『日本司法書士史　昭和戦後編』（ぎ
　　ょうせい、2014年）5頁。

　6月1日には、法務庁は法務府に改められ、司法事務局および出張所は法務局もしくは地方法務局またはその支局もしくは出張所に改められた。

　日本司法書士会連合会（以下、「日司連」という）は、1949年4月、司法書士法の改正を、1949年度の重要課題と掲げ、司法書士法改正要望案を発表し、司法書士法改正運動を全国への運動として展開し始めた[11]。同年10月5日、日司連は司法書士法改正要望案を法務府民事局経由で法務総裁に提出した。要望事項が多岐にわたったため、日本弁護士連合会（以下、「日弁連」という）が、司法書士法改正について強行に反対してきた。そのため、要望事項を整理した改正法案を作成し、日弁連の了承を得た。1950年1月には、6月の参議院議員選挙のため、法案提出に制限が加えられたため、政府案の提出の見込みが立たなくなり、議員立法により法案を提出し、同年5月2日、新司法書士法が成立した（昭和25年改正）。

　新司法書士法の主要な改正点は以下のとおりである[12]。

① 　直接的な監督規定が廃止され、法務局長または地方法務局長の認可・懲戒という間接的な監督となった

② 　職務規定は、「裁判所、検察庁又は法務局若しくは地方法務局に提出する書類を代わって作成することを業とする」となり「代わって」が入った

③ 　認可制度には聴聞制度が取り入れられた

④ 　報酬は「法務総裁の定めるところ」になり、額を超えて受け取った場合には罰則規定が新設された

⑤ 　単位会、日司連が明文化された

⑥ 　非司法書士の取締規定が、本法に取り込まれた

　しかし、司法書士法施行に先立つ司法書士法施行規則の改正において、従前と同様の監督的規定が定められたため、新憲法の理念と新司法書士法制度の実現は困難を極め、新法は徹底的に骨抜きとされた。そのため、日司連は、

11　東京司法書士会会史編纂室編『東京司法書士会史　上巻』（東京司法書士会、1998年）469頁。

12　東京司法書士会会史編纂室編・前掲（注11）481頁。

新たな法改正運動に着手し、議員立法により法案を提出し、1951年6月6日に成立した（昭和26年改正）。

改正された主要な点は以下のとおりである[13]。

① 報酬に関しては、単位会が定めて届出をするが、法務総裁の認可事由となり、報酬規程違反の刑罰規定を削除

② 非司法書士の例外として定めた「正当の業務として付随して行う場合」を削除

(B) 強制会の実現（昭和31年改正）

昭和25年改正の5年後にあたる1955年7月の日司連定時総会において司法書士法改正に向けた呼びかけがなされ、日司連に特別委員会を設置した。改正法は日司連と法務省民事局との「事前懇談会」を経て、政府案として衆議院法務委員会に送付したところ、司法書士法は議院立法によるべきであるとの異論が出たため、「法務委員会提出」の形での法案提出となった[14]。法案については特段問題なく1956年3月14日に成立した（昭和31年改正）。

主な改正点は以下のとおりである[15]。

① 在官者の経験年数を5年以上にするとともに、そのほかの者への選考認可制の導入

② 単位会および日司連の強制設立、強制入会制度の導入

2 全青司設立と昭和53年司法書士法改正に向けた運動

(1) 臨時行政調査会の中間発表と補正通達

(A) 臨調の司法書士制度廃止論

1964年8月15日、臨時行政調査会（以下、「臨調」という）の答申案の中間発表として「司法書士制度は廃止の報告」の旨の報道がなされた。この報道は、臨調の太田薫委員を主査とする「機構の整理・統廃合班」が、法務事務次官あてに提出した太田試案によるものであった[16]。臨調は、臨時行政調査

---

13 日本司法書士会連合会司法書士編纂委員会編・前掲（注10）128頁。

14 日本司法書士会連合会司法書士編纂委員会編・前掲（注10）219頁。

15 齋木賢二「司法書士法改正の歴史から学ぶ」月報司法書士479号36頁。

16 東京司法書士会会史編纂室編・前掲（注11）555頁。

会設置法（昭和36年法律第198号）に基づき総務府に設置された諮問機関で、「行政を改善し、行政の国民に対する奉仕の向上を図るため、行政の実態に全般的な検討を加え、行政制度及び行政運営の改善に関する基本的事項を調査審議する」（同法 2 条 1 項）を目的としていた。

　臨調の中間答申のおおまかな内容は以下のとおりである[17]。

　①　許認可事務合理化基準案　　免許資格試験は高度な専門知識や技術がいる職種、公共の安全と密着している職種に限定し、その他は一定期間の就学や実務歴で足りるとする

　②　地位派的な行政事務は、地方公共団体に委譲し、これに伴う機構を廃止、縮小する

　③　法務局および地方法務局の出張所を統合して一人庁を廃止するとともに、登記に関する事務に必要な司法書士について嘱託制度を採用する

　報告に関し、詳細な内容を把握したところ、司法書士制度の廃止については、登記簿謄抄本、証明書発行等については、司法書士に依頼しなくても窓口サービス業務としてやるべきであるというのが臨調の見解のようであり、直ちに司法書士制度の廃止ということではないということが判明した[18]。

　⑻　補正通達

　1964年12月 5 日に法務省民事局から発せられた「登記の申請書の補正を命ずる場合とその方法について」（いわゆる補正通達）[19]は、臨調問題からようやく落ち着きを取り戻した司法書士界に、再び大きな衝撃を与えた[20]。通達の内容としては、補正の期限を設けることと補助者による補正を認めず本職に限るとの内容であったが、通達の発出に際して、司法書士側に説明や相談があって発せられたものではなかったため衝撃的でもあった。もっとも、従前より補正事件の減少についての要望はなされていたが、その後も何らの効果もなかったという事情があった[21]。補正通達を招いた原因の多くは、高い補

17　東京司法書士会会史編纂室編・前掲（注11）558頁。

18　東京司法書士会会史編纂室編・前掲（注11）559頁。

19　昭39・12・5 民甲第3906号法務省民事局長通達。

20　東京司法書士会会史編纂室編・前掲（注11）561頁。

21　東京司法書士会会史編纂室編・前掲（注11）565頁。

正率、不当粗雑書類、すなわち、これらすべて専門職業人としての自覚の問題であったとも考えられる[22]。他方において、1950年頃に始まった高度経済成長は、不動産取引を活発化させ、登記事務が激増したにもかかわらず、登記所職員の数はほとんど増加しておらず、登記所の職員不足という、登記事務をめぐる社会状況もあった。補正通達については、まず個々の司法書士が自らを律する意識を高める必要性と、司法書士団体の自治組織として構築し強化していく必要性をあらためて認識させられるものであった[23]のである。

(2) 昭和42年改正──単位会の法人化と附帯決議

各単位会と日司連は、昭和31年改正により強制会となった。このことにより、一段と公共性を高めることとなったが、単位会の公共性・社会的意義が高まれば高まるほど、法人格を有しないがゆえの、組織としての限界が顕在化した。そのため、日司連・単位会の法人化は、自主・自治組織としての発展過程における阻害要因の解消、すなわち、社会的な存在としての実体と形式の一致にあった[24]。

1967年2月に招集された第55回国会において司法書士法改正案が内閣から提出された。日弁連からの反対はあったものの、原案のとおり可決された（昭和42年改正）。衆院法務委員会では、法律案の採択に際して、司法書士試験の国家試験を採用することの附帯決議が付されている。

改正された主要な点は以下のとおりである[25]。

① 職務規定への「登記又は供託に関する手続を代わつてする」の追加

② 報酬の規定の削除、省令への委任

③ 単位会および日司連の法人化

(3) 全青司設立

全青司の設立は、1970年2月1日、熱海の地で開催された創立総会において設立された。しかし、全青司の運動は、組織化には至らなかったが、1966年3月5日・6日に大阪で開かれた「全国青年司法書士の集い」にさかのぼ

---

22 東京司法書士会会史編纂室編・前掲（注11）576頁。

23 東京司法書士会会史編纂室編・前掲（注11）578頁。

24 東京司法書士会会史編纂室編・前掲（注11）580頁。

25 齋木・前掲（注15）36頁。

るとされている[26]。その後、4回の集いを経て、第5回の集いが全青司の創立総会につながっていったのであった。全青司の設立の背景には、「司法書士廃止論」や「補正通達」等の制度への危機感があった。そして、全青司の目的を「本会は法曹人としての自覚に立つ青年司法書士会員相互の緊密な結合により司法書士の進歩発展に寄与することを目的とする」と定めた。「法曹人としての自覚」とは、この当時としてはいささか飛躍した表現であるが、国家機関の窓口的、補助的存在と訣別し、市民の側に立つ法律家をめざそうという青年の意気を示した宣言であった[27]。当初の活動としては、当面の喫緊の課題であった「国家試験問題への対応」と「組織強化」に取り組んでいくこととなる。

(4) 昭和53年改正に向けた運動

(A) 認可の実情

昭和42年改正において、「司法書士の試験制度も、土地家屋調査士のそれと同様に、国家試験を採用するよう努力を致すこと」とする附帯決議がなされた。

司法書士の認可については、昭和31年改正によって、従来の法務局長または地方法務局長の「認可」から「選考による認可」へ改正され、民事局長通達[28]によって統一試験が実施されていた。統一試験として認可が行われるようになったとはいえ、民事局長通達[29]により、特別の事由の存するときは随時選考を実施して差し支えないとされ、「随時選考」の認可者が、「特別認可者」いわゆる「特認」といわれ、一定の職歴（20年以上と経験といわれていた）を有する者の認可が一定数行われていた。

また、統一試験による認可は「開業認可」であったから、試験に合格イコール認可であり、直ちに業務をする必要があり、連続して2年以上業務を行わない場合や懲戒処分によって認可を取り消されたといった場合には、あらためて選考認可が必要があり、認可は各（地方）法務局単位であったため、

---

26 原田献三「巻頭言——法改正と10年の歩み」国民と司法書士2号3頁。

27 日本司法書士会連合会司法書士編纂委員会編・前掲（注10）904頁。

28 昭31・8・13民甲第1911号法務省民事局長通達。

29 昭31・9・13民甲第2147号法務省民事局長通達。

他の管轄に移転しようとする場合には、あらためて認可を受ける必要もあり、多数の問題点を抱えていた。

　(B)　法改正に向けた全青司の運動

　全青司結成後の運動は、1976年（第7回全国大会）のメインテーマに表章されるよう、一貫として「社会的要請と司法書士法第1条の究明」にあった[30]。

　1966年に発刊された岩波書店の「現代法講座」において、江藤先生から司法書士が現実に社会的に果たしている機能と司法書士法との乖離を指摘いただいた[31]ことが司法書士会に対して決定的な影響を与えていた。日司連の考えの中には司法書士法1条とは何かという考えははっきりしたものはなく、国家試験制度にしたいとか、簡裁代理権を獲得したいというのが中心的な考えであった[32]。そのため、1973年に日司連が定時総会に提案し可決した「司法書士国家試験制度実施要項（試案）」は国家試験移行を法改正の主眼としたものとなった。これに対して「法1条の改正しておかないと、内容的にきちんとしたものができない」という批判から「法1条の究明」につながっていったのである。

　1975年1月に札幌で開催された第6回全国大会では、「『法1条を考える』——司法書士法並びに弁護士法違反被告事件——」として、司法書士法1条の問題を、登記事件とその周辺法律事務の取扱いの合法、非合法性について、模擬裁判形式で追及した。その報告書の挨拶で、源義一日司連会長は、「連合会が、今、重点的に対処している国家試験移行の措置も、その意図するところは、法1条を中心とする法改正のための前提的、過渡的措置であり、法第1条の改正は如何にあるべきか——重要な当面の課題——いや長い将来的な問題ともいえましょう。私共は、総力を結集してこれにとりくまなければならない必須な事柄であると思うのでございます」[33]とし、次の法改正については、国家試験のみと述べていた。

30　原田・前掲（注26）4頁。

31　小山稀世ほか「特集座談会——法改正と10年の歩み」国民と司法書士2号18頁〔相馬計二発言〕。

32　小山ほか・前掲（注31）20頁〔田代季男発言〕。

　1976年には、東京会と共同で司法書士実態調査を実施した。1973年の石油ショック以降の社会分業の方向性という新しい産業構造、社会構造の変化から生ずる法的諸問題について、国民のために法律をサービスする者としていっしょに考えなくてはならない時期であった。司法書士の現在状況を把握することにより、司法書士法改正案策定のための一つの基礎的な資料として位置づけられ実施され、調査結果は、法学セミナー上で座談会という形で取り上げられている[34]。

　1976年10月14日には、翌年の暮れから始まる国会に司法書士法改正案を提出するという法務省民事局長の答弁がなされた。これにより司法書士法1条を改めることのないままの政府案の提案が予想されたため、全青司は「司法書士法改正要綱案」の策定を急ぎ、当初2年計画で予定していた策定をわずか半年間で済ませ、職責・職務規定を掲げた要綱案を1977年2月11日・12日の両日に開催された全青司第8回広島全国大会で決議し、日司連に建議することとなったのである。

　1977年7月に開催された日司連第30回定時総会では、東北ブロック会から「連合会は、昭和48年（1973年）第26回定時総会における決議『司法書士国家試験制度実施要項（試案）』の精神を基本とし、さらに加え、全国青年司法書士連絡協議会の『司法書士法改正要綱案』の趣旨を尊重して、法改正の実現に期し全力をあげること」の緊急動議がなされ、賛成過半数で承認可決されたのであった。そして、1978年2月21日・22日に開催された日司連第31回臨時総会において、目的・職責規程を含めた要綱案（試案）を賛成多数で可決された。

　司法書士法の一部を改正する法律案は、1978年5月12日、閣議決定を経て、5月15日には国会に提出され、6月13日に衆院本会議にて、6月16日に参院本会議にて可決成立した（昭和53年改正）。

　改正司法書士法が施行された当時の原田献三全青司会長は、昭和53年法改

33　札幌司法書士会編「全国青年司法書士連絡協議会札幌大会　模擬裁判の記録」法学セミナー267号3頁〔相馬計二発言〕。

34　江藤价泰「日本の司法書士──青年司法書士連絡協のアンケート調査をめぐって」法学セミナー267号12頁。

正について次のように総括している。「昭和52年（第8回広島全国大会）で決議された司法書士法改正要綱試案は、司法・司法書士制度研究委員会が第7回東京大会までの研究活動の総集編としてまとめたものである。思うに、明治5年の司法職務定制以来一世紀にわたる歴史を有し、しかも司法書士業務が登記、供託、訴訟等に関する法律事務を扱っていながら、制度の法的性格は国家機関の窓口的、補助機関的存在であった。ここに私たち青司協は、現実的業務と法の大きな落差を追求しそのギャップを埋めるため、司法書士はどうあるべきか、急いで答えを求めず、長い時間と多くのエネルギーをかけて、会員共通の意識形成へと運動は続いたのである。結論は当然に『国民の権利の擁護を確立するために』法改正をすることであり、最小限全青司要綱案にそった法改正がなされる必要の認識に立って要綱案を決定し日司連に建議したものである。したがって全青司協10年の歳月は司法書士を法律家として位置付けるための法制化への運動であり、まさに苦節10年であった」[35]。

　(C)　法改正の内容と司法書士制度への影響

　昭和53年法改正の主な内容は、①目的・職責規定を新設し、②業務範囲についての整備を行い、③国家試験制度を導入し、④司法書士会に会員に対する注意勧告権を認めたことであった。目的（使命）・職責規定については、弁護士法、税理士法、土地家屋調査士法などでは、早くから備えており、弁護士法と比較すると30年近く遅れて人権擁護という使命の担い手として法的な認められたわけである。もっとも、両方における位置づけをみると、業界および業務の性格ゆえか、司法書士法はかなり抑制された表現となっているが、「代書」思想が一掃されたのは画期的[36]といわれている。

3　昭和60年司法書士法改正と全青司

⑴　第二次臨調の答申に向けた動き

　司法書士の登録を、単位会または日司連で行ういわゆる自主登録の実現は

35　原田・前掲（注26）4頁。

36　森正『司法書士と憲法——法律家としての憲法理念の実践』（民事法研究会、2003年）89頁・90頁。

昭和53年法改正で残された課題の一つであった。そしてこの問題は、司法書士法改正運動とは異なる行政改革の一環で設置された第二次臨時行政調査会（以下、「第二次臨調」という）の調査への対応から動くこととなった。

　第二次臨調では、許認可行政に関する総合調査が行われることとなり、単位会に対する調査も予定された。第二次臨調による調査の目的は、国の規制行政を社会経済の動きの中でとらえ、それが時代の流れの変化に対応しているかどうかを検討し、規制の合理化を進めていくことを目的としており、調査が直接的に司法書士制度の廃止につながるものではないが、調査の進展いかんではその可能性があるということであった。

　日司連は、この調査過程の詳細な情報について、調査を受けた各単位会から収集し、今回の調査の目的は、司法書士制度の廃止を意図するものではなくも制度存続を前提とした規制緩和に関する資料収集にあると結論づけた。第二次臨調は、1983年3月に最終答申を行う予定とされていたが、日司連は、1982年9月20日に日司連への登録委譲等に意見書の提出を行った。その後、法務省等との調整のうえ、第二次臨調に対して再度意見書を提出し、法務省と法改正に向けた協議に入っていったのであった。その調整の際に、登録の移譲とは別に法改正の諸問題として浮上してきたのが、公共嘱託登記受託組織の法人化であった。

　なお、第二次臨調の行政改革に関する最終答申における司法書士制度についての提言は、登録事務を法務局から日司連に移譲すること、法務局の補助者の個別承認を廃止すること、大臣認定制度に関しては、国民の不信感を招くことのないよう、基準を明確かつ客観的にし、審査内容を事後公表すべきであるというものであった[37]。

(2)　公共嘱託登記受託組織の法人化

　公共嘱託登記、いわゆる公嘱登記は、1972年3月以来、司法書士と土地家屋調査士との合同による全国各都道府県の公共嘱託登記委員会が受託団を組織し、受託を行っていた[38]。

37　東京司法書士会会史編纂室編・前掲（注11）793頁。

38　東京司法書士会会史編纂室編・前掲（注11）795頁。

　しかし、公嘱登記の発注者である官公庁から、法人でないと発注しにくいとの指摘がなされ、実際に、受託司法書士の死亡等による契約の継続性など、受託団の契約当事者能力、責任体制が問題視されるようになってきた。1980年頃の公嘱登記の事件数は、推定で600万件〜800万件であり、そのうちの司法書士の受託件数は3％に満たないともいわれていた。このような状況は、公嘱登記について登記の専門家でない職員等によって嘱託され、手続上の不備を多発し、また、官公署の登記に関する事務を受託する嘱託職員や外郭団体が存在したことにより、非司法書士行為が疑われる事態となった。

　そのため、日司連では、1980年より公嘱登記受託組織の法人化について、司法書士法改正の課題として取り組むようになった。公嘱登記受託組織の法人化は、一身専属の司法書士の資格制度に「風穴」を空けることとなるとして、単位会自体が受託すればよいという意見もあったが、単位会が公嘱登記事件を受託するのは無理があるとして、公嘱登記の受託については別個の法人を設立する方向で議論が進んでいった[39]。

(3)　法改正に向けての全青司の対応

　全青司において、公嘱問題を初めて取り上げたのは、1981年の第12回熊本全国大会からであった。1983年3月19日・20日に開催された第14回鳥取大会では「社団法人公共嘱託登記協会の設立に断固反対する」旨の決議を行った。

　1984年には、すでに第13回岡山全国研修会において、「あるべき司法書士法改正案」についての議論をなし、全国大会において決定をみるというスケジュールを組んでいた。ところが、法改正へ急遽対応が必要となった事情から、第13回岡山全国研修会の一部を第16回臨時総会に急遽切り替え、その対応を議論し、法改正に反対する旨の決議がなされた。

　反対の理由としては、登録事務の委譲は自治権の後退であり、公嘱法人問題は司法書士制度の二分化を来し、制度の根幹を揺るがすものであったためである。具体的な運動としては、第1は1985年1月16日の日司連臨時総会における原案の否決するための運動であり、第2は法務省に対し改正案の国会上程を断念させるための陳情活動であった[40]。

39　東京司法書士会会史編纂室編・前掲（注11）797頁。

　法改正運動の過程において、日司連と全青司の対立が対外的に顕在化したことは、今後のさまざまな課題を残すこととなったとされている。全国の司法書士会員の総意は、司法書士の自治と民主的な組織運営の中で形成されてゆかねばならないものであろうが、形成過程で、司法書士集団がどのように一般社会とかかわり、その意思を表明し行動していくのか、それは会員すべてが熟考すべき課題とされた[41]。

　司法書士法改正法案は、1985年3月1日に閣議決定され、4月23日に衆院本会議にて、5月31日に参院本会議にて可決した。

　当時、大貫正男全青司会長は市民と司法書士5号で以下のとおり総括している。「全青司は、最後まで反対運動を続けてきたが、その結果阻止をできなかったのは誠に残念である。しかしながら、阻止こそ出来なかったが、我が司法書士制度が致命傷を負うことだけは何とか回避できた。昨年岡山での第16回臨時総会の決議に従って、国会議員に対する陳情活動、今次法改正措置対策本部の設置等の反対行動に全力を傾けてきたが、それが無駄でなかったのである。この運動を通じて、全青司は貴重な体験をした。国会への陳情ということで、日司連への建議の枠をはずしたが、これは組織としての成長を意味している。しかし、何よりも注目すべきは、調査・研究を基本とする全青司が、かけがいのない制度を護るため、反対運動に決起し、いろいろな障害とたたかいながら、耐えて来たことだろう。その軌跡を残したこと自体成長と言えるのではないだろうか」[42]。

4　草創期の全青司の活動

　司法書士は生成中の法律家であり、司法書士法は法改正の歴史であるといわれている。このことは、全青司の設立に大きくかかわってきているものと思われる。そもそも、司法書士は、明治初期の司法職務定制の中で代書人として登場したが、いったんは法令上から消えた存在となったのである。その

40　柿崎進「全青司第17回全国大会における『60年法改正阻止』対策本部の報告」市民と司法書士5号75頁

41　東京司法書士会・前掲（注11）809頁

42　大貫正男「今次注改正を総括する」市民と司法書士5号89頁・90頁

後、1919年の司法代書人法の制定により法律上に再び登場することとなったが、司法代書人法はあくまでも司法代書人の非弁行為を取り締まることを主眼とした取締法規であり、司法代書人の社会的な役割が規定されたものではなく、あくまでも監督のための法律であった。このことは、1934年に司法代書人が司法書士へと名称変更された後も続いていた。戦後になって数次の法改正がなされたが、一貫して制度の自主性を求めた法改正運動となっていた。

　1964年には、「司法書士制度不要論」と「補正通達」という二つの大きなショックが司法書士界にもたらされた。このような状況下において、全青司は設立されたわけであるが、同時期に日本司法書士政治連盟も設立されているということも着目する必要があろう。司法書士は今までの代書から法律専門家へ脱却時期であり、単位会の法人化等組織的な変化がもたらされていた時期でもあった。

　全青司は、司法書士の国家機関の窓口的・補助的存在との訣別という観点で設立され、昭和53年司法書士法改正にかかわり、昭和60年法改正に向けた運動を展開し、組織的な成長を遂げ、市民の側に立つ法律家をめざして昇華していったものと考えられる。

　その後の全青司活動については、月報全青司423号に組織対策特別委員会より寄稿された論稿が非常に参考となる。その一部を引用することで、本稿の結びとしたい。

　　全青司は、1970年に結成され、設立当初の会則では、「本会は法曹人としての自覚に立つ青年司法書士会員相互の緊密な結合により司法書士の進歩発展に寄与することを目的とする」と規定されていた。その目的は、設立から22年後の1992年2月に開催された第25回定時総会において、「全青司は、法律家職能としての使命を自覚する青年司法書士の緊密な連携を図り、市民の権利擁護および法制度の発展に努め、もって社会正義の実現に寄与することを目的とする」と変更された。この改正により、全青司のベクトルは「会員相互の緊密な結合により司法書士の進歩発展に寄与する」という主に司法書士界内部へ向けられていたものから、「社会正義の実現に寄与する」という社会全体へ目を向けたものへと大きく転換された。

　　また同時に名称も、「全国青年司法書士連絡協議会」から「連絡」の2文字

を削除し、現在の名称である「全国青年司法書士協議会」に変更された。目的と名称を変更することにより、名実ともに「社会正義実現のため」の法律職能団体として新たなスタートを切ることとなったのである。

　会則改正をした理由は何なのか。改正直後に発行された月報全青司1992年3月号（No. 144）に当時の斎藤馨会長が執筆した「オピニオンにかえて」という記事がある。これによれば、会則改正に至った理由は、「設立当初から22年が経ち、社会情勢や司法書士制度が大きく変貌していくなかで、全青司も組織としての在り方や性格を少なからず変化させてきた。そういった現状から、今後の組織の方向性の確認する時期であった」とのことである。

　会則改正により全青司の目的は、内を向いていたものから外へ目を向けるものへと変更されたが、このことは、会員相互間の連携、全青司と各会員・各青年会との関係を希薄化することを企図しない。

　前出の「オピニオンにかえて」には次のような記載がある。「いうまでもなく、全青司は各単位会の連結点である……全青司の組織の活性化は、各単位会自身の活性化に求めなければならないと同時に、各単位会の活性化は全青司の組織としての活性化により、一層の飛躍が促されるというべきである。したがって各会員・各単位会に対して全青司活動に積極的な関心と参加を求めるものであ」ると。各青年会の活性化あっての全青司、全青司の活性化あっての各青年会。この関係性は、現在も見事にそのまま当てはまると言えよう。

　しかしながら、全青司と各青年会との関係について、しばしば会員資格の問題として議論される。地元の青年会に入会すると自動的に全青司に入会となる、入会の意思を確認されないまま全青司に所属となってしまう、全青司を辞めたい場合に地元青年会も同時に退会しなければならない、などである。なぜこのような全青司と各青年会との関係がつくられたのだろうか。

　司法書士を表現する言葉として、「生成途中の法律家」、「準法律家」、「上から作られた制度ではなく下から作り上げてきた制度である」というものがある。司法書士制度の未成熟性や弱さを表す一方、ここには、それを危機として努力研鑽を重ねてきたという強さも表現されている。全青司や各地の青年会の創設とその後の活発な活動も、まさにこの危機感から生まれたものであろう。

　では、どのように行動しようとしたのか。全青司と各青年会は、全国組織として、また一地方組織として、それぞれに強みと弱みがある。お互いに強みを

生かし、反対に弱みを補い合いあいながら、この危機に対応しようとしたのではないか。そして、こういった相互補完関係を確実なものとするための先人の知恵が、会員資格に現れているのではないだろうか。

　全青司と各青年会との関係は昔と今とでは違うということであれば、その関係性を見直すことも必要である。しかし、司法書士制度がまだまだ生成途中であることを考えれば、ときには意見が一致しなかったとしても、激しい議論を交わし、互いに切磋琢磨することにより、今まで作り上げてきた強固な相互補完関係を維持継続し、さらに発展させていくことが、司法書士制度にとって重要なことであると考える。

（全青司創立50周年記念事業特別委員会・吉田健）

2　不動産登記制度と司法書士
──不動産登記法改正における全青司が果たした役割を考える──

1　はじめに

　不動産登記業務は司法書士の根幹をなす業務であるといわれ、司法書士といえば「登記の専門家」と認知されているのも事実である。その歴史を繙いてみると、不動産登記制度と司法書士の関係性については、さまざまな転機あったことがわかる。今回、本記念誌発刊にあたり、第25代全青司会長であった竹村秀博さんへインタビューを行い（2019年8月25日実施）、不動産登記法改正における全青司の果たした役割や、法改正に向け、全青司が大事していた視点はどこにあり、それを法改正の中でどのように制度に入れ込んでいったのか、資料には残っていない内情などをうかがった。本稿はインタビューを基に過去の資料なども調査したうえで、不動産登記制度と司法書士について論じるものである。

2　司法書士と登記

　明治5年（1872年）8月3日に制定された司法職務定制、明治6年（1873年）7月17日に制定された訴答文例などによって定められた「代書人」が司法書士の起源であるとされているが、当時の代書人の職務は「裁判事務」に限定されており、現在のように「登記事務」は職務ではなかった。

　代書人が登記事務を担うこととなったのは、明治20年（1887年）2月10日に施行された登記法によって登記制度の主務官庁が司法省となり、登記機関については裁判所がその機能を担うこととなり、裁判所提出書類の一環として登記業務が代書人の業務に加わることとなる。大正8年（1919年）9月15日に施行された司法代書人法により代書人が司法代書人と行政代書人に分化

した際に、裁判所提出書類の作成の一環として登記申請書類を作成することも司法代書人の職務であることが明確化され、昭和10年（1935年）の司法書士法改正によって名称が司法書士となった後も、裁判業務と不動産業務が司法省の管轄から変わることはなく、裁判業務と登記業務は司法書士の業務として併存していた。この間も、弁護士の前身である代言人の職務は訴訟行為に限定されており、登記業務に関する権能は有しておらず、登記業務は代書人の独占的な業務として専門性を確立していくことになる。昭和23年（1948年）に司法省が廃止され、裁判事務の所管は最高裁判所、登記事務は法務庁に移ることとなったため、司法書士が裁判業務と登記業務という二面的な業務を担う根拠の一つは失われることになったのだが、その後も、司法書士は質的には異なる二つの業務の担い手として今日を迎えている。

　明治維新により社会が大きく変化し、資本主義的発展を歩み始めた一方で、社会システムが未熟であり、権利の主体となる市民もまだ自署さえもできない文盲が多かった時代に、裁判所提出書類の作成を通じて市民の権利を実現する職能として誕生し、その流れの中で登記事務も担うこととなった歴史的経緯をあらためて鑑みるにつけ、司法書士と登記業務の端緒は非常に偶発的要因であったようにも感じられる。もちろん、その後の先達の並々ならぬ努力と自己研鑽があって、今日に至るまで登記業務の専門性が磨かれてきたことはいうまでもない。

3　代書からの脱却――前段事務へのかかわりと立会業務へ

　明治20年（1887年）施行の登記法以降、登記の申請は当事者主義がとられており、制度上は代理人による申請を予定していなかった。司法代書人（あるいは司法書士）は、申請書類の作成という、まさに代書を独占する形で存在していた。昭和42年（1967年）の司法書士法改正によって司法書士は代理人として登記申請を行うことができるようになり、登記手続の代理人として委任の趣旨に基づいた一連の手続を行うことができる権能であることが明認され、まさに代書からの脱却を図ることとなった。

　昭和54年（1979年）1月1日に施行された改正司法書士法により司法書士制度の目的および司法書士の職責が法律に規定されることとなる。いわゆる

「昭和53年法改正」と呼ばれているが、目的規定と職責規定が法律に明定されたことにより、司法書士が業務を通じて国民の権利を保護する職能であることが明らかとなり、その職責を司法書士一人ひとりが自覚し、国民の権利を保全する社会的役割を深く認識することとなった。住吉博中央大学教授によればこの改正をもって司法書士は初めて法律家として定められたとも表現されている。

　昭和53年法改正以前から、単なる代書的な業務からの脱却は、社会からの要請であったと同時に、地位向上や社会的優位性を高めたいという司法書士の長年の想いであり、全青司もその活動の一翼を担ってきた。

　全青司は昭和45年（1970年）2月1日に熱海で創立を迎えることとなるが、昭和49年（1974年）2月に開催された福岡全国大会で就任した第2代全青司会長である相馬計二さんが掲げたテーマが「司法書士法1条を考えよう」であり、パネルディスカッションや江藤价泰東京都立大学教授による講演を通じて、司法書士制度の理念について発信を始めた。昭和51年（1976年）には全青司と東京会にて連携して「司法書士の実態調査」を実施し、昭和52年（1977年）に行われた広島全国大会において「司法書士法改正要綱青司協案」を採決するなど、昭和53年法改正が実現されるまで、司法書士法1条は全青司にとっても一貫した活動テーマであった。

　昭和53年法改正と登記との関係においては、登記手続における実体への関与があげられる。依頼者の求める書類を作成し、提出するのであれば、それは単なる代書であり、昭和53年法改正によって明らかにされた司法書士制度の目的とは合致しない。代書から脱却し、登記の前提となる実体関係の確認や、権利関係の当事者の確認、対象物件の確認など、登記申請の前提となる事実の確認を「前段業務」として司法書士において行うことで、より安心・安全に取引を行う環境を整えることも、全青司の問題意識に端を発した執務慣行であると言える。

　また、「立会業務」の創設もまた、この時期の不動産取引慣行の中で起きた大きな変革である。大正時代、事務所には「登記茶屋」と呼ばれる待合室があり、不動産売買を行う際は、売主・買主が事務所に参集し、登記完了までの間、お茶菓子や弁当の提供を受けて待ち、登記が完了したら登記済権利

証と引き換えに、売買代金を支払って散会する。そのような不動産取引の慣行であった。しかし、そのような取引形態では、売買対象物件に担保が付いていないことや、買主が融資を受けずに自己資金を保有していること、即日に登記が完了することなど、さまざまな条件を具備する必要があり、昭和に入って以降、そのような条件を具備しない不動産取引にも対応することが司法書士に求められるようになってきた。そこで取り入れられたのが「立会業務」である。売主・買主・融資する金融機関、売主の担保権者などが一同に会し、司法書士が関係当事者すべてから登記必要書類を預かり、また先に述べた前段業務としての確認をしたうえで、登記手続を行うことができる旨を関係当事者に宣言する。その宣言をもって、金融機関からは融資が実行され、買主から売主に売買代金の支払いがなされる。本来であれば、同時履行が求められる登記名義の変更と売買代金の支払いに関し、司法書士が確実な登記完了を保障することで、取引が実行されるというものである。

　現在においては司法書士による立会業務については一般化しているが、このような取引慣行を形成することができたのも、常に取引の実体を把握し、確認したうえで、取引の安全を最優先に執務を行ってきた司法書士の執務姿勢によるものであり、それが結果として代書から脱却する実態を育て制度改正へつながったのである。

4　埼玉訴訟

　前述のとおり、明治20年の登記法施行以降、司法書士が専属的に行ってきた登記事務に関し、弁護士との職域が問題になったのが、昭和60年（1985年）に埼玉県の弁護士が埼玉会と国を相手取って損害賠償請求を提起した、いわゆる「埼玉訴訟」である。この訴訟は非司法書士排除の広報活動、啓発活動の一環として埼玉会が発出した文書に対し、埼玉県弁護士会所属の弁護士が埼玉会と国に対して300万円（後に訴え変更により60万円が追加され金360万円）の損害賠償を求めた事件である。訴えとしては不法行為に基づく損害賠償請求ではあるが、その背景に職域問題を抱えた訴訟であり、登記業務は司法書士の独占業務であるのか、または弁護士法の「その他一般の法律事務」に含まれるものとして、弁護士は当然に行うことができる業務であるの

かが、争点となった。

　訴訟に至る経緯や内容については、さまざまな報告書が作成されているので、そちらに譲ることとするが、全青司との関係では、昭和62年（1987年）に行った群馬全国研修会第7分科会にて埼玉青年会が行った「司法書士 VS 弁護士」の演劇内容に端を発して、当日の日司連副会長および埼玉会、住吉教授が埼玉訴訟の原告である弁護士から、別訴にて損害賠償請求を提起されている。住吉教授への訴えは原告が取り下げ、日司連副会長および埼玉会に対する訴訟は、埼玉訴訟の被告側代理人弁護士に対する別訴と併合されたのち、原告敗訴となっている。傍論であるが、全青司と関連する事件の一つとして紹介しておく。

　埼玉訴訟の本質は「司法書士業務は、昭和53年の司法書士法改正により、弁護士法第3条に掲げる『その他一般法律事務』の仲間入りをした。ところが、埼玉会をはじめ日司連、いや司法書士会全体が、未だ鎖国の夢から覚めきれず、認可法時代の『司法書士による登記専属性』の特権の保障を民事局に期待した」と後に日司連会長であった田代季男さんも語っているとおり、登記は司法書士に認められた専属的分野であるというのが、全国の会員の意識であったのかもしれない。当時、制度上も、法解釈上も歴史的事実としても登記業務が司法書士の専属職域であると多くの会員が認識する前提事実があったのも確かであり、その認識が誤っていたということではないが、既得権益として業務範囲が永続的に守られているわけではないことは学ばなければならない。

　その意味でも埼玉訴訟で司法書士会側の代理人弁護士であった山本正士弁護士が埼玉訴訟敗訴後に「昭和53年の司法書士法改正により、国は司法書士を法令に精通した法律事務の専門家と位置づけ、登記・訴訟等の円滑実施に資し、もって国民の権利の保全に寄与する制度を期待した。しかし一部の司法書士は、比較的簡易で経済性の高い登記業務に安住し、全国津々浦々に偏在する司法書士に期待された『裁判事務』を怠ってきたといっても過言ではない。期待された職域に司法書士制度として応え切れなければ、国はその期待を断念するであろう」と述べている点を、現役司法書士はあらためて自戒をもって確認しなければならない。

　埼玉訴訟以後の諸先輩方の努力により、平成14年（2002年）の司法書士法改正により、司法書士に簡裁代理権が付与されることとなるが、現在の司法書士の裁判業務への取組みの実績については、まだまだ胸を張ることができない状態である。

5　登記のコンピューター化

　登記簿のコンピューター化にあわせて、平成6年（1994年）頃になると情報通信技術の発展に伴い、わが国の行政制度にもコンピューター化の波が押し寄せることとなる。国は行政情報化推進基本計画を閣議決定し、登記事務についても、「コンピューター化」ということが話題なるようになった。しかし当時はまだ、「コンピューター化」が意味することも、その実態も全く見えない状態であったため、全青司は手探りでコンピューター化と対峙していくこととなる。

　司法書士業界における登記のコンピューター化について議論の端緒は、平成6年（1994年）11月に当時法務省民事局第三課長であった寺田逸郎氏が日司連理事会に登記事務のコンピューター化について説明をしたことにより、日司連としても具体的内容について知ることにある。寺田氏が説明したのは主に以下の3点である。①登記情報を一般のパソコンからオンラインにて閲覧可能とする。②登記申請をオンラインにて申請する。③登記所の適正配置を検討し、法務局を廃止する地域においては、司法書士・土地家屋調査士において「法務センター」を設立し、法務局に代わって市民のニーズに応えてほしい。

　これらの情報は日司連から各司法書士会員にも情報提供されることとなるが、①〜③いずれも当時の登記実務の慣行から考えると、非常に大きな改革であり、当時の想像を越えたものであった。当時、日司連としては、コンピューター化への対応として、法務局に設置してある乙号対応の専用パソコン端末を各司法書士事務所に設置するということを検討していた。しかし、実際は登記申請までもが専用パソコン端末ではなく、一般のパソコン端末を利用してオンラインにて申請できるまで一気に技術が革新することとなった。

　平成6年（1994年）当時、全青司も登記のコンピューター化については、

議論・研究を行っていたものの、前提となる知識も経験もない中で、当時としては得体のしれない「登記のオンライン化」について暗中模索していた。

　翌平成7年には民事行政審議会答申によって登記所の統廃合を行うことが明らかになるが、前年の行政情報化推進計画による登記のオンライン化と、登記所の統廃合は密接に関連する問題であったため、全青司としては不動産登記法研究委員会を再度組成して登記のオンライン化と、登記所統廃合につき、その両面から対応にあたることになる。

　平成7年（1995年）に実施した京都全国研修会（テーマ「Radical And Positive 宣言　法と制度のリストラクチャリング」）の第1分科会において不動産登記法研究委員会が初めて「不動産登記コンピューター化問題・オンライン化問題」を取り上げ、全国の青年司法書士に、今直面している課題などを共有することとなる。

　特に乙号オンラインに関しては個人情報保護の観点から問題提起を行い、また申請データとして提供する添付書類についても、PDFや電子認証といった技術についてはまだ一般化していない時代であったため、全青司は手探りでさまざまな手法について議論を行った。

6　登記のコンピューター化に対する全青司の問題意識

　登記手続のオンライン化を議論する際、当時の技術では、すべての登記を一気にオンライン申請で対応可能とすることは難しいと考えられており、オンラインにて対応できない申請形態の場合は、司法書士が何らかの形で書類をチェックすることにより、法務局への書類の提出を不要とすることを考えていたようである。

　また、今となってはコンピューター化に対する誤った認識であったということになるのかもしれないが、当時は乙号対応の専用パソコン端末を法務局以外に、司法書士事務所にも限定的設置を認め、司法書士事務所以外には専用パソコン端末の設置を認めないことで、結果として乙号申請をオンラインで行うためには、専用端末がある司法書士事務所において行う必要があり、司法書士事務所が法務局化し、司法書士が公務員化するという議論もなされていた。

オンライン申請となれば、司法書士事務所のパソコンからデータを送信するだけで、法務局に出向くことなく登記申請が完了するのであるから、市民からみれば、まさに司法書士が登記官に成り代わって登記事務を行っているとの誤認を与える可能性もあり、司法書士事務所が法務局の機能を担うようになり、準公務員化してしまい、在野性を失うのではないかという危機感や問題意識が当時はあった。

その一方で「権原調査」という形で、現在の登記名義人の権原を調査するなど、フランスの公証人のような業務を司法書士が担うべきという議論も一部では行われていた。この問題は、「我が国の不動産登記制度の欠陥を司法書士制度において補完すべし」という全青司発足当時からの課題の一つでもあった。これは司法書士の公証人化やノテール化という議論に発展することとなり、国が行ってきた業務の外出しとなる以上、その権限の反作用としてより強い国の監督下におかれる可能性への反発も相当あった。この議論は実体関与・確認をするための権限や、登記原因証書への認証権原など、当時の全青司が求めていた実体への関与権ともある種の親和性があった議論ではあったが、自治権の確立もまた全青司が主張する大きな柱であり、国家から強い監督を受けることとなる、司法書士の準公務員化に対しては、相当の危惧を感じていた。

平成7年（1995年）頃になるとコンピューター化というまだ見ぬ未来の技術につき、想像を膨らませながら議論するよりも、あるべき不動産登記制度の本質について、地に足をつけて議論することのほうが大事であると全青司は気づくようになる。そこで、平成8年（1996年）の旭川全国研修会において、不動産登記制度そのものに焦点をあてた形で研修会を実施した。

全体討論会ではコンピューター化への対応を論ずる以前の問題として、今まで司法書士が不動産取引で果たしてきた役割（「我が国の不動産登記制度の欠陥を司法書士制度において補完すべし」）を整理し、前段事務を通じて実績を積み上げてきた「登記原因証書」「立会」を制度的に位置づける制度を提言し、具体的には、①司法書士事務所における登記に至る資料保管の義務化、②登記調査確認報告書の作成・司法書士会への提出、③司法書士会における登記調査確認報告書の保管整理などを提案した。

　具体的には、不動産の得喪変更の登記を申請した司法書士は、その登記申請に関して行った調査確認事項（人、物、意思、物権変動の調査確認）を司法書士会に報告する。司法書士会は各司法書士から送られた「調査確認報告書」をデータとしてコンピューターにて保管管理する。各司法書士は「調査確認報告書」の控えと、その付属書類（契約書、重要事項説明書、印鑑証明書、権利証、運転免許証の写し等）を各事務所にて保管する。このようなしくみを導入することで、各司法書士は、不動産登記手続に先立ち各司法書士会にて蓄積管理されている調査確認報告書のデータを閲覧することで現在の登記名義人に関する信頼性を推し量ることができ、必要であれば司法書士会を通じて各司法書士が保管している調査確認報告書の付属書類の閲覧を求めることができるようになる。このようなシステムを構築することで、登記にかかわる司法書士の信頼性を高め、その実績の積み重ねによって、オンライン申請時の添付書類の提出の省略などの根拠になりうると考えていた。

　当時、全青司がそのような提案をした問題意識としては、不動産登記手続に関し、「点」でのかかわりから「線」でのかかわりへ変貌したいとの考えからであった。つまり、今でこそ考えがたいが、当時はまだ登記申請人の本人確認でさえ司法書士が行うことが困難な時代であり、不動産仲介業者や金融機関がお膳立てした決済の場で、必要書類を確認することが司法書士の立会業務のスタンダートであった。当時は売買契約書でさえ、司法書士において確認ができぬまま、登記申請をしており、権利変動の実体確認や、本人確認・意思確認などを司法書士が行うことが、まだまだ難しい時代であった。そのような取引慣行・執務環境を打開し、不動産取引に早期から関与してこそ、物権変動の裏づけができ、的確・適切な不動産登記手続が可能になるという考えが全青司に根づいた時期でもある。

　また、登記申請にあたっては「登記原因証書」の提出が必須ではなく、むしろ申請書副本にて登記を完了させる執務が主流であったことから、申請書副本を廃止し、「登記原因証書」を必要的添付書類にすることで、実体の権利変動を明確に登記に反映させる制度の必要性を積強く認識し、行動していた時期でもある。不動産取引へ早期から関与し、収集した資料の保管についても司法書士の義務であるとすることで、司法書士の管理下で実体関係の検

証を可能とする環境構築を考えていた。

　当時の全青司は登記手続の側面からコンピューター化への対応を論ずるのではく、権利変動の実体に司法書士がいかにかかわり、それを正確に登記に反映させるためにはどのような制度が必要であるのかという視点で議論を展開していたのである。

7　登記のオンライン申請への必要的関与

　登記の真正担保は至上命題であり、権利変動を正確に登記記録に反映させるという目的が登記制度には課せられている。司法書士による代理申請の場合は、前段事務としてさまざまな確認を行ったうえで登記を申請するので、登記の真正が担保されるが、本人申請の場合、特に本人の名前を借りた第三者による登記申請の場合は、登記の真正が害される可能性が非常に高くなる。そこで不動産登記法は共同申請主義や、当事者出頭主義を採用し、なりすましなどによる登記申請を防止する措置を講じていた。

　しかし、登記申請のオンライン化の議論において、当事者出頭主義を廃止するという議論がなされるようになったことを受けて、全青司が提案したのがオンライン申請手続における司法書士の「必要的関与」である。これはつまり、オンライン申請に関しては司法書士が必要的に関与することが求められ、事実上本人のみによる登記申請を排除することで、少なくとも司法書士による確認を経たうえで登記の申請をする形式として提案したものである。オンライン申請の導入によって、長く制度的に保全されてきた登記の真正が揺らいでしまうのではないかという危機意識から、オンライン申請によって機能不全に陥ることとなる、当事者出頭主義や、共同申請主義を補完し、不動産登記制度と、市民の権利を護るという視点から提案した制度である。

　不動産登記制度の真正を議論する際、当時は「地面師」や「詐欺師」という悪意をもって不動産登記制度を悪用する者への対策という意識は、どちらかというと希薄であり、偽造書類への対策などはあまり議論されておらず、「本人確認」ということに非常に力点をおいて議論をしていた。「本人」であることが重要であり、法務局における本人確認が形骸化している中で、司法書士においていかに本人であるかを確認するかということを深く議論してい

た時期でもある。

　一方、社会や市民のための登記制度を掲げながら、市民を排除し、司法書士の活用に力点をおいて議論していた部分は否めず、必要的関与の議論は司法書士業界の内向きの議論であるとの批判も存在した。代理人による申請は安全性がある程度担保されるが、本人申請については不正な登記がなされるリスクが高いとの前提に立ち、外部や市民を巻き込んで制度設計をしようとする意識はあったが、その手法をもつに至らなかったといえる。本人のみによる登記申請を排斥し、全登記申請に司法書士がかかわることで、登記の安心・安全が保たれるとの発想に基づき、必要的関与という議論を行っていた側面もあると思われるが、この点の打開こそが今後の全青司の課題そのものかもしれない。

8　平成16年不動産登記法改正

　平成6年（1994年）に動き出した登記のコンピューター化の議論は、平成13年（2001年）のe-Japan戦略が追い風となって、一気に議論が進むこととなる。そして平成16年（2004年）に、明治32年（1899年）に制定された旧不動産登記法が、約105年ぶりに全面改正されることとなる。

　平成16年（2004年）の不動産登記法改正によって、①当事者出頭主義の廃止、②オンライン申請の導入、③登記識別情報通知制度の導入、④資格者代理人による本人確認制度の新設、⑤登記原因証明情報の必須化などが取り入れられることとなるが、全青司が平成6年（1994年）以降、さまざまな場所で議論し、提言してきた新しい不動産登記制度のしくみも取り入れられることとなる。⑤の登記原因証明情報の必要的添付などについては、規制緩和（申請当事者の負担軽減）の流れの中で、導入に対し逆風もあったが、登記申請が申請当事者本人の意思に基づくものであったとしても、実体的権利関係が伴わないことによって登記が無効となることがないように、実体的権利変動を裏づける資料も法務局に提出し、これを法務局に保管する必要性があり、権原調査の資料という意味においても法務局にて保管することに意義があるとの考えから、必要的添付書類という形になった。④についても、司法書士が登記申請にあたり前段事務として必ず本人確認、意思確認を行ったうえで

登記申請を行うのであるから司法書士が行う本人確認をもって、登記済証や登記識別情報に代わる登記義務者の本人確認と位置づけるものとして導入の提案がなされた。しかし、資格者代理人が行う本人確認の精度なども課題としてあげられたことから、資格者代理人が作成した本人確認情報の内容が不十分であれば登記官による審査を行うことができる制度などもあわせることで、導入されることとなった。

平成16年（2004年）不動産登記法改正に向けて、日司連が提言した素案などの作成にも全青司や、全青司 OB・OG が大きく関与しており、いずれも平成6年（1994年）以降全青司が提言してきた登記調査確認報告書の作成・保管制度や、必要的関与などの諸制度が具現化したものであるといってよいと考える。

9　現役世代への承継

平成16年（2004年）の改正後も不動産登記と司法書士のかかわりについては、全青司の研究のテーマであり、平成16年（2004年）改正において手当がなされなかった部分など、時期により濃淡はあったものの議論は継続していた。平成28年（2016年）に法務省が資格者代理人方式の導入の検討を始めたことにより、登記のコンピューター化・オンライン対応が再びクローズアップされることとなる。

資格者代理人方式の導入に際しては、司法書士界内部でもさまざまな意見があり、全国的な議論が展開されることとなったのだが、この議論においても、全青司は、資格者代理人方式は単なる申請方式の一つの形態にすぎず、その導入是非について拘泥することなく、より大きな視点で、不動産登記制度について議論すべきとの立場を堅持していた。各地の司法書士会や、関連団体から、資格者代理人方式の導入賛否に関する意見が表明される中、平成30年（2018年）8月21日「不動産登記制度の未来に関する意見書」を発出し、より大きな視点でこれからの不動産登記制度のあり方について言及し、その中で登記原因等確認情報（仮称）と電子署名された委任状以外の添付書類はいっさい提供を行わない「資格者代理人完全オンライン方式」の導入を提言した。また翌年法務省民事局民事第二課において資格者代理人方式に関し、

全国の司法書士会を対象にした意見聴取が行われたことを受けて、「資格者代理人方式に係る意見書」を発出し、前年に提言した「資格者代理人完全オンライン方式」をより具体化し、現行の登記申請者が提供する登記原因証明情報に代えて、資格者代理人による確認内容を記載した「登記原因等確認情報（仮称）」についても、モデル案を起案して法務省に対して提出した。

10　不動産登記制度と司法書士の未来

　全青司の50年は、わが国の不動産取引の安全確保のため、民法で規定されている対抗要件としての不動産登記をいかに専門家である司法書士が補完できるかを議論し続け、制度改革を実現していく歴史であったといえる。そのために、当初からエスクローやノテール、トーレンスシステムなど諸外国の制度を比較研究し、渡航調査を行うなどそれまでにない行動的な研究活動を確立してきた。全青司は、不動産登記制度のエキスパートを醸成してきた団体であるといえるであろうし、今後もそれが期待されている。

　現在のわが国の不動産取引は、当事者やプレイヤーのグローバル化、金融のオンライン・グローバル化などにより、大きく変貌を遂げようとしている。民間会社による信託を活用したエスクローや保証保険制度、仮想通貨による取引など新たな取引形態が研究され実現される一方で、超高齢化・少子化社会を背景に所有者不明不動産の存在も社会的な課題となっている。このような一見矛盾する現象の中で、不動産取引の安全性を担う専門家として、高い倫理観をもつバランスのとれた存在となるためには、どうしたらよいかを分野を越えたメンバーとともに考え研究し、制度改革を実現していくことこそ全青司の役割であろう。そしてその成果として、司法書士の未来が開けるものと信じている。

【参考文献】

・田代季男『埼玉訴訟〜挫折と再生への軌跡』（日本司法書士会連合会、2008年）。
・埼玉訴訟報告書編集委員会編『埼玉訴訟報告書〜職域をめぐる10年の闘いの軌跡〜』（埼玉司法書士会）。
・埼玉訴訟研修会編『司法書士と登記業務——いわゆる登記職域訴訟をめぐって

──』（民事法研究会、1991年）。
・住吉博『不動産登記と司法書士職能』（テイハン、1986年）。
・住吉博『権利の保全──司法書士の役割』（法学書院、1994年）。
・住吉博『新しい日本の法律家──弁護士と司法書士』（テイハン、1988年）。
・相馬計二『登記交渉人への道』（中央公論事業出版、2004年）。
・昭和53年司法書士法改正を考える会編『日本の司法書士──昭和53年司法書士法改正の歴史的検証と司法書士制度21世紀への羅針盤』（民事法研究会、1999年）。
・山野目章夫「不動産登記制度の発展──平成16年法の意義と今後の展望」月報司法書士561号4頁。
・加藤政也「2004年（平成16年）不動産登記法改正の経緯」月報司法書士561号12頁。
・西澤英之「出頭主義・書面申請主義からオンライン申請へ」月報司法書士561号27頁。
・藤縄雅啓「副本・保証書から登記原因証明情報・本人確認情報へ」月報司法書士561号19頁。
・堀池勇「『登記事務コンピューター化に対する執行部の意見は？』との岡山大会での声に対し」月報全青司180号9頁。
・小玉光春「登記オンライン申請と司法書士制度」月報全青司189号12頁。
・稲村厚「旭川で制度の議論を」月報全青司195号2頁。
・竹村秀博「不動産登記法委員会」月報全青司199号10頁。
・稲村厚「不動産登記法改正に向けて」月報全青司199号2頁。
・加藤政也「甲号オンライン申請について」月報全青司208号12頁。
・竹村秀博「『取引早期関与』構想」月報全青司209号10頁。
・今川嘉典「『不動産登記委員会コーナー』法改正に対する司法書士職能からのアプローチと」月報全青司215号14頁。
・森木田一毅「第27回三重全国研修会報告　第4分科会　法改正大綱案」月報全青司222号7頁。
・今川嘉典「どこへ行く　不動産登記制度──不登法改正大綱案及び日司連意見照会に対する回答をだしました──」月報全青司224号13頁。
・大冨直輝「特集　不動産登記法改正論」月報全青司248号6頁。
・中川雅美「新しい不動産登記制度と司法書士」月報全青司269号8頁。
・黒田祥史「特集　登記申請のオンライン化」月報全青司274号2頁。
・不動産登記法委員会委員長　竹村秀博「1996年事業報告書」。

・全青司不動産登記法委員会「1998年不動産登記法改正大綱案」。
・第24回全青司京都全国研修会　報告資料。
・第25回全青司旭川全国研修会　報告資料。
・第26回全青司大阪全国研修会　当日資料。

（全青司創立50周年記念事業特別委員会・阿部健太郎）

③ 全青司と司法・訴訟関連制度改革

1 司法書士の司法・訴訟制度上の位置づけ

　司法書士は、明治初期「代言人」「証書人」とともに近代化をめざす当時の日本の司法制度の担い手として誕生した「代書人」をそのルーツとしている。その後、わが国の司法は「代言人」をルーツとした「弁護士」を担い手の中心とした制度がつくり上げられてきた。明治期に、いち早く法制度化され国家資格となっていた弁護士に対し、司法書士は、制度としては見捨てられたに等しく、大正期になってようやく「司法代書人法」が成立したが、その内容は資格者制度とは程遠く、それ以来、自ら法改正運動を継続してきた。そして昭和53年（1978年）法改正により、国家資格になり資格制度としての骨格が固まったのであるが、司法制度における司法書士の位置づけはこの法改正においても置き去りにされた。

　司法制度の担い手として誕生しながら、制度上の位置づけがなされなかった司法書士が、なぜ生き残ってきたのか。大出良知教授は、「国家がつくった制度からこぼれおちた市民を救ってきたのが司法書士であり、市民が必要とした制度として生き残ってきた」と再評価されている。そして、平成14年（2002年）法改正に至り、司法書士はその長い歴史の中で初めて司法・訴訟制度上に明確に規定されるに至る。この歴史の中で、全青司が果たしてきた役割を振り返る。

2 司法・訴訟関連制度改革の概略

　全青司は、昭和53年（1978年）の司法書士法改正以後、さらに法律家としての制度確立のために、法律家とは何かを研究し、市民のための法律家とし

て行動していった。

　全青司が、司法書士は「法律家」なのか否かを考えるうえで、まず「法律家」とは何かを共有化する必要があった。そこで、熊本会を中心とした「プロフェッション論」が提起された。すなわち、人の不幸にかかわることを職業とし、公共性が高く、専門性を維持するために自己研鑽が義務づけられていた、中世ヨーロッパにおける「プロフェッション」（僧侶・医者・法律家）を「法律家」としての根源におく考え方である。「プロフェッション」として生きる決意をすればこそ「法律家」であり、職務規定の拡大などの細かな制度にこだわる必要はないという意味合いももっていた。さらに、司法書士不要論の原点ともいえる「行政窓口の前だし機能＝行政のための法律職」ではなく、依頼者側に立つ「市民のための法律家」として活動することこそ、国家から置き去りにされながらも市民に支えられて生き続けた司法書士制度のあるべき姿であると位置づけたのである。

　市民のための法律家としての全青司の活動は、法律家の社会的な使命に基づき、社会問題に対して法律家団体として対処することであった。原野商法問題に対する活動がその発芽であるといえよう。そして、国が地方裁判所・家庭裁判所の支部および簡易裁判所の統廃合を計画したいわゆる「地家裁統廃合」に対しての反対運動（1990年）は、市民の司法アクセスを守る極めて重要な活動となった（【トピック1】参照）。

　社会問題担当副会長として1980年代の全青司を引っ張ったのが、埼玉の柿崎進であった（【トピック2】参照）。彼の活動がその後の全青司の活動の骨格となり法制度まで変えていったといっても過言ではない。その中心的な活動が、クレサラ被害者問題対策への参加であった（【トピック3】参照）。弁護士でも困難でこの活動への参加を躊躇する時代に、「裁判所に提出する書類の作成」業務を最大限活用して、司法書士が参加した。以後全国の司法書士に徐々にではあるが着実にこの活動が広がっていく。貸金業規制法の制定を求めた全国キャラバンは、後に地家裁統廃合反対運動や登記所統廃合反対運動に活用された。法制度への影響としては、貸金業規制法およびその後の改正貸金業法という貸金規制という側面だけではなく、多重債務者救済のための「特定調停」や「個人再生」手続が創設され、まだ簡裁代理という権限

をもたなかった司法書士がこの問題に飛躍的に関与しやすくなった。さらに、2000年、それまで弁護士会の努力で制度をつくり上げ維持してきた民事法律扶助が国家により制度化され法律となったとき、司法書士の「裁判所に提出する書類の作成」業務が、扶助の対象として認められた。その後、司法書士は簡裁代理権限を得て、2004年の法テラス創設へ弁護士とともに司法アクセスの担い手として明確に位置づけられたのである。

　平成14年（2002年）法改正以前の司法書士の司法・訴訟上の役割は、司法書士法上に職務として規定されている「裁判所に提出する書類の作成」であり、民事訴訟法その他の司法・訴訟制度上にその役割が明確ではなかった。なおかつ弁護士法72条の非弁取締規定および旧司法書士法10条の「職務範囲を超えた事件関与の禁止」規定が存在し、自らの職務をまじめにやろうとすればするほど、法律違反を犯す可能性を秘めているとも考えられた。そのために、裁判所や相手方の無理解な対応により、予想外の苦労をすることも少なくなかったのである。市民の期待に応えるためにこのような事態を改善すべく全青司は、「研究・それに基づいた実務の工夫・それらに支えられた運動」の各段階に力を注いできた。

　司法書士の「裁判所に提出する書類の作成」業務は、弁護士が代理権を行使しないで行う書類作成と違いがあるのか否か。司法書士の書類作成に関して積極的に法律事務としての価値を認めた松山地西条支判昭52・1・18判時865号110頁に対し、依頼者の主張を整序するにとどまるとしたその控訴審である高松高判昭54・6・11判時946号129頁が常に足かせとなっていた。

　全青司から日司連の役員へ乗り込んでいった喜成清重（石川会）は、柿崎進らとともにフランスの公証人・ノテールの養成制度を視察し、それを日司連において実現しようと考え、実施に至った。合宿による新人研修である。この研修は、徹底的に民事訴訟を学ぶプログラムであった。やがて、この自前の研修制度は、簡裁代理における100時間研修の実現にもつながる組織的な力を司法書士制度に与えていったといえるであろう。

　全青司は昭和53年（1978年）法改正後、次期司法書士法改正大綱の作成という形で制度研究を続けていた。1989年度法改正委員会は、「民事紛争は、基本的には当事者の間で自治的解決がはかられるべきものであるが、ひとた

び紛争を法律の世界で解決することを求めるなら、市民に法的な助力をする職能が必要となり、その紛争は、当事者の意思（自治）に従って解決されるよう法的アドバイスがなされるべきである」と方針を示している。紛争当事者の本人意思を尊重しつつ、共同してなす当事者介助の形態こそが司法書士が長年にわたってつくり上げてきたものであり、再評価されるべき形態であるとした。この基本方針は、1992年にまとめた「『民事訴訟手続に関する検討事項』に対する意見書～本人訴訟制度の確立に向けての手続の整備を目指して～」にも引き継がれており、弁護士と裁判官が当事者不在の「弁論兼和解期日」という非公開の場において訴訟手続を進めていたことに対して、厳しく批判を展開した。この考えは、市民に開かれた司法・裁判の実現を求めた「裁判傍聴運動」において、1990年代市民運動となり全国展開された（【トピック4】参照）。大阪で生まれた裁判傍聴運動は、「裁判ウォッチング」と名称を変え、「裁判を市民の手に！」をスローガンに、全国各地に広がりをみせ、法廷外の法律家である司法書士が市民団体の事務局長を務め、参加型のユニークな司法改革運動として注目を浴びた。この運動は、これまでの法曹三者だけで行われていた「司法改革」に一石を投じ、司法の主役が市民であることをアピールし続け、遂にはこの運動を日本弁護士連合会（以下、「日弁連」という）も無視できなくなり、協働していくことになり、市民参加の司法制度改革へとつながっていったのである。また、この司法制度改革においては、市民から遠い存在だとして弁護士バッシングが広がり、司法書士は全青司がこれまで関係を深めていた全国消費者団体連絡会などの市民団体から多大な支持を得た。

　民事紛争の当事者の意思を尊重する考え方は、司法制度改革で登場した裁判外紛争解決（以下、「ADR」という）の取扱いにも影響を与えた。全青司は、調停人が紛争当事者の自律的な解決をサポートする手法を取り入れた「調停センター」の設立促進の役割を果たした。現在のADR委員会においても、当事者の主体性を軸においた民事紛争制度論を受け継いでいることを忘れてはならない。

　一方、1990年代全青司はクレサラ問題を中心とした無料法律相談活動を全国で積極的に展開をした。この活動は、当初は大阪で司法書士を事務局長と

した「クレサラ被害者の会」が立ち上がり、全国各地で司法書士事務局型の被害者の会ができ、社会問題として位置づけながら活動を広げていった。1990年代後半になると、先進的な日司連を巻き込み、司法書士の訴訟業務の一分野としての展開をみせた。しかし、この頃「債務整理」が法律事務として一定の収入になると気づいた弁護士会が、司法書士会相手に「法律相談は、たとえ無料であっても弁護士法違反である」として警告を発するようになった。それに対する対応は、まちまちであり、相談会を撤回した司法書士会もありあるいは弁護士会との訴訟も覚悟で反論しながら相談会を継続した司法書士会もあった。司法制度改革の始まる2000年頃は、まさに一触即発の状況となっていた。

　そのような状況において、司法書士制度および日本の法律家制度の発展において、忘れてならないのは、阪神・淡路大震災における相談活動である。司法書士会が躊躇する中、全青司は、いち早く積極的な相談活動を展開した。この活動においては、弁護士会とも協力関係を築きお互いの理解を深めたとともに、政府の司法書士会の評価を上げ、司法書士法改正の後押しになったといわれている。この活動に限らず、その後の全青司の人権擁護活動は、司法書士法改正をめぐる政府答弁においても毎回引用されるほど価値の高いものである。

　このようなさまざまな司法をめぐる研究や実務の工夫そして市民運動により、平成14年（2002年）司法書士法改正により、簡裁代理権を職務規定に加えることにより、司法書士制度創設以来初めて司法・訴訟制度に明確に担い手として位置づけられたのである。そして全青司の法律家団体としてのさまざまな活動は、法律家制度としての質を高め、その結果令和元年（2019年）司法書士法改正において、使命規定を得ることができたといえるであろう。

3　まとめと課題

　以上のように、全青司は、自分たちを「市民のための法律家」であると定め、制度研究・実務の工夫・市民運動という三つの柱によって司法書士界をリードしてきたといえそうである。全青司の活動が、司法・訴訟制度に直接・間接に影響してきたことは、歴史を振り返って分析していくしかなく、

これまで概略を鳥瞰してきた。

　さらに制度改革に向けて、付け加えておかなければならないことは、法律家団体としての自治に向けた姿勢である。弁護士会の完全自治に比べ、司法書士は法務省の監督下におかれている。そのため全青司では、国と対峙すべき問題において、法律家として市民側に立って闘い抜けるかどうかが常に意識されてきた。その表れが、監督官庁である法務省の政策に対してもひるまずに市民の側に立った運動をやり抜いた、1991年の登記手数料値上げ反対請願運動と1996年の登記所統廃合阻止全国キャラバン運動であった。両運動とも全青司会員の個別訴訟にまで発展している（岩場訴訟および後藤訴訟（札幌高判平10・11・26訴訟月報45巻4号719頁））。この姿勢そのものは、全青司が、市民の権利を擁護する法律家としての覚悟を社会に示したものといえよう。

　全青司の特徴は、現役の司法書士の集団であること、全国組織であること、任意団体であることだと思われる。この稿のまとめとして、さらに全青司活動と司法・訴訟制度改革との関係を3段階に区分けして整理しておく。

(1)　全青司だけができること

　司法書士会および日司連は、法務省の監督が厳しい時代には、任意団体である全青司の存在は、直接司法書士と市民社会をつなぐ唯一の存在であったのではないだろうか。そのため、市民が求める活動を全青司が積極的に行った活動は、直接個々の司法書士の仕事へのメリットがあったわけではないが、その後の他団体・他分野の人間関係を築くなど、実は後の司法・訴訟制度改革において、大きな力をもつに至っている。

　【トピック1】や【トピック4】で詳述する、地家裁統廃合反対キャラバンや裁判傍聴運動がこれにあたる。また、震災における相談活動は、任意団体である特色を生かし、スピード感のある対応が実現されている。

(2)　全青司が司法書士界をリードしてきたこと

　日司連は、1990年代に日弁連と司法書士の訴訟事務に関して具体的に「ガイドライン」を設けるべく、協議を続けていた。そのために実際に訴訟事務に関与する司法書士を増やす必要があった。クレサラ被害者救済運動は、社会問題対策であるとともに救済の現場においては、自己破産手続や民事調停手続への関与を増加させ、実績づくりに貢献したのは間違いない。全青司が

行ってきたさまざまな相談活動は、間接的に司法・訴訟制度改革において多大な貢献を果たしてきたのである。

⑶　**全青司の活動や思想を日司連が取り入れて司法・訴訟制度改革につなげたこと**

　日司連が全青司のアイデアを取り入れたことにより、司法・訴訟制度改革が推進されたことも多い。司法制度改革において、弁護士会との対比で全国津々浦々に存在する法律家としての社会資源としての優位さを明確にしたいわゆる「ゼロワンマップ」のアイデアやその優位さを保つために司法過疎対策は、司法書士界の一致団結した意識と活動の展開を実現した。

4　未来への課題──忘れがちなこと

　司法・訴訟関連制度における全青司の活動を振り返ると、大きな成果を上げてきたのは、ゲリラ的な市民運動であったことがわかる。地家裁統廃合反対キャラバン、クレサラ被害者の会、裁判ウォッチングなどがそれである。司法書士の日常業務や相談活動にとどまらず、市民とともに社会変革のために献身的に活動する姿が、市民からの絶大な支援につながり、司法書士法改正や司法・訴訟制度改革の実現につながったと考えるべきであろう。このような市民運動へのかかわりは、日常業務に追われていると、とかく忘れがちになる。全青司は常にこの視点を忘れることなく社会を見る目を養っていく必要がある。

【トピック1】　地家裁統廃合反対キャラバン────────────

　最高裁判所は、1988年6月、地方裁判所・家庭裁判所の支部の統廃合計画を発表した。最高裁判所の計画では、単独事件のみを扱う地方裁判所支部および家事事件のみを行う家庭裁判所支部のうち小規模の支部を廃止する。また、合議事件を取扱う地方裁判所支部も削減するというものであった。最高裁判所は、支部の廃止・削減により、裁判官・職員をほかの裁判所に集中配置し、そこで充実した審理を図る「良質な司法サービス」の提供を確保しようとするものであると説明していた。

　全青司は、この地家裁支部統廃合計画について、議論を重ね次のような問

題点を整理し計画阻止運動を行うと決意した。全青司は、本統廃合計画が、審理充実のための根本的解決にはならないこと、憲法の保障する「国民の裁判を受ける権利」の侵害となること、これまで最高裁判所が進めてきた支部増設の歴史に逆行すること、「適正配置」に合致しないこと、廃止基準が妥当でないこと、を問題点として指摘した。

　1989年、全青司は統廃合阻止のため日弁連と協働しようと問い合わせると、反対の声明を出すがあまり大きな運動は考えていないことがわかった。そこで、全青司は独自に統廃合阻止運動を行うことを決した。具体的な運動に関して、当時の全青司会長であった川道繁行（長崎会）は、全青司きっての活動家である埼玉会の柿崎進に相談のうえ、同じ車を全国に走らせ反対のアピールをして回る「全国キャラバン」を行うことを決めた。「全国キャラバン」は、同じ車（キャラバンカー）を、各地で引き継ぎながら全国を回るもので、各地では、キャラバンカー到着とともに街頭活動や行政への申入れ、集会などを行いながら車をつなぎ続け、ゴールをめざす活動である。全青司本部では、キャラバンカーを走らせ各地で活動を行うための行政手続についてマニュアルを作成した。ルートを決め、県境等で各地の青年会の会員が車を引き継いだ。このような全国的な市民活動を実現できるのは、全青司という全国的かつ若い活動家が集っている団体しか行い得ないであろう。しかも統廃合の対象地は、地域の中心地では当然あり得ない。司法書士は、このような地域にも事務所を構え根ざしていることも運動の力になった。

　1989年11月20日に熊本県御船町役場をスタートした2台のキャラバンカーは、別ルートをたどって同年12月9日午後東京の四ツ谷駅に無事到着し、総決起集会が行われた。スタート時からマスコミが取り上げ始め、日弁連も協力せざるを得なくなったという。そして最もこの全青司の活動に対して好意的であったのが、裁判所の全司法労働組合であった。この活動の後、全青司と全司法はさまざまな活動で協力関係を深め、司法制度改革運動においてもたびたび協働を実現していったのである。当時の全青司会長であった川道は、司法書士界が簡裁代理権取得当時、日司連副会長の職にあったが、偶然にも最高裁判所事務総局にキャラバン活動当時の全司法の役員がいたこともあり、スムーズな交渉事務作業が可能であったと語っている。

　地家裁統廃合反対キャラバンにおけるもう一つの大きな功績は、全国各地の全青司会員が大きな自信を得たことであった。マスコミの後押しも受け、市民の支援を得た司法書士が司法・訴訟制度の頼りになる専門家であることを、業務だけではなく社会運動で示した活動であった。

【トピック2】　キーマンとしての柿崎進

　1980年代〜1990年代前半までの全青司において、会長経験者はじめ全国の全青司会員そして司法書士外部の方々から聞くのが「柿崎進」の名である。柿崎および彼が所属していた埼玉会の会員は、社会問題のみならず不動産登記制度に関しても何度もフランスへ視察に行きながら公証人であるノテールに関する見識を深め、その後の全青司はじめ司法書士界に大きな影響を与えた。柿崎の多方面への功績の中でも、司法書士が社会に認められ、司法・訴訟制度改革にもつながった分野として取り上げるべきなのは「クレサラ多重債務者救済活動」であろう。

　1970年代後半から1980年代にかけて「サラ金地獄」という言葉が社会問題として取り上げられるようになっていた。今でいう「消費者金融」業者が、年利100％を超える金利で無担保融資を行い、過酷で非人道的な取立てを行うことにより、債務者を自殺に追い込むような事件が多発したのである。その当時、貸金業者を規制する法律は存在せず、債務整理に関する法制度や司法書士の権限も確立されていない時代の話である。

　当時、ほとんどの司法書士が司法書士としてこの問題にかかわるなど想像できなかったであろう。柿崎には、その中で司法書士の業務としてこの問題にかかわろうと立ち上がった。司法書士は法律家として当然社会問題に積極的にかかわり、市民社会のために尽くすものだという信念があったようだ。柿崎は、躊躇することなく大阪の木村達也弁護士を訪ねたという。木村弁護士は、仲間の弁護士と市民とともに「サラ金対策協議会」をいち早く立ち上げ、この社会問題の救済活動を始めていた。柿崎は仲間の司法書士とともに、木村弁護士から自己破産手続と債務弁済協定調停手続とともに、債務者相談の方法、サラ金業者への対応方法などを学び、「サラ金対策協議会」にも加

入した。この後の多重債務事件の広がりを考えると、柿崎の第一歩が司法書士界にもたらした功績は計り知れないというべきであろう。柿崎は、全青司においては「社会問題担当副会長」を務めていたが、埼玉の仲間たちとともに作成した「マニュアル」を会員に示して、活動を全国に広げていった。

地家裁統廃合反対のためにキャラバンカーを全国に走らせるというアイデアを提供したのは、柿崎であった。柿崎は「サラ金対策協議会」においてキャラバンカーによる全国的な運動を経験済みだったのである。

柿崎は、社会問題に対し自ら立ち上がり、全国の会員を引っ張り、市民運動に加わりあるいは自ら企画実行する「プロフェッションとしての司法書士」の具体的なあり方を示した人物である。そして全青司にはこれまで、柿崎進のような司法書士が何人も現れているのもまた事実である。

【トピック3】 クレサラ被害者救済運動

クレサラ被害者（多重債務者）救済活動は、司法書士制度において社会的・制度的・実務的に大きな変革をもたらした活動である。

全青司においては当初、埼玉はじめ静岡、鳥取が運動を引っ張った。弁護士の絶対的な数が少ない鳥取県では、このような司法書士の活動が評価され、数年の間、破産管財人に何人もの司法書士が選ばれその職務を全うした歴史がある。

市民団体である「サラ金問題対策協議会」を中心とした運動が成果を上げ、1983年に貸金業規制法が成立した。全青司も全国集会においてデモ行進を行うなどこの運動に貢献を続けた。成立した貸金業規制法は、サラ金三悪（高金利・過剰融資・過酷な取立て）を規制し、貸金業者を登録制にすることで行政の監督下におき違反業者の取締りができるようにした。取立規制については、行政通達でさらに具体的な行為を規制することにより一定の効果を得、サラリーマンの自殺者も減少したが、金利や過剰融資については抜け穴も散見された。行政通達における取立規制では、弁護士による受任通知により業者の取立ては規制されたが、司法書士の名前は入っていなかった。そこで、裁判所への手続を提起したことの通知というもう一つの取立禁止通知を司法書士は利用することとし、自己破産手続と並んで債務弁済協定調停手続を活

用していったのである。

　サラ金問題は、1990年代に入ると衰えるどころか、クレジットカードの普
及とともにさらに拡大し、「クレサラ（クレジット・サラ金）問題」と呼ばれ
るようになっていった。全青司では、この問題における第二世代のメンバー
が全国の青年会において「クレサラ110番」という臨時電話相談の開催を運
動化していった。その結果、多くの全青司会員が、多重債務者救済運動にか
かわることになった。なお、「110番」という名称を臨時電話相談活動に冠と
して付けるようになったのは、この活動が走りであろう。静岡や沖縄の会員
が中心となり、弁護士とは違い多くの制限のあった司法書士業務のノウハウ
を開発していった時代でもある。

　また、大阪の玉置恭市は、司法書士が事務局長となる「クレサラ被害者の
会」を立ち上げ、多重債務者を制度的な被害者と位置づけた市民運動にも本
格的に参画した。司法書士が事務局長となった「クレサラ被害者の会」は、
名古屋、沖縄、神奈川などでも立ち上がり、被害者運動においても司法書士
は一定の役割を果たしていった。

　全青司による多重債務者救済活動は、それまで使い勝手のよくなかった債
務弁済協定調停を全国で使い続けた。その結果、平成12年（2000年）に裁判
所は、多重債務者救済用に「特定調停」手続を開始するに至った。また、破
産手続への司法書士の関与は、民事再生手続における個人再生手続において、
実を結んだ。この制度制定のプロセスの中で、司法書士の意見も十分に聴取
されたのである。もちろん、その後制度が実施されるにあたり、予納金や再
生委員などの裁判所における取扱いに関しては、弁護士との差別的な取扱い
は続くのである。

　平成14年（2002年）の司法書士法改正により簡裁代理権を取得した司法書
士は、さらにこの問題への関与がしやすくなったが、その後、最判平18・
1・13民集60巻1号1頁により貸金業者の利息制限法を超えたみなし弁済と
されていた利息が無効とされ、過払金返還請求が盛んになったため、多くの
弁護士・司法書士によって社会問題としてではなく、金儲けの手段として普
及していった。全青司は社会運動として、平成19年（2007年）の貸金業法改
正に至るまで全国クレサラ・生活再建問題対策協議会と活動をともにし、現

在もさまざまな活動において協力関係にある。

【トピック4】 裁判傍聴運動

　1990年、クレサラ問題が盛んな頃、簡易裁判所が金融機関の取立機関となっていると指摘されていた。今でも簡易裁判所の傍聴をするとその名残はあるが、30分の間に20件以上の事件が予定されており、金融業者の取立訴訟は、被告が欠席の場合は即判決、出頭した場合には司法委員を間に入れた分割払いの和解というように、まるで工場のベルトコンベアーのように、金融業者に債務名義を与えているように見えた。この状況は、埼玉の青年会が、関東ブロック研修会において、舞台で再現して会員が議論を行った。市民の身近な存在として気軽に自らの権利を行使できる裁判所であるはずの簡易裁判所を、業者から取り戻す必要があることを全青司が自覚したのである。

　そして、当時、全青司副会長であった佐々木俊明（大阪会）が、甲斐道太郎教授を代表にいただき、「裁判を傍聴する会」を立ち上げ、自ら事務局長になったのが、この市民運動の始まりである。裁判は傍聴制度により公平性を保っている。傍聴者がいなければ法曹三者による馴れ合いの裁判になる可能性があるとの問題意識も重なり、この運動は全国に広がっていった。兵庫で伊藤浩平が事務局長となり「裁判を傍聴する会兵庫」を立ち上げ、「裁判を市民の手に！」というキャッチフレーズを広めていった。その後も各地で

司法書士が事務局長を務める同種の市民の会が立ち上がった。岡村正文（広島会）は、この運動の名称を、「裁判ウォッチング」と名づけ、「裁判ウォッチング広島」を立ち上げた。以降この運動は、「裁判ウォッチング」と呼ばれるようになった。

　裁判ウォッチングは、司法と市民を直接つなげ、市民の手による司法制度改革を実現するための重要なピースとして関係者からも評価された。日弁連の会長職を終えた中坊公平弁護士もこの運動に積極的に協力し、全青司との関係を深めた。余談であるが、この関係はこの後、中坊氏が住専処理の登記手続に関しての窓口として全青司を頼るくらいの信頼が生まれた。

　各地の市民の会は、定期的に市民を集め、さまざまな裁判を傍聴した。そればかりか傍聴した市民からのアンケートを基に裁判所に直接、要望書を提出するなどの活動を続け、マスコミも大きく取り上げていった。全国の司法書士事務局長が地方新聞に頻繁に登場するようになった。司法書士は、法廷に入れない傍聴席の市民と同じ目線に立った法律家、という印象も与え、裁判所や弁護士等既存の法曹に不満を抱く市民からの相談も寄せられるようになった。

　裁判ウォッチング運動は、全国各地の多くの司法書士が、直接市民運動をリードし、「市民とともにある法律家」「プロフェッション」のあり方を、実像として体験させることになった。この運動を経て、司法制度改革の中で司法書士は市民の支持を直接受ける基盤をつくったといえる。

　　　　　　　　　　　（全青司創立50周年記念事業特別委員会・稲村厚）

第2部
制度のリーダーと
これからの全青司

全青司会長経験者で日司連においても重要な役割を果たしたお二人に司法書士制度における全青司の役割についてお伝えいただき、それを踏まえ、現在、そして未来の全青司を担うメンバーで座談会を行った。

司法書士制度と全青司

高知県司法書士会

細田　長司

1　全青司とのかかわり

　私は司法書士が国家試験になる前の、最後に認可試験が行われた1978年に合格した。その頃はただ単に司法書士になりたかっただけで、司法書士は儲かるなと不純な動機で司法書士受験をした次第である。合格前に結婚したので、必死で、妻に詰め込まれて、勉強し始めた明くる年に合格した。

　私が司法書士になったときの司法書士の社会は旧態依然としたもので、高知県では私が当時25歳で、20歳代はもう一人いるくらいで、残りは法務局退職者が大半を占めていた。なぜかというと、高知県あたりでは試験合格者は年間に1人～2人くらいしか合格しないのに対し、法務局退職者は常に5人～6人入るという、そんな歪な社会だった。

　当時は依頼者も「司法書士」とはまともに呼んではくれず、代書の先生と呼ばれていた。私は、代書の先生と呼ばれても司法書士の○○ですと必ず挨拶するようにしていた。

　1978年に合格して、翌年2月に全青司の松山全国大会があった。何もわからなかったが、高知県青司協ができたばかりで、試験合格組が中心となって開催されるというので参加することになった（無理やり連れていかれた）。ちょうど、第3代全青司会長の原田献三さんから第4代全青司会長の上野義治さんに引き継がれる時期だった。新人として参加したものの、何を議論しているのか全然わからない。この世界は何なんだという想いと、もう一つはわからないなりに刺激を受けた。全国には高知会の全体のレベルから比べると遥か上の、手が届かない、エリートのような人たちがいるという意識であった。

1980年に金沢全国研修会が開催されたが、その時に四国ブロックで分科会を一つ受け持つことになった。その時のテーマは登記原因証書だった。毎月、四国ブロックで青司協のメンバー5人〜6人で集まって研究会をするようになって、少しずつかかわるようになった。

1983年の鳥取全国大会では、ちょうど四国ブロックの代表幹事にさせられた頃で、周囲から全青司の執行部に金銭的問題があると噂があり、「お前四国ブロックの代表幹事だから、総会か分科会で発表しろ」と言われ発言したら、それからなぜか喜成清重さんたちから引っ張り上げられるようになった。四国ブロックくらいまではいいけど、まさか全青司のそういうところまでいくことになるとは思っていなかった。

高橋清人さんが全青司会長のとき、旭川全国研修会があり、研修会の後に企画された旅行の層雲峡のホテルの懇親会の席上で、「お前来年に副会長になれ」と言われ、慌てた。副会長になるということは、いずれ会長になる可能性があるということなので、これだけは絶対に避けたいと思った。この時代は副会長が八人いた。その中でも自分は第8順位くらいなので大丈夫だと考え引き受けた。翌年、喜成さんの会長時代に、もう1期副会長をやれと言われて引き受けた。そのときも自分の順番を考え、第4か第5順位くらいだから、「これならまだ大丈夫だ」と。もう1期くらい副会長をやったら辞められるだろうと思っていた。しかし、大貫正男さんが会長の時に、8人いた副会長が、病気などを理由に会議に来なくなってしまった。秋の筑波全国研修会のときに、次の会長にと大貫さんに口説かれたが、「いい加減にしてくれ、高知からどうやって全国に行けるんだ」「いや何とかやれる」とやりとりしていた。わざわざ、当時の事務局長から次長から皆が埼玉から高知まで口説きに来られた。それで結局引き受けることになった。

あの頃は今みたいに週休二日ではなかったから、全青司で土日は全部潰れていく生活だった。あれは若くないとできない。ほとんど家にいない状態で、子どもの面倒はほとんど見なかった。年に1回か2回くらい家にいられる土曜、日曜日に、子どもたちを近場の遊園地に連れていってあげられるくらいだ。そのため、息子には、僕は父さんに育てられた覚えはないとよく言われ、反論できなかった。

　全青司の役職を引き受けていった当時一番に感じていたことは、司法書士の制度が弁護士の制度と比べて社会的認知度が全く違うことと、弁護士個々のレベルの差と比べたときに、司法書士個々のレベルの差が大きいことだった。それでは社会的に信頼できる制度にはならない。せっかく司法書士になって、一生続けていくなら、その制度が、少しでも司法書士個々の差が縮まり弁護士の制度に近づく必要があると思っていた。すべての司法書士が裁判事務もできるようになる必要があるということではなく、同じ登記申請手続をするにしても、ただ単に登記申請書をつくって法務局に提出するだけではなく、たとえば原因証書の研究などをしてすべて司法書士が責任をもてるくらいになろう、という意識が根本的にあった。だから結局、全青司会長を引き受けた。1985年（昭和60年）の司法書士法改正が終わった頃だった。全青司の会長は、33歳で就任したが、あの時代からだんだん全青司の会長年齢が下がっていった。それ以降は40歳以下の人がやるようになっていった。

　1985年（昭和60年）司法書士法改正は、公共嘱託登記司法書士協会（以下、「公嘱協会」という）の設立と登録事務の移譲であった。公嘱協会の設立は、当時の俣野幸太郎日司連会長が宝の山だと言っていたが、全青司は、そんなのは宝の山ではないと言っていた。会員が潤うわけではないし、司法書士資格は個人に対して与えられているのに、それを法人に与えることになることはおかしいと全青司が反対運動を行い、日司連の司法書士法改正案を2回否決した。

　登録移譲については、事務を移譲されるだけで自治権があるわけでもない。弁護士との比較でいうと、完全自治権を有する弁護士会と完全に法務局に握られている司法書士との対比があり、司法書士の身分というのは自分たちでどうこうできるのではなく、法務局長にこの人駄目と言われたら終わってしまう。そんな不安定な身分ではなく、完全自治権を獲得するべきだと、日司連も言っていただろうし、当然全青司も完全自治権と言っていた。登録事務の移譲は単に登録事務だけを法務省の手続を簡単にするための手伝いをするだけだ。だから全青司は反対をしていた。その頃は、弁護士会のような完全自治を求める雰囲気であった。今、綱紀事件が全件委嘱された状態で、各単位会が苦慮していることを思うと、今から考えると、大変大きな変化だった

と思う。

　しかし結局は、何回も同じ議案を日司連総会で出しても、負けることが続いていた。その当時の日司連総会は、基本的に単位会の重鎮が全部代議員になっており、全青司系の代議員はほとんどいない。そういう状況だったので皆が凄い圧力を感じていた。その頃、都ホテルで臨時総会があり、たまたま私が四国ブロック会の質問時間をもらうことができた。ブロックの質問は時間を長くとることができて、質問も多くすることができるが、最初は壇上に立った際に足が震えていた。その時の担当副会長に言われたことが、早口でたくさん質問されたので何を聞かれたのかわからないとのことだった。じゃあわかった、原稿を渡すよと言って皆が書いた原稿を渡したところ、字が汚すぎてわからないと言われた。

　1987年には不動産登記法改正の議論があった。登記原因証明書を必要的添付書面にしよう、人・物・意思の確認をきちっとしよう、それらを何とか法律に盛り込もうということが課題としてあった。

　その頃群馬青年会と全青司不動産登記法改正対策委員会との論争があった。毎月合同委員会をやったが、同じ議論をしていて前に進まなかった。その合同委員会では最終的な決着はつかなかったが、多勢は、自分たちが責任をもってきちっとやろう、という意見だった。極論をいうと今の資格者代理人方式と同じように、何も添付書類は要らない、司法書士が売主、買主を確認して、間違いないと提出して、何かあったら自分たちが責任を負いますと言えるくらいのプライドをもとうという話までいったが、あの時代にはあまりにも極端すぎて、無理だということにはなったが想いとしてはそういうことだった。

　あの頃の全青司の活動は研究が中心で具体的な行動があまりなかった。ずっとやっている研究成果を、引き継いで、引き継いで何とか司法書士制度として実現させようという想いや意識で一生懸命やっていた。

　全青司が外向きに活動していったのは、喜成さんの時代で、1985年（昭和60年）の司法書士法改正で議員会館へ個々の政治家に向けて要望に行った。当時の日司連の理事会では、そういう政治的活動をした奴を除名しろという理事がいた。笑い話である。

　私が会長の時代は簡裁統廃合廃止運動をしていた。簡裁統廃合のときに、議員会館で反対集会を行ったが、そのときもまた日司連から睨まれた。

　日司連を変えようと、喜成さんが、1985年に日司連理事に立候補し、当然当選した。俣野日司連会長が凄かったのは、喜成さんを平理事に置いておくと煩いから、広報担当常任理事にした。喜成さんは本当に孤軍奮闘。そういう意味では凄い人であり開拓者であった。

　今の若い人が司法書士になったけど儲からないから登録抹消する会員がいるとの話を聴くが、すぐに儲かるわけがない。われわれの頃も 3 年間は我慢しろと言われていた。それは今でも同じだろう。コツコツやるしかない。司法書士はただ単にお金を儲けるためではなくて、周りから認めてもらうためにはコツコツと真面目に努力していくしかないという気持を今の若い人たちにももっていてもらいたい。

　1987年に全青司会長を終わるときに喜成さんから日司連の理事に出ろと言われたが、全青司の会長を辞めて即、日司連の理事になるのを当たり前とするのは良くないだろうと言ってそのときはお断りした。喜成さんは 4 年間、一人で日司連でがんばっていた。

2　日司連において

⑴　理事としての活動

　1989年になって、日司連は喜成さん一人じゃ厳しいし、四国ブロック会の推薦は要りませんと言って選挙理事として出ることにした。当時、日司連としては喜成さん一人が要注意人物だったのに、そこへ私と大貫さん、石井利三さんの 3 人が入った。日司連のその当時の理事の構成が20数名だったが、そのうちの約 6 分の 1 を若手が占めた。勢力がちょっと強くなり、それからだいぶ変わっていったと思う。

　1987年に法曹基本問題懇談会があり、初めは法曹の中に司法書士も加えて議論しようという話だったが、あまりにも司法書士個々人の間のレベルの差がありすぎる、ということではずされたようだった。また、司法書士法の中に業務として裁判事務を掲げていながらも裁判事務ができる司法書士が数％もいなかった。結局、そういった状態を何とかしなければならないと、新人

にターゲットを絞って新入会者研修が1989年9月に始まった。私は7月から理事になって新人研修に携わることになり、新人のレベルを統一していくための研修が必要だと思って活動していた。あの頃は日司連の中に研修部門はなく、企画部の中に研修担当があった。私や大貫さんは企画担当として研修を担当し、実施していった。基本的にハングリー精神があったからこそ、そういった活動をして来られたのだろうと思う。

　私は、1989年から1993年の6月まで日司連の理事でいた。その間に登記原因証書論などを日司連の中に持ち込んで、研究したので一応の研究成果はあったと思う。

　このような活動を経て、1993年で牧野忠明さんが日司連会長を退かれて選挙になったときに高知会の副会長になった。1995年からは研修所の所長になり、1999年までは高知会の会長と研修所の所長の兼任だった。

　自分は全青司の会長になるつもりはなく、ましてや日司連の会長なんてなるつもりもなかった。

　2001年から2003年は常務理事となり、北野聖造日司連会長を助け、2002年（平成14年）に司法書士法が改正された。司法書士制度は私が、日司連理事になった1989年から15年の間にものすごく動いた。そのときにそういういろいろな経験をさせてもらったのは大変ありがたいことだったと思っている。

(2)　会長としての活動

　日司連会長時代は、「司法書士法改正大綱」を策定し、臨時総会で採決された。本大綱は将来像を描いたものであり、今後の法改正の指針としたものである。それ以外には、大きく二つのことが印象に残っている。

　一つ目は、東日本大震災のことだ。本来市民救援基金というのは、市民を救うために司法書士をまず救うという大前提があった。阪神・淡路大震災で残ったお金、要するに、全国から集まったお金を兵庫会が1億円くらい残していて、それを日司連に渡してくれた。これを同じような被災があったときに司法書士の支援をするために使ってほしいという話だった。そのあと、新潟中越地震や東海豪雨など、いろいろなときに司法書士が仮に保存登記を行った場合、被災地の証明さえあれば、そこからお金を払っていた。ところが、小さな町の場合そこには司法書士が一人しかいない。そこに仕事がどんどん

集まってきて、その一人にものすごい金額がいってしまう。ここに批判がでてきた。もう一つ、都会の場合は、会社も被災者だから会社も支援すべきだという議論も出てきて、運用の仕方がものすごくあやふやになった。そのような課題が出てきて、東日本大震災のときに、大議論の挙句、相談援助だけだっていうことになった。3月の終わり視察のときに、陸前高田の海から山の方へ上がっていくと、小屋みたいなところがあった。こういうところに司法書士が常駐して事務所をつくり、相談だけでも対応してそれに助成できればだいぶ違うと考えた。そういうのを考えてできたのが被災地の復興支援事務所だ。法テラスも当然そういう被災地の事務所をつくったが、法テラスより日司連のほうが早かった。みんなに一番わかっておいてほしいのは、センセーショナルに行動するっていうのは、すごくインパクトがあるが、結局弁護士会なんかは、さっと動いて相談を行ったら新聞に取り上げられる。しかし最終的には、どれだけ息長く被災者の方々をフォローできるかが重要だ。それを長く続けていくという、市民に寄り添っていく精神は、焦らなくていいから、じっくりやることが必要だと思う。

　二つ目は、日司連で職務上請求書を統一したことだ。現在の自治体は、完全に信用している。当時はあまりにも不正使用が多いので統一しようとしたら、2、3の単位会の会長からは、「そんな無駄なことするな」とものすごく言われた。しかし日司連が統一したことにより、他の資格者も全部同じ方式になった。

　平成年間（1989年～2019年）で、社会的な資格者のレベルの差や弁護士会との差という課題は、かなり縮まったと思う。それは、みんなが一生懸命やってきた結果だ。

　資格者のレベルの差が縮まったのは、司法書士試験が、1978年に国家試験になったことによって、それまで法務局長の認可が大前提になっていたのが、試験合格者の若い人がどんどん出てきたことによる。国家試験になった結果が平成に現れてきた。そして平成に始まった新入会者研修、新人研修の影響はすごく大きかった。2002年（平成14年）の司法書士法改正を棚ぼた式だという人はたくさんいるが、国家試験が導入されてなくて、新人研修が全然実施されていなかったとしたら、棚ぼたもなかった。法曹基本問題懇談会にそ

のレベルに達してないから除外されたのに、それから20年近く経ったときには、そのレベルに達して、簡裁代理権が付与された。これはすごいことであり、このことをみんなに知っておいてもらわないと困る。今の合格者に、この制度は最初からあったと思ってほしくない。先輩が、以前からいろいろなことを積み重ねてきた結果が今の司法書士制度であるので、それを大事にしたうえで、若い人は、自分たちはこうあるべきだともっと議論をして、まとめながら実現をめざしていくことが大事なことだ。全青司がやってきたことが、20年、30年後には少しずつでも実現していっている。それは全青司が起爆剤になって日司連の中であるいは単位会の中に浸透していって、それが制度になってきたのだと思う。

　同じような議論をしてきている人間が少々違いはあっても、根本的なことはわかっている。法務省もその流れはわかる。対法務省に関しては、昔は喧嘩相手だったが、今から考えると、登録の移譲も、実は単位会が自由にできるようしてくれている。法務省も何とかして司法書士を育てたいという意識が強かったと思う。だから、資格者代理人方式だって、司法書士を信用して実行すると言っているのを、こちらから「犯罪を犯す可能性がありますから要りません」というのには、がっくりきた。

　本来は、日司連あるいは単位会が中心になって制度変革を進めていくものだ。強制会だから当たり前。そこに活力を与えていく、下から支えていくのが全青司や日司政連であるべきで、これらが日司連を通り越して行動しようとするから、おかしくなる。

3　自らを振り返って

　司法書士になったからではなくて、自分が人生で生きていくうえで、常に尊敬する人というか怖い人というか、あの人にだけは、言われたくない人が必要だと思っている。私はそれが、司法書士でいうと北野さん。日司連の中で北野会長の下、常務理事をするときは、絶対に北野さんの責任にしない。すべて常務理事の自分の責任にする、私が全部責任とるって気があった。

　ところで、北野さんと私は日司連の会長に最初からなるという意識はなかった。まさか自分がそうなるなんて思ってなかった。なった以上はそこで一

生懸命にがんばった。私は、自分のやれないことは、自分ではあまり手を出さない。やれる人に全部任せる。みんなが一生懸命に協力してやってくれたらそれでよい。一生懸命協力してくれる人間、ブレーンというか、上とか下とか関係なく、よし、いっしょにやるぞって言っていっしょに活動してくれる人がどれだけいるかが、重要なんじゃないかと思う。結局それはお互いがカバーし合えるので、ひょっとしたら私の個性が消えているから大衆性があるように見えるのかもしれない。

　懐が深いのか、自信がないのか。みんなが反対しているのに、これやって失敗したらみんなにえらい迷惑かける。自分だけならいいが、そうじゃないからこれで迷惑かけるわけにはいかないと思うと、みんなの意見を聞きながら、やっぱりこのへんだろうねっていうのをどこかで決めなきゃならない。会長って、確かにリーダーで引っ張っていく必要があるが、常に自分が引っ張る必要はなくて、そのときの責任をとることと、最終決断をやるのが会長であって、全部自分がやらないとダメなんて思う必要はない。しんどくてやれない。私はいいメンバーに恵まれた。

4　これからの全青司・若い人たちに向けて

　これから新しい制度をつくっていくのは、そんなに奇抜なことではない。ある程度今の制度をベースにしながら活動していくはずなので、それをどういうふうにしたほうがいいかと、いろいろな議論が出てくるはずである。そういうのをまとめながら将来につなげるというのが実は若い人の役目である。われわれにそれをやれと言われても無理だ。みんなが、これがいいと思ったことをやっていく、それを手助けすることはわれわれにできても実行していくのは、若い世代だ。自分たちの将来をつくるのは、自分たちだという意識をもってもらいたい。時々、若い人でも別に自分がやらなくたって、全青司が何かやってくれるだろう、日司連が何かやってくれるだろうっていう人任せの人がいるが、それでは進まない。そういう人が多ければ

多いほど、制度は進まないはずだ。自分たちがこうありたいという理想があればそこに対して、一所懸命自ら動いてほしい。日々の仕事を通じても、そういう気持でやっていかないと、司法書士制度は発展しない。

　司法書士となって、司法書士として生きるとするならば、みんなといろんな議論しながら自分たちがこれから制度をつくっていくために、がんばっていくという、ことだと思う。

　全青司が社会活動を盛んに行うようになったのは、平成に入ってからだったと思う。簡裁統廃合があり、地家裁統廃合があり、登記所統廃合が進んでいく。全青司の中で、そういうものに対して声をあげなきゃダメだっていうことで、そういう人権意識を当然法律家という以上はもっているべきだと意識高揚が出てきた。その意識をもちながら活動してもらうのは当然必要だが、だけど一方でいつも思うのは、司法書士が制度的に生き残っているのは、本当の専門性を出せる登記部門だと思う。そこを蔑ろにしてそっちだけやればいいんだっていう、ミニ弁護士化だけはしてほしくないな、という気はする。

　司法書士全般的に、能力のレベルがそれなりに縮まってきたが、倫理観についてはまだ相当な差がある。

　遺産管理や財産管理に関しては、司法書士個々人の倫理感がしっかりできていないと怖い業務である。だから当然社会性をもってもらわないとダメだと思う。

　制度変革のために穴を開けるのは、非常事態のときが開けやすい。

　司法書士はある程度、従属性が強いと思う。単位会に従属し日司連に従属している。日司連が自分の意見とは違い、また多数意見でもないのを仮に表明すると、抵抗が強いのも事実である。そうは言いながら、日司連は、会長声明をたくさん出している。それに対しては、あんまり批判が来ないのでどんどん出せばいいのだけど、歴史やこれまでの流れがあり、団体としてまだ経験が少ないので、恐々とやっている部分はあると思う。単位会レベルになるとそういう社会的発言をすることが、まだちょっとやりにくいか、やる必要がないと思っているかもしれない。個人のレベルが上がって、そういうのが当たり前のようにならない限り、なかなか難しい。焦らないでいこうよ。

　2019年（令和元年）の司法書士法改正で使命規定ができたことによって、

変わっていくだろう。これから何年間、何十年間やっていくことが何かの形に表れてきたら今度はそれが当然になった段階でまたステップアップしていくのだろう。制度は、ある日突然変わることもある。弁護士は意識しなきゃいけないが、まるっきり弁護士になろうとは絶対にしないでほしい。

　2003年までが、もの凄い変革が起きている。それ以後はいわゆる司法制度改革で実施されたことを、少しずつ直したりしてきたそれに伴う変革だ。これからは、大きな制度的変革は多分そんなに簡単には来ないと思う。今度は個々の、司法書士法の改正を通じながら変革をしていくという大前提になってくる。だから今の若い人は常に次の司法書士法改正は、その職域だけではなくて、いろいろなことを意識してもらいながら考えていってほしい。

司法書士制度における全青司の役割は何か

東京司法書士会

齋木　賢二

1　全青司現役のときのこと

　今からもう30年近くも前のこと、私は全青司の会長を経験した。

　その頃のことは朧気に覚えているだけで、鮮明な記憶というものは一つ二つもち合わせているだけである。別に、ぼーっと生きていたわけでも、生きているわけでもない。過去も、今も、司法書士として、日々、何かと気ぜわしくしているからであろうか。昔のことよりも、明日のこと、将来のことに興味・関心がどうしても向いてしまうのである。

　しかし、以前にも月報全青司に書かせていただいたこと、すなわち、全青司の会長をやる約2年前の第18回全青司東京全国研修会「──原点──さらなる飛躍へ踏み固めよう君の足元を‼」(1989年9月30日～10月1日)の実行委員長のときの記憶は残っている。

　その研修会資料に載せた実行委員長としての「歓迎の言葉」が、全青司現役のあの頃の「気持ち」であった、といえる。

　一部読みやすくして記載しよう。

　「現在を生きる我々は、確かに、地球の歴史、46億年の頂上にいます。

　我々は、『司法書士』として生きています。しかし、『司法書士』として永久に生きていくことはできません。我々は、ある時代を『司法書士』として生き、地球の歴史の一瞬を通り過ぎていきます。

　我々にとって、かけがえのないものは、『司法書士』という"制度"です。『司法書士』として生きていくことを決めた我々にとって、この"制度"は"地球"です。

　人間が自らだけを快適に生活させるためだけにこの地球を消費し続けてい

けば、"地球"は疲弊し、当然の帰結としての衰退を、我々の願いよりも早く迎えてしまいます。

『司法書士制度』も同じです。司法書士の個々人が『制度』を考えず、自らの利益追求のみをしていると、早晩、この"制度"は、その拠り所である国民から見放され、衰退の道を歩み始めるのでしょう。

それからでは遅いのです。

時の流れの中に生きる『司法書士』の責務として、そのときの『司法書士』が、次の『司法書士』に、この制度をより良い形で渡さなければなりません。

"より良い形は何か"を常に考えていくことが全青司活動の原点でしょう。

勿論、この活動は、我々全青司だけのものではありません。しかし、その活動の先端にいつも居続けたいと願う気持ちが全青司を支えているように思えます」。

つまり、全青司の現役であった頃は、「全青司が、すべての司法書士の最先端として、国民のために司法書士制度を前進させる責任がある」という「気持ち」をもって全青司活動を行っていたということができそうである。

2　過去と現在の全青司メンバーの「気持ち」

全青司の活動は、そのときそのときの司法書士制度を取り巻く状況によって大きく変わるものと考えられる。一方、当然に、すべての組織はそのメンバーの「気持ち」により活動内容が大きく変わるわけであるが、私が現役の頃の全青司メンバーの「気持ち」と現役の皆さんの「気持ち」に大きな変化はないものとして話を続けたい。

「大きな変化はない」との評価に根拠がないわけではない。

過日、「全青司山口全国大会」の案内冊子が当方へ届いた。当時の会長半田久之さんの「ごあいさつ」冒頭に「全国大会は、全国の会員が一同に集まり、市民のために司法書士制度はどうあるべきか、そこで全国青年司法書士協議会の果たすべき役割は何かを熱く語る場であります」との記述がある。

この「気持ち」は、かつてのわれわれのもっていた「気持ち」と何ら異なるところがない。

3 30年前の「気持ち」の具体的表現

さて、過去と現在の司法書士制度を取り巻く
状況は大きく変わるが、ここで、同じ「気持
ち」を有していたかつての全青司メンバーが、
具体的にどのような活動を行っていたか、を冒
頭記載した第18回全青司東京全国研修会、約30
年前の全国研修会の内容を材料として書いてい
きたいと思う。

(1) この頃の「熱意」

まず、この研修会の冒頭、当時の全青司会長
川道繁行さんは、概要、次のとおり挨拶した。

「一つの制度を構築し、確立させていく作業は理想を追い、夢に向かう営
みではなくて、現実の深みに沈み込む精進であるはずです。我々はまず現実
の我々の姿を市民という鏡に映し、あらゆる角度から検証し、分析して市民
の望む法律家の有り様を見出す必要があります。そして、全青司のみならず、
司法書士界全体がこの社会変化と市民社会の要請に対応できる体力を養い、
その変化を先取りできる体制を整えるときだと思います。

しかしながら、いかに現実を踏まえた司法書士像も、市民の賛同・合意が
なければ何の価値もありません。そのための価値を生かしていくのが我々全
青司の役割であると考えております。未来像を具現化していくのは人です。
それも優秀な人材です。人が優れているかどうかというのは、事柄を理解し、
その目標に向かって突き進む熱意があるか否かではないかと思います。

日頃それぞれの地域でそれぞれに考え、行動していることを互いに出し合
い、ぶつけ合い、検証し合うのが全国の仲間が一堂に集まるこの研修会の最
も大きな意義であります」。

この頃の司法書士は、現在と異なり、司法書士の独占業務としては「登記
および供託に関する手続の代理と裁判所等に提出する書類の作成」が主なも
のであり、簡裁代理権などは遠い「理想」の頃である。しかし、伸びしろの
大きさ、広さは多くの全青司メンバーが自覚していたものと思う。したがっ

て、上記「挨拶」にはかなり強い「熱意」が伝わってくる。

(2)　全体会議「司法書士の独自性を考える」

この研修会において「司法書士の独自性」を全体会議のテーマとして取り上げたが、なぜだったのか。この全体会の担当は、当時の東京青年会のメンバーであった。

それは、この研修会のテーマが「原点」であり、まだまだ伸びしろがある司法書士制度の前進や改善を考えるうえで理論的な基礎固めが必要である、と考えられたからである。つまり、この頃の司法書士制度がその他の法律資格制度の中でいかなる位置を占めているのか、それを原点に立ち返って確認しようとしたのである。

結論としては、①わが国で登記代理権（具体的・実務的な登記代理事務処理権能）を有する法律家は司法書士のみであり、この点に関する独自性は極めて明白である、②裁判事務においては、弁護士と異なった訴訟書類の作成を通じて本人訴訟を指導し、援助しており、この点が弁護士とは異なった独自性である、③相談事務については、国が国民の権利を保障するためにあえて二つの法律家の共存を認め、その専属的権能についてはその独自性を積極的に肯定するが、競合する相談事務に関する分野についてはその独自性の判断を国民に委ねた、④以上より、現在（この当時）の法体系が採用した方法は、巨視的にみれば、弁護士に法廷活動、司法書士に登記事務という独自の専属的権能と、その他については部分的に競合した権能をもたせた、とした。

この当時の司法書士もさまざまな活動をしていたが、理論上、登記実務分野では明白な独自性を有しているものの、その他の分野では明白な独自性をあげることはなかなか困難であった。すなわち、逆の見方をすれば、この全体会議がもたらした結論を分析することにより、司法書士制度は司法書士法改正による前進・改善が必要である、との共通認識が全青司メンバーの中にできていったのだと思う。

今般の令和元年（2019年）司法書士法改正により、明々白々の「法律家」としての「使命」が司法書士法上明示された。それは、法律家＝司法書士の確立した位置づけの証明である。

あの頃のこのような議論は、「現在では、すでに陳腐化している」との指

摘もあるであろう。しかし、現在の司法書士制度に満足しているのであれば
ともかく、まだ伸びしろがあると考えるのであれば、このような議論、すな
わち法律家制度における司法書士の位置の確認は不断に行われてしかるべき
だと考えられる。

(3) 分科会「中間省略登記」

　この研修会では五つの分科会が設置されたが、ここではその一つ「中間省
略登記」に関する分科会の内容を見てみる。この分科会の担当は、当時の群
馬青年会であった。

　中間省略登記は、周知のとおり、甲から乙、乙から丙へと所有権が移転し
たにもかかわらず、甲から丙への所有権移転登記を行うことを意味する。こ
の当時は、現在の登記原因証明情報の提供が登記申請の際に必須化されてお
らず、（当時の）登記原因証書を添付せずに申請書副本の提出のみによる登
記申請が可能であった。したがって、われわれへの登記申請委任状が甲から
丙への所有権移転登記申請という内容であれば、それによる登記実行、いわ
ゆる中間省略登記が可能であったわけである。つまり、平成16年（2004年）
法律第123号の「新」不動産登記法が施行される前までは、「中間省略登記は
そもそも認められない」という登記実務上の取扱いと「現場の要請」という
狭間で悩む司法書士の実態があったのである。

　この分科会にアドバイザーとして出席された早稲田大学法学部教授（当
時）鎌田薫教授の次の発言が印象に残っている。

　「丙が自分の所有権を対抗するというのは何かというと、甲・乙間の有効
な物権変動、有効な売買契約と乙・丙間の有効な売買契約を対抗できること
が丙の所有権の対抗なんです。それぞれの契約は登記されていないと対抗で
きないですから、それぞれの契約に登記がないと対抗はできないという結論
になります……したがって、中間省略登記をやったって無駄だということに
なります」。

　（もし同様の効果を生むことをやりたければ、）「甲・乙の取引、乙・丙の取引
はあったけれども、しかし、売買契約は甲・丙間でやりましたとやればいい
んです……甲と乙とで売買契約を結んで、買主としての地位を丙に移転する。
そうすると、甲から乙、乙から丙と所有権が移転するんじゃないんです。

甲・乙間で所有権まで移転して売買契約を完了させてはまずいんです。甲・乙間で売買契約を結んで所有権を移転させないでおく。乙は所有権移転請求権を持っています。所有権移転請求権を丙に譲渡する。買主としての地位を丙に譲渡すると、甲・丙間に売買契約があるから直接の所有権移転があったということになる」。

　この中間省略登記の問題は、現在でも登記実務上の問題点として存在しているものと考えられる。しかし、確認をしておくべきことは、「中間省略登記」は過去においてもすべきではない登記実務処理であったということ、つまり、発覚すれば、司法書士に対する刑事上・民事上の責任追及の対象事案であり、かつ、懲戒処分対象事案であったこと（実体関係と相違する登記申請をし、その旨登記させたこと等）であり、その状況は現在も同一である。さらに、上記鎌田教授の指摘された「買主の地位の譲渡」等の実務処理は、その実体を関係当事者すべてが十分認識・納得してなされた契約行為が前提であり、それに携わる司法書士に対し適切かつ十分な説明義務が尽くされなければならないと考えられることである。

　この分野を含め、旧くても新しい視点で考察しなければならない素材が現在においてもいくつも存在していることをお伝えできるのではないかと思う。

4　現役全青司メンバーの「状況把握」

　前述した全青司山口全国大会において「司法書士のAI代替率78％とは──漠然とした不安の実態──」が基調講演の内容として予定されていた。

　この講演内容を見るだけでも、われわれの置かれていた状況と現在の司法書士制度が置かれている状況には大きな違いがあることがわかる。

　そもそもベテラン司法書士には、「AI」の実態把握が十分ではない。

　さらに、その冊子に書かれている「日本の労働人口のうち約49％の職業が人工知能やロボット等コンピューターにとって変わられる」「AIによる代替可能性の高い職業として、行政書士：93.1％、税理士：92.5％、弁理士：92.1％、公認会計士85.9％、社会保険労務士：79.7％、司法書士：78.0％、弁護士：1.4％、中小企業診断士：0.2％という、我々司法書士にとって衝撃的な数字」等の記述については、われわれ世代には、それこそ漠然としてい

て、ほとんど意味が不分明となる。

　この問題は、これからの司法書士には不可欠な視点である。

　しかし、司法書士制度に対しては、過去にもさまざまな形で「制度の危機」的な事柄であるとの指摘が存在した。たとえば「TPPにより司法書士制度は自由化される」等の指摘である。つまり、表面的な情報のみで声高に危機を煽ることが司法書士会内に過去にいくつも存在した、ということである。そのようなことを避ける意味でも正しい情報を得て、適切に分析し、その結果を踏まえて、その事象に対する見解を広めていくことは極めて重要である。

　全青司の重要な役割の一つであろうし、これからの司法書士の重要な仕事であると思う。

5　最後に

　30年ほど前の全青司のメンバーが多く参加して「司法書士制度のより良い形」としての前進を勝ち取ったのが「平成14年（2002年）司法書士法改正」だったと思う。

　この司法書士法改正の着手から実現までに、10年近くの歳月を要したから、「あの頃」の熱気が冷めないままに、必死で新しい形を追い求めた結果だと考えられる。

　もちろん、正しい情報の取得や熱意だけで司法書士法改正は実現できない。その情報の適切な分析、さまざまな社会の状況・各種組織間の力関係、それらを素材とした状況判断は、非常に重要である。司法書士は、公共材として存在しているから、利用する国民・市民の皆さんのおかれている状況を身近で把握することも重要である。司法書士制度を取り巻くさまざまな人間関係までをも踏まえたものでなければならない。司法書士への信頼を勝ち取る作業も慎重に行われなければならないのであるから、これに対処する一人ひとりの人間性も重要である。

　最後に指摘したいのは、全青司の重要な役割の一つに、将来の司法書士制度を担う人材の供給がある、ということである。その人材には、熱意と冷静さ、すなわち行動力と節度をあわせもつことが求められると考えられる。

　かつては、日司連執行部に全青司のメンバーは一人も存在しなかった。現在は、日司連執行部役員の多くがかつての全青司を支えたメンバーである。その後の司法書士法改正もかつての全青司メンバーが重要な役割を担ったことは事実である。

　「国民・市民のためになる司法書士制度の永続をめざして」という思いは、これからも全青司メンバーの中に生き続けることを願っている。

全青司のロゴはこの時生まれた
──青年会との出会いが司法書士人生を決定──

大分県司法書士会

和田　正敏

1　はじめに

　表紙を開いて、あっと何か感激して見入った。「人のために生きる司法書士」との文字を目にして普段は素通りしていた誌面をしっかりと読んでいる私がいた。全青司会長川上真吾君の大論公論の１頁である（市民と法122号１頁）。私はうれしくなり、心のどこかにまだ残っていた熱い思いが甦った。そして、大分会会長の胤末理恵子君と数名にファックスを送り、なおそのうえ、発行の民事法研究会にも電話をして、『この定期雑誌を購読していて良かった』との趣旨の言葉を伝えたのであった。それから一月とちょっとして稲村厚君から電話があったのである。

　全青司の「50周年記念誌」を編纂するので協力してほしいとの依頼だった。

2　全青司との出会い

　私は35歳までは大分県の田舎でせっせと司法書士を職業としながら生活していた。そして、35歳で群馬全国研修会に参加したときのことであった。サブタイトルだったと思うが、「もう司法書士は要らない・個人の個と組織の個」というフレーズに体の中を百万ボルトの電気が走り抜けたようなショックを受けたのである。同時に恥ずかしい思いに陥ったことを忘れることができない。私が司法書士という職能を担って社会に応えることができているのは司法書士制度を護り育てて向上させてきた先輩が体を張って頑張って犠牲を払ってきたからではないか。今まで私は「個人の個」で「組織の個」ではなかったのではないか。そう思うと反省の一語に尽きたのである。そして青年は有限実行でしか青年とはいえないと思った。そうです、そのまま今日ま

93

で走り続けているような気がして、冒頭の全青司会長川上真吾君の言っている言葉が昔の自分と重なって感動したのである。

3　全青司大分全国大会

　ところで、1996年の春に大分青年会で大分全国大会「独立自尊が新世紀をひらく」を主管した。堀池勇全青司会長から加藤雅也君にバトンが渡された全国大会である。実行委員長を私が受けて事務局長を大分会の工藤克彦君に頼んだ。

　その大会の事前活動の中で、全青司の旗はどんなものでどんな意味があるのかという趣旨の議論が全青司幹事会でなされたのである。当時は論客ばかりであった。石川会の皆川容徳君、熊本会の小田秀幸君、岡山会の姫井由美子君、福岡会の中村優子君など真剣に熱く議論して灰皿が飛んで行くような雰囲気であった。そのような方々の中で大分全国大会を機に全青司の旗とロゴを作成してはどうかとの決定がされた（確かそれまでは、桐のマークを赤くしたものであった）。

　全国大会の主管単位会に任された全青司のロゴの作成で、たまたまその時に実行委員長である私の古き善き友人が大分県立芸術文化短期大学でデザインの教授をしていた。私が、司法書士の職能、青年会の理念、そして思いなどを説明して作成を依頼したのである。根之木英二教授は全国でも有名な方で司法書士をよく理解することに真摯に力を注いでいただきすばらしいロゴを作成された。

　以下にその理念と誕生の過程を掲載して未来の青年司法書士に思いを託したいと思う。

シンボルマーク制作への思い

　「この大分大会を機に会員の心が一つになって明日に向かって前進するように、新しい全青司のマークを作りたい」との熱い思いを受け、会員の皆様方の市民に向けた日頃の活動や社会正義への志など、全国の青年司法書士の「思い」を「カタチ」にするようにデザイン思考を重ねてマークを制作しました。

デザインのテーマは「美しさ（市民の権利）」「強さ（社会正義）」「躍動感（未来）」です。マークの中心にある美しく完全な球体は、誰も侵すことができない個人の権利を象徴的に表現しています。マーク全体が「司」の文字からできていることを考えますと、この球体の元になったのは「口」の部分ですので、市民の権利も口に出して主張していかないと存在しえないものと言えます。

日頃より司法書士の方々が、声を大にして活動されているお陰で市民の権利が守られ、社会正義が実現されてきているのだと思います。

（大分県立芸術文化短期大学名誉教授　根之木英二）

3　全青司マーク

(1)　シンボルマーク

司法書士の「司」をデザイン化しており、中心の球体は市民の権利を象徴し、右側に波紋のように広がる弓形はその権利を社会に広げ、大きく生かしていくことを意味している。これは市民の権利を守り、弱者救済に立ち上がる司法書士の職務姿勢を表わしている。

また、全体の形のイメージは、右上に力強く伸びる形態で信念を貫き、強いものに立ち向かっていく青年司法書士の正義感と若い力を表現している。

(2)　シンボルカラー

「青」は、青年・青雲の青であり、若さ・志・理想を意味する。また「青」は色彩心理学上、未来、希望、知性、英知等を連想させる色とされ、全青司の全体イメージを表現している。

```
座談会　『全青司の軌跡とこれから』

出席者：　川上　真吾　　（全青司副会長。長野会）
　　　　　松永　朋子　　（全青司副会長。熊本会）
　　　　　満木　葉子　　（埼玉青年会前幹事長）
　　　　　上野　秀章　　（兵庫青年会会長）
　　　　　鹿島　久実子　（東京青年会）
　　　　　飯田　悦久　　（神奈川青年会）
司　会：　梅垣　晃一　　（全青司第41代会長。鹿児島会）

　　　（肩書は、すべて収録時（2020年2月4日）当時のもの）
```

1　全青司50年間の歩み

【梅垣（司会）】　本座談会の司会を仰せつかりました、鹿児島会所属の梅垣晃一と申します。第41代の全青司会長を務めていました。よろしくお願いいたします。

　本日は、全青司創立50周年を迎える今、全青司執行部が、そして全青司を構成する青年会の皆さんが、また若手の皆さんが、どんな思いで、どんな全青司活動をしているか、そしてどんな司法書士の未来像を描いているかをお話いただければと思います。

　今日は全青司の現役の執行部から川上さんと松永さん、青年会の代表者として満木さんと上野さん、それから合格5年未満の若手の方を代表して、東京青年会の鹿島さんと神奈川青年会の飯田さんに来ていただきました。

(1)　年表について

　本題に入る前に、「全青司50年間の歩み」という年表形式の資料（後掲290頁参照）をお手元に用意させていただきましたので、この説明をさせていただきます。

　皆さんご存じかと思いますが、全青司は、1970年2月1日、熱海市において創立総会を開催して、産声を上げました。それから50年間が経つわけですが、本日までに45名の方が会長を務められ、また、全国研修会および全国大会が毎年継続的に行われています。こうしたことがらを中心に年表にまとめております。

　また、この50年間の主な法改正の動きということで、まずは司法書士法の改正の動きを見てみますと、一番大きかったのは昭和53年（1978年）の司法書士法の改正であろうと思います。国家試験制度が導入され、国家資格になると同時に、目的や職責が規定されました。

　昭和53年改正の次に大きな改正があったのは、昭和60年（1985年）改正。このとき、登録事務が日司連へ移管されました。それと同時に公共嘱託登記司法書士協会が設立され、各地に単位会も設立されました。この公共嘱託登記司法書士協会の設立の動きに対して、どう対峙するのかということについては、全青司でもさまざまな議論があったということは皆さんもご存じのことと思います。この記念誌に収録されている諸先輩方の寄稿でも触れられています。

　その次が平成14年（2002年）改正。これは現行司法書士法といってもよいでしょう。翌2003年から簡易裁判所訴訟代理能力認定に伴う特別研修が始まり、今に続く訴訟代理の歴史が始まりました。

　最後に、令和元年（2019年）改正により使命規定が創設されて、2020年8月1日に使命規定を含む改正司法書士法が施行される見通しとなっております。

　こうして俯瞰してみますと、この50年の中で大きな司法書士法の改正が何回もあったわけです。そして、それに対応する全青司の活動はどうだったかというと、初めに1966年、熱海創立総会の前に「全国青年の集い」というのが開催されました。大阪青年会、名古屋青年会（現・愛知青年会）、横浜青年会（現・神奈川青年会）、東京青年会はその時期にすでに設立されていましたから、先駆的な青年会が全国規模で集まって活動をしていこうという歴史がそこから始まっていて、そういった動きの延長にあって熱海創立総会が開催されたわけです。初代会長に大阪の高橋一夫さんが就任されて、続いて東京の相馬計二さん、原田献三さんと続いていきました。

　それから、今に続く大切な全青司活動の歴史として1972年に第1回東京全国研修会が開催されて以降、毎年必ず全国研修会が開催されています。自己研鑽を積む研修会こそが、全青司の活動の根底にあるということ、そして、ここを絶やしてはいけないという意思が承継されて、今も続いているのだと思います。

　それから特筆すべき全青司の活動として、1979年に司法書士による「市民法律教室」が開催されています。それに続き、1984年には「全国一斉市民法律教室」が開催されています。法律教室の開催というと、今の私たちの感覚で考えると、小・中・高校生のための法律教室とか、消費者教育教室は全国どこでも行われており、何てことのないものですけれども、当時は、代書といわれて久しい司法書士が、「法律教室」という言葉を用いて市民向けに開催するというのは相当勇気のある活動だったと思います。

　それと同時に、年表にはこの時期に第1次上田調査とか、秩父調査ということが記載されています。司法書士は市民にとってどのような存在であるのか、どのような存在であるべきなのか、市民の司法書士に対するニーズはど

こにあるのか、法社会学的な調査もやってみようということで、果敢に取り組んでいます。先輩方は、そういったところも非常に大事にされていたということが分かります。もちろん近年においても、2012年に第2次上田調査が実施されていますし、また法社会学的な調査が必要だというのは当然のことなのですが、そういったことを全青司は、1970年代から取り組んでいたということになります。

1984年になると、「社会問題対策部門の設置（クレサラ問題）」と年表にあるとおり、クレジット・サラ金問題への取組みが始まりました。社会にサラ金問題、サラ金地獄という言葉が出てくるのもこの頃であると思います。

それと並行して、1986年のところをみると、「簡易裁判所統廃合反対集会の開催」とあります。翌1987年には「登録免許税引上げ反対決議」、1989年には「地・家裁支部廃止阻止キャラバン」、さらに1992年には「登記手数料値上げ反対請願運動」があります。司法書士が最も身近な存在である登記所（法務局）や裁判所の問題に対して、司法書士だからこそ意見を提言するべきだという活動をしています。私たちの業務にとって非常に密接なところなのですが、それゆえに司法書士が表立って踏み込んだ意見や活動をしてもいいのかという躊躇も会員の中には当然にあったかと思うのですが、強制会である単位会ができない部分を全青司や青年会が代わりにがんばってきたのだろうなと思います。

そんな中、1993年には、名称を「全国青年司法書士連絡協議会」から「全国青年司法書士協議会」に格上げして、全国の単位会および青年会がより一体となって活動をする体制を整えています。

その後、1995年に阪神・淡路大震災がありました。全青司だけではないですけれども、単位会も含めて、市民に対する災害救援活動に対して組織だって取り組むということが、司法書士の中ではこの時期から始まったのだと思います。当時はノウハウがほとんどなかったのだと思いますが、その活動の経験が生かされ、以降は、たとえば2000年の東海豪雨災害であるとか、三宅島の噴火、東日本大震災、熊本地震、そのほか各地の地震・噴火・豪雨・台風などの災害があるたびに、災害救援活動を当然の活動として組織的に行うようになっています。

　全国一斉のクレサラ110番は2000年から開催されています。それからゼロワンマップといいまして、弁護士が少ない地域、司法書士が少ない地域を地図上に表し、あまねくすべての地域に司法書士を根づかせようという活動もこの時期から始まっています。ちょうど、司法制度改革が議論されていた時期と重なります。

　2003年以降になってくると、訴訟代理権を有する認定司法書士が登場し、代理権を前提とした法律相談活動というのが活発になってきて、当時は非常に先駆的な活動であった過払金返還請求とか、債権の差押えの申立てなど、裁判業務をフルに活用したクレサラ被害対策が盛り上がっていきます。全国一斉の労働トラブル相談会もこの時期からになります。

　さらに、サラ金地獄の背景にある社会問題としての貧困の問題に対しても本格的に目を向け始めたのもこの時期からだろうと思います。全青司としては、この頃から生活保護問題にも取り組むようになり、2004年からは生活保護110番が毎年開催されています。

　2003年以降の活動は本当に目まぐるしくて、数えたらきりがないですけれども、児童養護施設での法律相談活動、ADR トレーニング、自死問題への取組み、現在は委員会がなくなっていますが刑事事件、特に少年事件への関与の取組み、子どもの人権に対する取組み、企業法務分野の取組みなどさまざまに展開しています。また、ごく最近のことになりますけれども、全青司として LGBT に関する活動を始めています。また、辺野古新基地問題に対する会長声明や全国の自治体への陳情活動なども展開しています。

　以上、全青司50年間の歴史をざっと振り返りました。こういった歴史を踏まえて、全青司または全青司の活動について、どういった感想や意見をおもちになっているかということを、まずは、皆さんにうかがいたいと思います。あわせて、ご出席の皆さんの自己紹介もお願いします。はじめに、全青司執行部の川上さんからよろしいですか。

(2)　全青司執行部

【川上】　全青司で副会長を務めております、長野会所属の川上真吾と申します。よろしくお願いいたします。

　私は2006年に合格いたしまして、その翌年、2007年に司法書士登録をしま

した。その後、2014年に長野青年会の会長を務めまして、2015年からは全青司の役員を務めております。私は全国大会の実行委員長だとか、人権委員会の委員長、月報委員等、全青司をフルコースで満喫させていただいているタイプでありまして、本当に全青司活動は私の生きがいということで今までやっております。

　今、この年表を見て思うことなのですけれども、本当に自分たちの制度をどう発展させていくか、その闘いの歴史だったのだなというふうに思っております。発足したときは、司法書士制度の危機ということで全青司が発足したと聞いておりますが、その後は、その制度を守るためには市民の中に入っていかなければいけないということで、その時代にあった市民のニーズを自ら探しに行って、そして解決のために一生懸命活動するということを続けてきた歴史だと思っております。

　全青司の現役の役員として活動していると、ついつい目の前の活動ばかりに目が行ってしまいまして、過去のこういった活動を振り返ることがなかなかないのですけれども、過去の活動を振り返りますと、先輩方の活動の延長線上に今の私たちの活動があって、またその先に私たちの活動の未来があるのだなということをあらためて感じているところであります。

【梅垣（司会）】　ありがとうございます。続きまして、全青司執行部からもう一人出席いただいている松永さん、お願いできますか。

【松永】　現在、全青司の副会長をさせていただいております、松永朋子と申します。所属は熊本会で、私は2009年合格で2010年登録になります。最初は勤務をして３年後くらいに独立をして今に至ります。青年会活動としては、熊本青年会で会長はしていないのですけれども、熊本会は青年会に当然入るもの、入るのが当たり前という雰囲気でして、私も入会し、青年会の活動を経て、2015年のくまもと全国研修会で実行委員長をさせていただいたことをきっかけに全青司の活動にかかわるようになりました。その後、大会研修会委員会等々を中心に役員をさせていただいて、今に至ります。

　感想ということなのですが、とにかくすごいな。何がすごいかというと、先ほどの川上さんの話と重なりますけれども、自分たちにできることに情熱をもって、いろいろなことに取り組んでこられたのだな、と。

　その取組みにあたっては、通常の登記業務とは全く関係のないような分野も含め、司法書士法の 3 条業務にとらわれることなく、いろいろなことに取り組んでいこうというふうに先輩たちがされてきたのがよくわかります。それがあっての、年表にあるそれぞれの司法書士法改正につながっていて、今に至るということをすごく感じています。

　翻って考えると、今この時代を生きている私たち、全青司も含め、青年会も含め、若手の人たちがさらに次の世代にこの制度を残し市民のために活動していくためには、同じようにがんばっていかなければいけないというのをあらためて感じた次第です。

【梅垣（司会）】　ありがとうございます。続きまして、兵庫青年会を代表して参加していただいている上野さん、お願いできますか。

(3)　青年会会長

【上野】　兵庫青年会の現在会長をさせてもらっています、上野と申します。2011年合格です。兵庫会も青年会の入会に関しては、当たり前のように入れ入れと言われて入会をしている感じです。私は初め勤務をしていたので、青年会活動は研修に行ったり、バーベキューに行ったりというくらいのレベルで、全青司もそんなに顔を出している感じではなかったのですが、合格の翌年に神戸で全国研修会があって、そこで呼ばれて駅からの道案内をしなさいというところから、全国研修会とか全国大会とかにちょろちょろと行くようになったのがきっかけで青年会の活動に少しずつ参加した感じです。

　上記(1)でも話が出ていましたが、兵庫会の諸先輩方は本当にがんばっているという印象があります。阪神・淡路大震災のことが年表に載っていますが、そのときの私は、まだ司法書士の「し」の字も知らなくて、そんな中で家の中で揺れていたのですが、そのときの兵庫会の諸先輩方が活動をしていたことも、司法書士になってから初めて知りました。今、先輩たちからそのときの話をお聞きする機会があり、本当に司法書士にそんな業務ができるのかという中でも闘っていたのだなと。でも、闘わないと駄目な状態だったのだ、という話をよく聞いています。

　単位青年会と全青司とで違いもあるとは思うのですけれども、単位会だけではどうしても切り拓けないところがある中で、いろいろな全国の青年会が

集まって、方向性を一つ決めていくような全青司という活動があるというのは、すごく大事なことだなと僕自身は思っています。

【梅垣（司会）】　ありがとうございます。続きまして、埼玉青年会から出席いただいている満木さん、お願いします。

【満木】　2020年2月1日まで埼玉青年会で幹事長をしておりました満木葉子と申します。私が青年会に入るきっかけになったのは、同期に誘われて行った青年会の活動の中で、先輩たちが非常にいろいろ詳しく勉強されていて、それに感銘を受けて、ちょっと仲間に入ってみたいなというふうに思ったことになります。それまでは、単に司法書士業務をこなしていたのですけれども、埼玉青年会に入ってから、司法書士ってこんなに可能性があるのだということで、養育費の問題や、生活保護の問題などに携わるようになりました。

　全青司のこれまでの活動の歴史についての感想なのですが、時代のニーズに応じて、非常に柔軟に活動を展開しているなというふうに感じました。その時代で問題になったことに対して、日司連だとどうしても足かせがあると思うのですけれども、全青司だから、青年会だからということで踏み込んだ活動をやってきている気がします。

　また、時代のニーズに合わせて活動してきたからこそ、市民に必要とされ続けてこられたのかなというふうに感じまして、今の時代で言うなら、セクシュアルマイノリティ、LGBTの問題ですとか、所有者不明土地の問題については日本全体で取り上げられていると思うのですけれども、それにも柔軟に対応して、活動が展開されているというのは、全青司の精神みたいなものが受け継がれているのかなというふうに感じています。こういう活動が続いている限り、市民に必要とされ続けられるのかなというふうに感じます。

【梅垣（司会）】　ありがとうございました。続いて、若手を代表して、東京青年会の鹿島さん、お願いします。

(4)　若手の二人

【鹿島】　東京青年会の鹿島久実子と申します。私は2016年に合格して、登録して4年目を迎えたところです。登録して間もない頃は青年会という団体とは全然縁がなかったのですが、たまたま行っていた勉強会でお世話になった先輩が全青司の活動をされていたのをきっかけに、この全青司50周年記念行

事の特別委員会のメンバーに入らせていただいています。

　この年表を見ていて思うことは、ここに記載のある活動が司法書士の本来業務かと言われると、違うものがたくさんあるなと思うのですけれども、この前、生活保護110番のときに受けた電話相談で、「私はあなた方みたいな公的な立場の人に話を聞いてほしい」ということをおっしゃった方がいて、司法書士という存在だけでも本当に意義があって、業務としてかかわる・かかわらないではなく、司法書士に対して話をしたい、そういった市民の方がいるのだなということに心を動かされましたし、こういうニーズもあるのだというのを感じました。窓口がないと司法書士に話をする機会って多分あまりないのだろうと思いますけど、無料の電話相談だと、話を聞いてほしい人がアクセスする場になるのだなというのはすごく感じて、その窓口をつくっているという意味で、全青司の活動ってすごく意義があるのだなというのを感じています。

【梅垣（司会）】　ありがとうございました。最後になりましたが、もう一人若手を代表して、神奈川青年会の飯田さん、お願いします。

【飯田】　神奈川青年会の飯田悦久と申します。2015年の合格なのですが、合格直後に、ちょうどその翌年に神奈川で10年に1回あるかないかの全国研修会があるよ、これはチャンスだよと誘われて、遊びに来るだけでいいからって言われて何となくかかわるようになりました。その全国研修会のときは道案内とごみ箱の設置をやって終わっちゃったのですが、そのときの先輩方がすごく輝いて見えて、青年会に入りました。

　ただ、その後も登録後3年間は勤務だったのでほとんど活動ができなくて、やっと昨年（2019年）に独立開業して、時間があるからということだと思うのですけれども、全青司の代表者会議に神奈川青年会会長のお供で行ったり、来年（2021年）の関東ブロック研修会の実行委員長にさせられたり、とかしています。また、神奈川会も全青司も50周年を迎える節目だということで、たまたま神奈川会が月報発行委員会を引き受けていて、それなら参加しようと思い、初めてまともに参加できたのが月報発行委員会ですが、そこで全青司の活動を初めて意識した次第です。

　昨年12月にこの記念誌の細田長司さんのインタビュー（前掲74頁参照）を、

半田久之会長や阿部健太郎副会長に同席させてもらっていて、テープ起こしを同期の仲間といっしょにやって、今日の座談会に誘われて、参加した次第です。

　細田さんのお話でも印象的だったのですけれども、こうやって制度というのは自分たちでつくっていくのだということと、棚ぼた的に見られる司法書士のための法改正というのも、こういう地道な活動がないと、運というのもめぐってこないのだよというのが細田さんのインタビューでは印象的でした。

　私が受験を始めた頃というのは、何となく司法書士というのは町の法律家というイメージで定着していたと思うのですけれども、上記(1)の梅垣さんが話された1984年の法律教室の開催のところで、当時は弁護士法との絡みとかあって、法律教室というタイトルで活動をすること自体勇気が要ることだったのじゃないかなという言葉がすごく印象的で、私が司法書士になったときは法律教室とかって、当たり前のように高校生相手とか、大人相手でもやっていたので、そうやって勇気をもって活動していった実績だったのだなというのを初めて知って目から鱗みたいな印象でした。

【梅垣（司会）】　ありがとうございました。それぞれの立場から、全青司の活動の歩みの振り返りと感想をいただきました。結局のところ、全青司の活動は、50年間変わらずに、常に時代のニーズに合わせて、市民のために必要だったものを提供していて、そのことが司法書士の存在意義を高めるものであり、また法改正にもつながってきたのだろうなと思います。それがまさに全青司の存在意義でもあるのだろうと思います。

2　全青司活動の今日的取組み

　続きまして、全青司、青年会における最近の活動の様子を皆さんにおうかがいしたいと思います。現在の執行部および会員が、どのような思いを抱いて、どのような社会問題に取り組んでいるのかを具体的におうかがいできればと思います。初めに、全青司の活動を川上さんからお願いします。

(1)　全青司の活動

【川上】　全青司で現在活動しているところで、私からお話させていただきたいのは、差別と貧困の問題に対する取組みです。生活保護の問題、養育費の

問題、このあたりが貧困問題として全青司が取り組んでいるところです。生活保護の問題というのは、2004年、2005年くらいからもう10年以上取り組んでいるのですが、貧困は拡大しているのに、生活保護の状況は全く改善されておりません。ですので、地道に年 1 回以上生活保護110番を開催してきているところです。先週に開催したばかりなのですが、電話を置けばまたすぐ鳴るというような状況で、300件近い相談が寄せられました。

　また、養育費の問題というのは、日本でずっと放置されてきた問題です。養育費を受け取っている母子世帯というのは、現在24.3％しかありません。そのため、母子世帯、ひとり親世帯は貧困の状態で放置されてきました。今年の民事執行法改正で少し改善するというような見通しもありますが、決して予断を許さない状況で、養育費の問題を通して貧困の改善を図っていくという目標をもって、相談会や意見表明などを行っています。

　また、この二つの分野に関しては、労働相談といっしょに「専門相談ダイヤル」として、2019年 5 月から月曜・水曜・金曜と 2 時間ずつ電話相談を受ける体制が始まっており、今は生活保護と養育費に関しては、 1 日 3 件以上の相談が寄せられている状況です。

　また、差別の問題というところで申し上げると、LGBT の差別に対する取組みがあげられます。性的少数者は大変な差別の中におかれてきました。私たち法律家もブームに乗るわけではありませんが、今やっと世の中の理解が進んできたところで、私たちができることをしていかなければならないという思いで相談会を開催したり、啓発活動をしたり、意見表明をしているというところです。

　さらに少数者への構造的な差別という点で申し上げると、沖縄の基地問題という差別があげられます。こちらは今年度、全青司として地方議会への陳情の活動を行いました。また繰り返し意見表明もしておりますし、現地視察なども行っておりまして、この問題を解決しようということで取り組んでいるところであります。

【梅垣（司会）】　ありがとうございます。全青司のさまざまな活動をうかがいました。川上さんは次年度に会長になる予定とうかがっています。熱い情熱をもってこれらの活動を引き続きがんばってください。

【川上】 がんばります。

【梅垣（司会）】 続いて、全青司副会長の松永さん、お願いします。

【松永】 私からは、担当させていただいている生活再建支援推進委員会の分野を中心に現在の活動を報告させていただきたいと思います。全青司の貧困問題に対する取組みというのは、とても重要な位置を現在の活動でも占めていると思います。専門相談ダイヤルが開設されたということがありましたけれども、その中でも労働の分野も専門相談ダイヤルを設けまして、毎週相談を受けるようになっています。

　なお、この専門相談ダイヤルを設ける以前から、全青司は労働問題について、先輩方がずっと取り組んできていまして、2006年に労働トラブル110番が開催され、その後1年を除いて毎年開催されています。

　労働問題というのは、貧困問題を解決するには絶対に避けては通れません。生活保護の相談を受けるというのはもちろん重要なのですけれども、生活の再建をしないことには、結局のところ貧困問題は解決しないわけで、生活の再建をするためには、労働に関する問題が解決しないと何かしらの収入を得るということができず、労働問題は貧困問題を解決するための基本的な柱になるものだと考えています。

　同じく貧困問題になりますが、今年度特に取り組んだこととして、「破産者マップ」に関する対応があげられます。こちらは福岡青年会の手嶋竜一委員長を中心に取り組みました。ご存じの方も多いかと思いますけれども、昨年３月頃だったでしょうか、過去に破産手続をされた方の住所であったり、名前であったり、そういうものがわかるように、インターネットの Google マップ上にピンを立てて表示させる WEB サイトが公開されて、非常に大きな社会問題になりました。その後も類似サイトが次々出てきて、なかなか根本的な解決には至っていないところですが、これに対して、全青司として会長声明を発出し、関係機関への申入れなどをしています。これに関しては、毎日のホットラインの電話相談において、全青司のほかにやってくれるところがないからぜひ全青司として取り組んでどうにかしてほしい、という激励もいただいております。

　破産をしたという事実は、個人情報であり、本来的に他人には知られたくない情報で、それを知られることによって、引っ越しをしなければいけないとか、会社にいられなくなるとか、深刻な問題を引き起こす可能性もあり、ひいては命の問題にもなってくる。

　そういう問題意識をもって、個人情報保護法、官報公告の制度を含めた申入れなどの活動を行っているところです。

　そのほか、私が全青司にかかわるようになるきっかけになった大会研修会に関しても、お話させていただきます。全国大会と全国研修会はそれぞれ年１回、1972年から毎年開催されております。主管となる単位青年会の協力を得ながら、毎年異なる場所で開催しており、いろいろな地方で開催をするということが、大会研修会の重要なポイントになっています。全青司が全国組織としていろいろな青年会とつながって協力をして、大会研修会をつくり上げつつ、同時に、その青年会の会員の中から新たに全青司活動に興味をもっていただいて、全青司を舞台に活動をしていただくきっかけになっているかと思います。

　全国研修会に関しては、私がくまもと全国研修会の実行委員長をしていたときは、青年会でしかできない、全青司でしかできない、最先端の研修をしなさいと先輩に言われて、それに応えるために必死で考えた記憶があります。

日司連や単位会ではできないような最先端のことをするという発想は、おそらくは、先輩方がされてきた既存の枠にとらわれない活動をするというマインドなのだろうなと思います。

　また、全国大会というのは、その時代の若手青年司法書士のあるべき姿を振り返り、また司法書士制度のことをあらためて考え直す機会、つまり、司法書士とは何者かということを考える機会を提供する場になっています。普段は業務に追われてなかなかできないことを、年に1回集まってみんなで真剣に考える、議論をするという意義をもっていると思います。

【梅垣（司会）】　ありがとうございました。全国大会と全国研修会は、全青司活動の中で重要な位置を占めていることがよくわかりました。また、破産者マップの件で、全青司しかやってくれるところはないという相談者の声は本当に深刻ですし、また、全青司の存在意義でもあると感じます。

　続きまして、兵庫青年会の会長をされている上野さん。青年会の活動の内容を含めてご紹介ください。

⑵　青年会の活動

【上野】　青年会の活動としては、全青司での110番とか、活動に参加できる部分はさせてもらっています。その中で、私が思う青年会の役割という話をさせていただきますと、さまざまな経験を積もうと思っても、知識を入れようと思っても、そこに参加しないと経験をしたり知識を学んだりできない中、僕らの資格というのは団体でやっているものではなくて、個人事業主としてしたりとか、一人ひとりの資格者としてやっているものだと思うのですね。その中でいろいろな会務とか、そういった学べるところに引っ張っていこうかな、参加してもらおうかなと思ったら、引っ張ってくれるコミュニケーションとか呼んでくれる人たちが必要になってくるのかな、と。そういう存在で、まず一番近いところに青年会があって、そういったところで青年会に呼んでくる。その中で、青年会の研修だったり、全青司の110番だったり、そういった研修にも呼んでみて、全青司の活動だったり、青年会だけでなく、単位会だったりリーガルだったりいろいろあると思うのですけれども、その人に響く何かを探してあげるきっかけになるのが、僕は青年会なのかなと思っています。

109

　でも、それをするのは、青年会というものがあればできるということではなくて、その新人さんにどれだけ声を掛けてあげて、呼んであげられたかというところだと思うのですね。なので、青年会の役割というのは、僕は新人さんとか、一人でがんばって仕事をしているのもいいのですけれども、ちょっと徒党を組んでというわけではないですが、そういった声掛けをしたりとかして引っ張り上げてきて、いろんな世界を見せてあげるきっかけづくり、ハブになるのが青年会じゃないかな、と。その中でそのスイッチを入れる一つとして、僕は全青司の活動はすごくいろいろな研究をされていて、いろいろな方向からその人に響く方向を、いろいろな引出しを出してくれているのでいいのかなと。

　逆にいうと、全青司からしても、全青司の役員の方も青年会をがんばっておられると思いますので、その中で市民との触れ合いというのが、青年会があることによりできるのかなと思うので、しっかり連携してやっていくことによって、青年会の役割があるのかなと思っています。その中で、市民と触れ合って、司法書士という存在を知ってもらうだけでなく、認知してもらう、市民に対して認めてもらうための活動が青年会であり、方向指針を決めていただいたりきっかけをつくったりするのが全青司なのかなと。それを実際に全青司だけではなく、青年会がどれだけ全青司活動、たとえば110番などで動くのかというところが役割なのかなと僕は思っております。

　今期僕が兵庫青年会会長をしてみて、青年会で結構話したことなのですけれども、「青年会に出席してください」ではなくて「参加してください」というのを言っています。出てきてもらうだけだったら出席でいいと思うのですけれども、そこに対して積極的な発言だったり、何か行動をしてもらったりすることを僕は「参加」だと思っていますので、そういった参加をしてもらうことによって、全青司とも触れてもらえたらなと思って1年やらせてもらっていました。私の考えとしては、何かまとまりのない話になりましたが、そんなよい関係がつくれたらなというところが全青司と青年会の感じだと思っています。

【梅垣（司会）】　ありがとうございました。新人の会員にとって、青年会が道しるべとなったり、きっかけとなったりする役割は大きいですよね。続き

まして、満木さん。埼玉青年会の活動は、いかがでしょうか。

【満木】 埼玉青年会の取組みということでは、埼玉青年会の規約に、会員の資質向上と会員相互の親睦というものを掲げていまして、その資質向上の面で、例会、研修会を開いており、親睦の面で各種のレクリエーションを開いています。研修もレクリエーションも、現在の執行部ではおのおのが企画を出しまして、全部採用はできないのですけれども、どれか採用したものについて実行するという形をとっています。人任せにしないで、自分で一から企画書を出して、最後までやり切るというスタイルでやっています。

できるだけ新人の方には負担がかからないようサポートするのですけれども、まずは私たちがやるのを見てもらって、来年は自分たちもこういうふうにやりたいというイメージを膨らませてもらえればなというふうに考えています。たとえば、昨年度は印紙税に特化した例会をやりまして、単位会ではあまりやらないようなものについても取り上げるようにしています。

青年会として大切なのは、合格証書授与式のときなどにこういう活動をしていますと言ったら、一定数、興味をもってくれる方はいますので、そのような方が新人歓迎会とか研修会に来てくれたときに、居心地のよい雰囲気にするとか、温かく迎えることだと思います。私たちもかつてそういうふうに迎えてもらったので、私たちがしてもらったように後輩のことも育てたいというふうに思っています。歴代の先輩たちも何か企画があるとカンパしてくれたり、こういうふうにやったらどうだというアドバイスをメールで送ってくれたりして、常に見守られている安心感があります。

新人の方を育てるという観点でいうと、私も上野さんがおっしゃったとおり、全青司の代表者会議はすごくありがたいなと思っています。自分自身もとても勉強になっていますし、埼玉青年会はできるだけ新人さんを一人連れていくようにしていまして、私も昨年4回中3回は2018年合格者の別々の方と参加しました。感想を聞くと、みんな圧倒されるとともに、こんなに志高く司法書士をやっている人がいるということで、興味をもって全青司の制度委員会に積極的に参加するようになった者もおります。そういった形で全青司の皆さんにも協力していただいて、私も若手も育っていきたいと思っています。

【梅垣（司会）】　満木さん、ありがとうございました。満木さんからは居心地のいい青年会をつくっていきたいというお話がありました。また、先ほど上野さんからは青年会がきっかけづくりになれればというお話でした。青年会トップのお二人はそういった思いで運営をされているようですが、若手で実際に参加されている鹿島さんは、青年会の活動にどのような印象をおもちですか。また、青年会では、どのような活動をされていますか。

【鹿島】　私は青年会の活動をまだ一部しか知らなくて、私の個人的な印象なのですけれども、早い段階で入られる方は即独の方と、東京は決済事務所が多いですから、決済事務所を辞めて独立された方が多く入会される印象があります。決済事務所からいきなり独立すると、今まで触れたことがない業務に遭遇するので、そういったところの情報交換の場として有効に青年会を使っている方が周りにいます。単位会とは別に、もうちょっと近い関係で聞ける先輩がいるのがいいのだと、私の知り合いの方は言っていました。

　私自身は、「つながる相談会」という、日司連ホールで月１回やっている、多職種で、弁護士さんや福祉の方も呼んで行っている相談会に参加しています。法テラスの指定相談の場所になっているので、朝10時から夜の８時までやっていて、法テラスの営業時間が終わった後に、あるいは法テラスにぎりぎりで駆け込んだ方に対して、日司連会館の下で相談会をやっているから行ってくださいと言われて法テラスから回ってくる相談者の方もいて、この活動が青年会としての取組みとしても、大きな意義があるのかなと思っております。

【梅垣（司会）】　ありがとうございます。続いて、飯田さん、青年会活動に参加されている感想をお願いできますか。

【飯田】　先ほどの自己紹介と重なるのですが、私も神奈川の全国研修会の後はずっと勤務で、委員会活動に参加できなかったのですけれども、たまたま自分が独立して暇になった昨年、神奈川会が50周年記念ということで、50周年式典を箱根で開催して、憲法とか司法書士の使命についてみんなで考える勉強をしてきました。その後、みんなで話し合うという催しがあったのですけれども、それに参加できたことと、たまたま全青司も50周年を迎えるということで、「月報全青司」の主幹を神奈川青年会で引き受けて、月報発行委

員会に参加できたので、それが全青司を初めて意識したきっかけというか、活動でした。

　神奈川青年会は、私は参加できていないのですけれども、面会交流とか生活保護とか、法教育とか、熱心な先輩方が活動をされているので、月報発行委員会の活動を通して、そういった青年会の活動も伝えられたのがよかったなと、去年を振り返って思います。

　ただ、残念なのは、上野さん、満木さんも若手のことを意識してお話されていましたけれども、せっかくそういうよい機会があったにもかかわらず、直近の３年間の新人の方の活動への参加がおそらくほとんどなかったという点がもったいないなと思いました。

【梅垣（司会）】　なかったのは何か原因があったのですか。

【飯田】　昨日、たまたま神奈川青年会会長とお話する機会があったのですけれども、2017年の合格者の方は誘えず、入会がなかったというのは聞いていますね。2018年の合格の人は何人か、７、８人はいたらしいのですけれども、その方々の参加はなかったかなと。

【梅垣（司会）】　このあたりに課題がありそうですね。

3　全青司活動の抱える今日的課題

【梅垣（司会）】　引き続き、次のテーマに移りたいと思います。

　先ほどのテーマでお話をいただいたとき、飯田さんから、若手がもっと参加したらいいのに残念ながら最近の合格の方が参加されなかったというお話がありました。これと関連して、青年会の活動で、もっと多くの若手の方に、あるいは新人の方に活動をいっしょにしてもらいたいなと思っても、そもそも青年会に入会する方が減少していたり、あるいは組織的な活動を嫌がって距離をおく方も増えていたりということを聞いています。また、全青司が音頭を取って110番活動を開催しても、登記以外のこと、たとえば裁判業務はお手上げというか、参加したくないという方が増えてきているというお話も聞いています。そういった今日的課題が生まれているようですが、満木さん、青年会の会長として、この点どのようにお感じですか。

(1)　埼玉青年会の場合

【満木】　私も丸4年、青年会の活動をしてきて、自分もそうだったのですけれども、若手会員の組織活動への無関心というのはあるのかな、というふうに思っています。無関心というか、最初に青年会に入らなければ、そもそも考えてもみなかったというようなところがあるのかな、と。みんな合格するまでに仕事を辞めたり、予備校にお金を使ったりというのもあるし、自分で生活費を払っていてというのもあり、とにかくまずは就職して、お金を稼がないと、という方が多いと思うのですけれども、そうなるとどうしても、常に募集をしている大きな事務所とかに流れていく感じで。そして、そこでは決済ですとか、司法書士の典型業務が押し寄せてきて、忙殺されて、あっという間に2、3年経って、青年会のことというのは知らなかったというような方も非常に多いのかなというふうに感じています。

　青年会に入ると、こういう問題があるのだ、と気づかされて、生活困窮者の問題ですとか、助けたいなと思う気持は誰しもあるとは思うのですけれども、生活困窮者の問題にしてみれば、かなり多面的にいろいろな問題を抱えていて、解決するのに非常に時間がかかる。でも、報酬はなかなか難しい。そういうことですと、自分も生きていかなければいけない、もしくは家族を養っていかなければいけないという状況においては、積極的に取り組むというのがなかなか難しいというのはあるのかな、と感じています。

　ざっくり言ってしまうと、お金の面で、何か私たちも団体としてできることがないのかなというのは埼玉青年会でも考えていて、会費の一部を基金的な形にして、生活保護の同行支援など、半日とか1日とかかかることもあるので、単位会から出るのとは別に、埼玉青年会からも出したらどうだろうか、とか、そのような意見も出ています。

　会員数の減少については、確かに少し減ってきてはいると思うのですけれども、今年は減ってしまって前年は増えたのですけれども、新陳代謝というような意味でとらえています。先輩方で長く貢献していただいた方で卒業される方もいれば、新しく志をもって入ってきてくれる方も必ずいるので。特に、今年入ってきてくれた方は、かなり一生懸命活動してくれていまして、仕事もいろいろ積極的に引き受けてくれたりとか、アイデアも今までになか

ったものを出してくれたりして、私たち既存の執行部もすごくいい影響を受けています。そういった面では課題というような感じではありません。埼玉青年会の現状としてはそのような感じで、以上になります。

【梅垣（司会）】 ありがとうございます。続いて、上野さん。兵庫青年会では、どのような感じでしょうか。

(2) 兵庫青年会の場合

【上野】 僕自身も合格して8年経って、青年会も登録して8年なのですけれども、青年会に対する無関心に関しても、僕自身も入った直後は無関心で、年々、青年会の活動を知ってやっていこうかな、となったので、逆に早くやめてしまうと、無関心なままやめてしまうのかなというところは思っています。

僕が合格した2011年は、兵庫県は40数名合格しまして、正直、兵庫青年会の僕の同期が現在3名。元々は30数名兵庫青年会に入会したのですけれど3名しか残っていません。結構減っているという感じだとは思います。でも、僕の中では、それでしょうがないのかなとも思っています。今年の合格者についても、兵庫県が20名で合格者もどんどん減っていて入会者も減っていく。今年は20名合格して16名くらいは入会届けを出してもらったのですけれども、最終的に残っている人数を考えると、多分、数年後には減っていると思います。でも、毎年最終的に残っている人数が同じくらいで残っていたら、少数精鋭でできたらなというところもあって、心配するほどの大きな変動はないのだろうなと。焦らず冷静に現状を把握して、考えて、よい方向になるように動けばよいのかな。

合格者の平均年齢も上がっていく中で、今期に関しては、新人さんとのコミュニケーションとか、青年会に出席ではなくて「参加」してもらうことを主に事業を組み立てたりしたので、入会後5年未満の方の参加が増えました。兵庫青年会には会員拡大事業と、会員交流事業というのがありまして、同じようなことをやっているのですけれども、ちょっと趣旨を変えてやっていまして、その中で、交流主体のところでいうと、参加している青年会員の家族も参加できるバーベキューとか、旅行とかを企画したりしました。

実際に僕らは家族の応援があって初めて仕事もできるし、その中で家族も

「青年会行くねん」と言われたときに「青年会って、どんな人らと仕事しとんねん」、とか、「何やねん、青年会、青年会って」っていう不安もあるのだろうなと思っていて。家族が連れてこられるようなバーベキューとかって、同世代の子どもたちや、同じ思いの奥様・旦那様がいて「何々ちゃんのお父さん」とか、そんな感じでコミュニケーションがとれて、いっしょに遊んだりとか、最終的に青年会以外でも遊んだりできるようなコミュニケーションがとれたりすると変わるのかな、と。そういうところの事業をさせてもらって、たくさん参加してもらいました。

　ほかにも他団体との交流になるような事業を結構させてもらいました。合格年度が浅いと、いろいろなところと知り合いをつくりたいというところもあって、青年税理士連盟さんとか、青年土地家屋調査士会さんとか、あと今期はちょっと変わったところで宅地建物取引業協会さんから宅地建物取引士さんに来ていただきました。重要事項説明書の説明とか、売主さんが物件を持ってきたときに、役所でどういう調査をしているのか、水道・ガスとか、埋設管とかの調査をしていることを知らない新人さんも多いので、そういう研修をしていただきました。ベテランの方は「知っているよ」というのかもしれないですけど、新人さんは知らないことだったり、不動産屋さんとか知り合えたりするのかなとか、興味をもってもらえました。

　巡回相談も今年やったのですけれども、青年土地家屋調査士会と合同開催とまではいかないのですけれども、いっしょに境界の相談とかを受けてくれへんかということをお話して、相談会に青年土地家屋調査士会の方も駆けつけてくれました。新人さんも土地家屋調査士さんがどんな感じで相談を受けているのか聞いてみたいというところもあり、私も興味ありましたし、楽しかったですね。ほかにも、青年土地家屋調査士会さんや青年税理士連盟さんと新年会を企画したりして交流をもちましたが、入会から5年未満の方に多く来ていただきました。それもメーリングリストに案内だけを流しても全然来ないので、直接電話をかけて「そんなんやるよ、興味ない？」って言ってみると「興味あります」って返事なのですよね。

　だから、とりあえず僕らの危機感として無関心とか人数の減少の問題はあるのですけれども、そういう地道な活動が大事なのじゃないかなと。実際に

合格人数が減ったりとか、平均年齢が上がったりとかもありますけど、じゃあ、そういう活動をちゃんと今までしてきたかというと、多少サボっていたりとかもあると思うので。それから、呼べるところだけ呼んでいたとか、結構あると思います。名簿を見て、合格年度は新しいけど、あまり見たことがないけど、とりあえず電話しとこうかみたいな感じで電話を掛けたりというところをやっていくと、ちょっと来てくれる人が増えて、その人が５年後、８年後残っているかどうかはわからないですけれども、そういう地道な活動が必要なのだろうなと思っています。

【梅垣（司会）】　ありがとうございます。合格者の年齢層が高くなるとか、合格者数が減るというのは、外部的に与えられた条件ですけれども、その中で上野さんが、地道に青年会に引きつけるためのいろんな事業をされているというのがよく伝わってきました。翻て全青司のほうをみると、全青司は一時期3000名強の会員の方がいましたが、私が会長をした時代、2016年の段階で大体2800名、今は2600名を切るような会員数になっていると聞いています。会員数が減少し、また全青司の活動から遠ざかっている単位会や会員もあるというふうに聞いていますけれども、この点、松永さんはどのようにとらえていますか。全青司執行部として。

(3)　全青司の場合

【松永】　会員の減少に関しては、ここ数年、執行部の中でも、どのような対応をしていったらいいかというのを話していて、昨年の石川亮会長の年度でも１年間話し合ってみたりしているものの、会員減に関して特効薬があるかというとなかなかない、解決できていないという状況です。先ほどのお話にあったように、合格者数が減っている中で、やむを得ない面もあるのだろうと思います。また、梅垣さんから指摘があったように、単位会によっては、残念ながら少し距離をおいている単位会もあり、そういうところに関しても、全青司としてはぜひいっしょに活動をしていきたいという思いは当然もち続けており、今も半田久之会長の下、いろいろと話合いをしたりしています。まずは人と人とのかかわりをもち、個人個人の信頼関係を構築する中で、できるだけいっしょに活動していけるようにと努力しているところではあるのですが、根本的にどうしたらいいんだろうか、という思いの中、正直、答え

は見えないでいます。

【梅垣（司会）】　松永さんは答えが見えないようですが、直近に会長に就任する予定の川上さんは、何かお考えがございますか。

【川上】　まず、今の会員減の現状というのを私個人はどう分析しているかと言いますと、全青司会員というのは、3100人になった2010年ぐらいまではずっと増加していたのですが、その理由というのは、一つは、日司連上層部だとか、年配の方の旧態依然とした方へのアンチの受け皿として、青年会にみんな入って、業界を変えていこうというのがあったので、どんどん加入していって、増えていったのだと思うのです。

　もう一つは、いわゆるクレサラ事件の増加ですね。当時は私もそうでしたけれども、青年会に行かないと最新の情報は手に入らなかった。ですので、ずっと会員が増えてきたのですが、多重債務事件の減少とともに時代が変わってきて、青年会以外に選択肢が増えてきた。それはどういうことかというと、今は事務所にもダイレクト・メールやファックスが流れてきたりしますけど、ああいうのは私が開業した頃はなかったのですよ。ああいうものが来て、じゃあそっちに行こうとなると、青年会は参加しなくていいかなと。いろんなセミナーがありますから、そういうところが選択肢として増えてきた中で、青年会を選択しないという方が若手でもいるという状況だと思います。

　では、青年会員をまた増やすにはどうしたらいいかという具体的なプランなのですけれども、良い時期と悪い時期といったら語弊があるかもしれないですけれども、青年会という団体が盛り上がっている時期、たとえばクレサラの運動のときもそうでしたけれども、そういった時期と、がんばっていてもなかなか大きな成果が出ない時期というのはあると思っています。今は大きな成果が出にくい時期なので、入ってくださいと言っても、一朝一夕に会員が増えるという状況ではないと思います。

　そこで何をすべきかというところなのですが、やはりこの後、使命の話にもつながりますが、私たちは法律家なのだということで、上記(1)の満木さんのお話にもありましたけれども、誰しも生活困窮者の支援とかに関心はあると。そこの関心にスポットを当てて啓発していったり、こういうことをいっしょにやりましょうということを訴えかけていったりする必要があると思い

ます。

　具体的な例として、ちょうど私は今、昨年度合格者を研修生として事務所で預かっておりまして、その研修生が貧困問題とかLGBTの問題に少し関心があるということだったのですけれども、私の事務所に来たら、徹底的にいろいろな資料を見せて啓発しまくってやろうと思って全青司の活動をばりばり見せる。すると、啓発されて、その人の意識が変わっていくのですよね。ですから、最初のときにそういった法律家性を植え付けるということ。全青司が、開業フォーラムとか、青年司法書士フォーラムをやっていますけれども、そういうところで法律家性を植え付けて、研修をする。そういうことが青年会員を増やすことの一つ重要な計画だと私は思っています。

　もう一つ、収入面のことなのですけれども、ちょっと大胆な話になるのですが、私が2017年の全青司茨城全国大会のときにパネルディスカッションで打ち出させていただいたのが、基金の創設です。要するに、生活困窮者支援をやっていくと、当然ですけれども、お金のない人から報酬は取れないので、プロボノにならざるを得ない。そして、プロボノだと経済的に余裕のある司法書士にしかできないとなると、そこで取り組む人が増えない。だったら、依頼者以外からお金をもらえばいいじゃないかということで、単位会の会費もそうですし、あとは企業のCSR、広報活動の一環として、単位会がこういうことをやっていくと。

【梅垣（司会）】　コーポレート・ソーシャル・レスポンシビリティ（Corporate Social Responsibility）、企業活動における社会的責任といわれるものですね。

【川上】　そうです。CSRとして出資してもらって、基金をつくったりして、そこからやっていくという方法もあると思っています。

　あともう一つが、弁護士のほうでは、司法修習生の間の貸費制か給費制かという問題がありますが、司法書士はすぐ独立するのが前提だから、そういう話はあまり出ないのですけれども、その反面、開業して数年苦しいわけじゃないですか。そこで、何年間かはプロボノ活動をすることを条件にして会費を減免してもいいのでは、と思っているのですよね。私自身、地元で若手を見ていても、開業1年から3年くらいの会員は特に苦しいという状況が見

えるので、そういうことを全青司が提言していくことも必要かなと考えております。

【梅垣（司会）】　川上さんのお話をまとめると、一つ目は、司法書士の最初の段階で法律家性をもってもらうと。

【川上】　そうです、法律家性を啓発する。

【梅垣（司会）】　それから、二つ目に、プロボノ活動でお金のない人からは報酬を取れないのは当然なので、外部から取ってくるしくみをつくろうという提案がありました。最後に三つ目の話としては、司法書士の会費の減免、プロボノ活動などの条件を付けたうえで、というような提案ですね。

　そこで、若手のお二人に感想や意見をうかがいたいのですけれども、今、川上さんから提案のあったようなこととか、上野さんからは青年会としての地道な活動が大事だということの指摘があったのですが、こういったことを積み重ねていくと、若手の青年会へのカムバックというか、関与って実際に高まるのでしょうか？　まずは、飯田さんからお願いできますか。

(4)　若手からの意見

【飯田】　組織には数は大事だと私は思います。新陳代謝とか少数精鋭という考え方もあると思うのですけれども、数がいればその分資金の収集もできるので、そこから逃げてはいけないと思います。ただ合格者数が減っているのとか、上記(3)で川上さんが話されたように、登録後には単位会などからもいろいろと士業交流の話とか、新人の歓迎会などがあるので、選択肢は青年会に限らずあるのではとも思います。その意味では、合格直後とか登録直後の方にどんどんアプローチしていかなければと思っています。上野さんが話されていましたが、直接電話をしたりアプローチしたりすると、全く無関心な人ってほとんどいないのかなと思っていて、全青司はいろいろな活動をしているので、どこか突き刺さる部分は誰にも何かしらあるはずで、その新人さんに何が突き刺さるかというのを考えて、アプローチをがんばらなければ、と思います。私たちが苦手な部分ですけれども。

　昨年の岩手の全国研修会の基調講演で、たまたま月報全青司の記事を担当したのでよく覚えているのですが、「エンゲージメント理論」といって、組織への帰属意識をどうやって高めるかという話がありました。単に魅力を発

信したり、いろいろなイベントを打ったりということだと限界があるけれども、いっしょに問題点を考えてくださいというようなアプローチをすると、帰属意識を維持できるという内容でした。理論では簡単にまとめられていましたけれども、実際にそれを実践するのは難しいとは思うのですが、私たちも、もう少し若手の新人への勧誘とか、啓発もそうですし、個々へのアプローチというのを一生懸命考えたほうがよいのではないかということを、おこがましいのですけれども感じました。

【梅垣（司会）】　ありがとうございました。続いて、鹿島さん、いかがでしょうか。

【鹿島】　今、理論の話が出ていますが、私が在籍している大学院は福祉系の専門職大学院で、福祉組織の組織論とかも勉強していますが、今の時代、不確実な時代になってきているので、昔からある団体って、結局のところどの団体も今指摘されているような問題を抱えながらやっているのだろうなと思っています。これは理論の話なのですけれども、私が個人レベルで思うのは、人数が少なくて、入ったらいきなり重役を任されるというか、入ってすぐ幹事をお願いしますとか、怖くて近寄れないというのがあります。長くいると組織に貢献したいとか、そういう気持が生まれるのだろうなとは思うのですが、まだその帰属意識もない段階から、仕事だけが降ってくるという話をたくさん聞くので、怖くてあまり近寄れないのが私の個人レベルの感想です。大変な話って面白いから、成年後見の話とかもそうですが、大変な話はしたくなっちゃうので、それをそのまま聞いていると大変な話ばかり耳に入ってきて、やっぱり大変なんだって刷り込まれていく。入ったら恐ろしいところかもしれない、という気持が元々ないわけではないですし。実際まわりでもそうやって感じている方や、同期が大変そうとか、そういう話はすごく聞くので、近寄りがたくなっている部分もあるのかなって、おこがましいのですけれども、率直な感想です。

【梅垣（司会）】　入ったらすぐに役員を任されそうだという恐ろしさ感があるということですけれども、何かご意見ありますか。上野さん。

【上野】　そのとおりだなと思います（笑）。でも、実際に僕自身も、青年会でですけれども、いろいろ委員長とかやって、途中から副会長をさせてもら

って、そうやって先輩にしてもらったことを返していければいいかなと思って副会長を4年くらいやらせてもらって、そのまま卒業しようと思っていたところ、単純に会長の順番が回ってきたというところだったのかもしれないのですが、正直この1年を振り返ってみると、副会長を1年やるよりも、会長を1年やったほうが充実していたし、楽しかったなというところもあります。普通に幹事をやっていたときよりも委員長をやっていたほうが楽しかったし、委員長をやっていたときよりも、副会長のほうが楽しかった。

　僕は会長になるような人格や器じゃないと思っていて、いい二番手なれると思って副会長で終わろうと思っていて、それで返せたらいいなと思っていました。でも、会長をやってみて思うのは、やっぱり会長のほうが面白かったというところなので、逆に気持次第だと思うのですね。嫌々やっちゃうと面白くなかったかもしれないのですけれども、精一杯やってみようかなと思ったら、楽しいところもあると思います。やりたくても、お声が掛からない人もいると思いますので。

【川上】　やってみなければわからないもんね。

【上野】　お声が掛かった段階で、順番が回ってきたのかもしれないですけれども、絶対こいつにはできひんやろうという方にはお声が掛からないと思いますので、お声が掛かったのだったら、ちょっとやってみることも考えてみてもいいのかなって僕は思います。

4　司法書士の使命と全青司活動のこれから

【梅垣（司会）】　それでは、最後のテーマに入ります。

　昨年度の法改正により、2020年8月1日にいよいよ司法書士の使命規定を含む法改正（令和元年6月12日法律第29号）が施行となります。改正法1条の使命規定は「この法律の定めるところによりその業務とする登記、供託、訴訟その他の法律事務の専門家として、国民の権利を擁護し、もつて自由かつ公正な社会の形成に寄与することを使命とする」とありますが、これとの対比で、全青司も目的規定をもっていまして、会則2条に「全青司は、法律家職能としての使命を自覚する青年司法書士の緊密な連携を図り、市民の権利擁護および法制度の発展に努め、もって社会正義の実現に寄与することを目

的とする」と定めております。「緊密な連携を図り」のところはともかくとして、後段の市民の権利擁護および法制度の発展に努め、社会正義を実現するというのは、まさに今般の法改正を先取りしたような規定を全青司はもっていたわけです。

そうした記念すべき年になるわけですが、これからの司法書士は、新しい使命規定をもって、あるいは使命が明文化された中でどうあるべきなのだろうか。司法書士がどうあるべきであって、青年会であるとか、全青司がどうあるべきなのだろうかということについて、最後に皆さんのお考えを聞いて、この座談会を終了させていただきたいと思います。

若手の方から順に聞かせていただきたいと思いますので、今後の司法書士像、こうあったらいいなというものを率直にお聞かせいただければと思います。初めに鹿島さんから。

【鹿島】 全青司は、割とさまざまな闘いの歴史があると思うのですが、今、社会って多様化してきていて、いろいろな人がいることを理解して、認め合って、地域で共生していこうというような社会の流れがあると思います。司法書士もいろいろな人がいてよいと思うし、それをお互いに認め合わなければいけないと思います。考えの違う人たちに対しての接し方とかというのは、確かに法律事務専門家である以上、法律的な考え方というか、それぞれの思いや意見はいろいろあると思うのですけれども、目の前の人の考えを尊重するというのは、対話の基本的な部分ではあると思います。闘うばかりではなくて、ADRとかも熱心にやってこられている団体だと思うので、これからもきちんと対話ができる団体であるといいなと私個人はずっと感じています。ありがとうございました。

【梅垣（司会）】 ありがとうございます。続きまして、飯田さん、お願いします。

【飯田】 私も全く同じ考えなのですけれども、使命規定ができて、「権利を擁護し」って、もちろんそれを意識すると、権利とは何かとか、擁護って何かって考えることは大事ですけれども、鹿島さんが話されたように、人の考え方とか暮らし方とか、家族とかパートナーとのあり方が非常に多様化している中で、それをある程度理解したうえで、人の悩みを聞いてあげて、その

悩みとかため息を拾い上げてあげるようなのが町の法律家としての司法書士のあるべき未来像かなと考えております。

　それから、話は少し違ってしまうかもしれないですけれども、AI 化とかいろいろいわれている中で、アナログなものを求められるということは、今後10年後、20年後に絶対あると思うので、そのときに、たとえば古い不動産の権利関係について謄本を拾って調べるとか、古い家族関係を、そのときには最初から横書の戸籍しか見たことがない人ばかりになると思うのですけれども、古い戸籍を読めるのが司法書士であり、ひょっとしたら戸籍といえば司法書士とかという時代が来るかもしれないと思います。それは何となくなのですけれども、アナログなものを求められたときに司法書士が活躍できるのではないかと漠然と考えております。

【梅垣（司会）】　ありがとうございます。続いて上野さん、お願いします。

【上野】　使命規定ができてという話もあるのですが、法律に明文化されるとか、そういったことはすごく大事なことなので守っていかないといけないのですけれども、たとえば権利擁護という言葉が入ったからといって、今までやってきたことが大きく変わるとは僕は思っていなくて、ただ単に今まで諸先輩方がやってきたことが認められて、言葉が変わったのだと。じゃあこのままでいいのかというと、そうではなくて、どんどん次のステップを考えていかないといけない。いろいろな仕事が増えていくことになるのですね。裁判もできるようになって、弁護士っぽいねってよく言われたりするのですけれども、それも全然違うと思います。司法書士としての仕事でいうところの本人確認だったり、意思確認だったりとか、成年後見の財産管理の部分だったりとかで、弁護士とはまた違う、司法書士のあり方というところの、司法書士というカテゴリーをしっかりつくっていかないといけないだろうなと思います。そんな感じです。

【梅垣（司会）】　ありがとうございます。続きまして、満木さん、お願いします。

【満木】　私は使命規定ができて、「国民の権利を擁護し、もつて……」というその使命があるということは心にしっかりと留めつつ、実践というのが非常に大切だなと思っています。私はこの青年会に入らなければ、全然実践し

ようと思えなかったと思います。ただ法律的にこういうことができるのだって研修とかは受けたかもしれないのですけれども。養育費110番で、川上さんがわざわざ長野から講師に来てくれて、110番の後には、埼玉会の広瀬隆さんや大島俊哉さんが、同行支援を手伝ってくれたりして、その先輩たちの背中を見て私もやってみるぞと思えたので、今度は私たちがそれをやって後輩たちにつなげていきたいですし、使命を胸に実践するという全青司の、また青年会の姿をこれからも続けていきたいと思います。そして、これからも実践の部分の比重が多くなっていくような全青司や青年会になっていけばいいなというふうに思っています。

【梅垣（司会）】 ありがとうございました。続きまして、松永さん、お願いできますか。

【松永】 使命規定について思うところは、先ほど上野さんが話されたように、基本的には規定ができたからといって何かが変わるわけではなく、今までどおりに、今までもやってきたことを変わらずさらにしっかりとやっていく必要があるのだろうと思います。

　勤務司法書士時代、事務所のボスから言われたことで印象に残っているのが、司法書士というのは国家から与えられた資格であって、一般の方ができないようなことをその方に代わってすることができる権限を与えられていて、それは3条業務の登記申請の代理でもあるのでしょうし、当然、裁判書類作成であったり、現在に至っては簡裁の訴訟代理でもあったりするのでしょうけども、その権限はあくまで特別に与えられているということを忘れずに、特別に付与されている権限を最大限生かさなければいけない、市民のためにそれを最大限使っていかなければいけない、ということを教えられました。最大限に生かす、使うというのは、3条業務の範囲にとらわれず、ということだと思いました。

　今、自分自身を振り返ってみて、その与えられた権限を十分に使えているかというと、全青司の活動においてもしかり、個人の業務のレベルにおいてもしかり、まだまだ追いついていないなと感じるところはあります。この使命規定をきっかけに市民の、法律上では「国民の権利を擁護し」というところをあらためて肝に銘じて、司法書士という資格に誇りをもちつつ、「市民

のために」というよりは、先輩方の論考を見ると「市民の中で」運動として活動をしていく。そのことに立ち返って、司法書士としてこれからがんばっていかなければいけないし、いきたいなと思う次第です。

【梅垣（司会）】　ありがとうございました。最後に川上さん、お願いします。

【川上】　使命をキーワードにしてということですが、使命規定が創設されますけれども、私は喜ばしい反面、これは国民・市民の方との大変重い約束であり、課題を課せられたものだととらえております。法律で定められたということは、それを守らなければいけないわけですね、私たちは。これを定められたのに、使命に書いてあるようなことを全然実現しようとしない、そういう人が増えないということだと、おそらくこの資格はなくなってしまうのではないかと私は思っています。ですから、これからが非常に重要ですが、現状をみてみますと、必ずしも権利擁護の担い手であるということを市民に認知されているとは思えないところがあります。

　というのも、全青司で2012年に第2次上田調査を実施しましたが、私も20軒くらいのお宅を訪問しまして、調査を行ったのですけれども、明らかに司法書士にかかわった経験のある方も司法書士のことを知らない。また、その調査をした時代には、多重債務でも成年後見でも司法書士は少なからず実績を挙げていたはずなのに、そのことも知っていらっしゃる方も少ないということで、私たちはとても胸を張って、権利擁護の担い手として市民に認知されているとは言えないと思います。

　ですから、これからが非常に重要であり、全青司が今まで地道に取り組んできたような、先ほども申し上げました人権擁護活動、これをさらに地道に大胆に行っていくことが今後の全青司活動で必要だと思っております。また先ほど全青司の活動で紹介できなかったのですが、会則2条の「法制度の発展に努め」という部分がどうも近年の全青司では弱い、なかなか盛り上がっていかないところです。権利擁護をするためには、それを担保する制度設計、司法制度、法制度が必要であって、これらの研究や提言を怠ってはいけないと思っております。ですので、これを全青司の活動でこれから重点的にやっていかなければいけない課題だと思っております。

　そして、私は使命規定ができてめざしたいところは、市民の皆さんから司

法書士というのは正義の味方なんだ、私たち市民のために動いてくれる、いろいろ人権を確保してくれる、人のために生きてくれる職能だというふうに、そこまでこの資格をもっていきたいと考えておりますし、それこそがこの使命規定で私たちに課せられた課題だというふうにとらえております。

【梅垣（司会）】　ありがとうございました。川上さんからは次年度を見据えて、力強いお言葉をいただきました。

　司法書士は「生成中の法律家」であると江藤价泰教授が指摘されています。司法書士は法律家ではあるけれども、まだなりかけであって、その分いかようにも変わりうる存在であるという実態を意味するものだと認識していますがが、私は本当にそのとおりだと思います。今日、皆さんと振り返ってみた全青司の年表を見てもそうであるし、私たちが今やっている活動も、これからどうなるかわからないけれども、とにかく市民の中に入って、市民のためにもがきながらやっていることの積み重ねですよね。そして、それがその後どうなるかというのは誰にもわからない。けれども、目の前にある活動を一つひとつ地道にやっていくことこそが大事であり、それが使命規定によって私たちに課せられた国民・市民との約束を果たすことになるのだろうと思います。

　以上をもちまして、座談会を閉じさせていただきたいと思います。本日は長時間、ご苦労さまでした。ありがとうございました。

全青司事務局物語
——事務局の固定化について——

東京司法書士会

加藤　政也

1　固定化する前の事務局

　全青司が活動していくためには、会員と執行部や委員の役割が重要であることはもちろんだが、その活動を支えるものとして、事務局の存在が不可欠である。

　現在の全青司事務局は、東京の四谷（司法書士会館から5分くらいの場所）にあり、事務局員が常駐している。しかし、かつては、全青司の会長が属する青年会から事務局長を選出して、事務局長の事務所に事務局をおくこととしていた。そのため、会長が替わるたびに、事務局も新会長の元に移転していた。全青司の会長は1年で交代することが通例なので、事務局も毎年移転することになり、事務局の職員もそのたびに交代していた。

　当時の全青司事務局の必需品は、電話のほかに、印刷機と丁合機（印刷した資料をソートする機械）で、その当時の機器の重量は相当なものであり、特に丁合機は人の背丈ほどもあった。これを、毎年新しい事務局に移転するのだから、移転ための費用負担や手間とともに、交代した職員が機械操作や事務局のルーティーンワークに慣れることに時間を費やしていた。

2　事務局固定化の願い

　このような流浪の事務局は、機器の移転設置にかかる経費の問題と、当時PC（ワープロ専用機）などの精密機器の運搬はリスクが大きいので、事務局長の事務所の機器を借用せざるを得ないという問題、さらに、新しい職員を採用して機械操作と事務局のルーティーンワークを習得してもらう必要があるという問題を解消するためには、事務局の固定化が執行部経験者にとって

の宿願でもあった。

3　事務局固定化のきっかけ

　事務局の固定化が現実的になったのは、1994年に、全青司会長が埼玉会から、事務局長が東京会からと、異なる青年会から選出されたことであった。会長と事務局長が、それぞれ異なる青年会から選出されるということで、事務局を事務局長が属する青年会におく必要があり、会長と事務局とが離れることとなった。そこで、これをよい機会だととらえて、事務局の固定化を試行することとしたのである。

　当時は、バブル経済の崩壊によって、東京の不動産が非常に安くなっていて、賃料を支払うより、事務所を購入するほうが低廉であることから、有志が出資して有限会社を設立しワンルームマンションを購入した。会社は、有志の出資でスタートしたが、時期をみて全青司の会員を社員とする有限会社としようと考えたのである。当時は、まだ中間法人法がなく、また、民法法人については、その設立のハードルが高いうえ、外部者の参入を阻止できない可能性があったことから、有限会社という方法で法人格を取得して不動産を所有することとしたのである。

4　事務局固定化に関する懸念

　しかし、事務局を固定化することは、会長を輩出する青年会の固定化にもつながるとの懸念から、これに反対する意見も少なくなかった。また、事務局の固定化とは別に、マンションを所有するために有限会社を介することについて、全青司のように執行部をはじめとする会員がボランティアで活動している団体が、営利法人とのかかわりをもつべきではないとの意見も強かった。したがって、全青司事務局を事務局長の事務所の外に設置することで固定事務局を設ける試みについては、その後の総会で、会長を関東の青年会に固定化する意図ではないかという意見や、全青司が営利事業に手を染めるべきではないという意見が出されるとともに、たとえ有志で始めたこととはいえ、全青司の機関決定なしに試行したことは不明朗な運営であるとの批判がなされた。

　現在では中間法人とその発展形である一般社団法人を利用するという選択肢もあるし、管理法人をおくことについても反対は多くないかも知れない。しかし、当時は、会員のコンセンサスが得られなかったことで、有限会社を介する方法による事務局固定化は取りやめることとした。設立した有限会社については、その後、持分（株式）を資本金と同額で外部に売却し、出資に協力してくれた有志に全額返済した。

　このように、全青司事務局の固定化が意思決定されなかったため、その後も、会長が変わるたびに、新会長が事務局をどこにおくかを決定していくこととなった。しかし、専門の事務局を設置してみると、固定化による便利さと経済性は欠かせないものとなり以後の新会長も同じ事務所を引き続き使用し、はじめに述べたように、現在も四谷のビルの一室を賃借して運営されているのである。

全青司事務局としての思い出

全青司事務局

長田　洋子

1　全青司に携わるきっかけ

　元々は関西に住んでいたが、東京から関西に赴任していた夫が東京に戻ることになり、その頃、姉の事務所でお世話になっていたので、東京に行く話をしたところ、当時、姉夫婦が全青司の役員をしていたこともあり、紹介してもらったのがきっかけである。

2　思い出の出来事

　姉の事務所で1年ほどお世話になる前は、不動産関連の事務をしていたので、「司法書士」という単語は知ってはいたが、どのような仕事をされているのかは姉の事務所で働き始めてから知り、全青司の存在も、今思えば、「事務所に全青司ロゴの入った案内がファックスで届いていたな」とか、姉の描いたイラストを月報全青司で見つけたとき、などごく間接的に知っていたのだと思う。

　当時は全青司のことを全く知らず「姉が知っているところなら母が安心するからいいな」と思ったくらいだが、こちらでお世話になって少ししたときに、事務局にある謎の備品が「催涙スプレー」だと聞いたときは、「このスプレーを使うときがあるのか？　使うような人が来るのか？　英語で書いてあり使い方がわからない！」と、一人動揺し「もしや怖いことがある団体なの？」と不安に思ったことがあった。

　業務は事務といっても、今までしたことのない（報道関係へのファックス、署名用紙の集計、会議資料の印刷など）作業もあり戸惑うことも多かった。

　電話対応も今まで自分の身近にない団体からも多く緊張した（電話対応は

今も変わらず緊張する）。中でもヤミ金融とされる会社のリストをホームページに掲載した頃に、リストに載っていた会社から怖めの電話がきたときはかなり緊張した。

　とはいえ、緊張することばかりでもなく、楽しいこともあった。ダイレクト・メールの買取りで事務局に数箱の段ボールが届いたとき、箱の中から「白いステテコ」が入っているのを見つけたときは「なぜ？」と思いつつ笑った。

　ほかにも業務は多岐にわたり、大変と思うときもあるが、報道関係へ相談会の案内をファックスしたときに取材や問合せがあるとうれしく、大量に印刷した冊子資料や、関係各所へ発送する封筒が数百件になったときは、机の上にドーンと積み重なっている様を見るのも楽しい。あと、Facebook に電話相談の案内や、発出した意見書等を掲載したときに「いいね」や「シェア」等々の反響をいただけるのもうれしい。

　私がこちらでお世話になってから現在に至るまで、全青司は、日々、困っている方に寄り添い、活動している。出資法の上限金利の引下げ等を求める請願、生活保護の安易・稚拙な改悪を絶対に許さない請願署名等々の請願や署名活動のほか、生活保護や労働問題、養育費に関する電話相談を開催したり、児童養護施設での法律教室の開催、こうのとりのゆりかごシンポジウム、ゲートキーパーに関するシンポジウム、所有者土地不明シンポジウム等々といった委員会ごとのシンポジウムや、子どもの権利に関するシンポジウムでは、委員会合同で開催するなど、ほかにもいろいろ書ききれないほどの活動をされていて、いつもすごいと思っている。

3　そのほか

　20年前、事務局にあったシュレッダーは家庭用で、大きい書類は手で破っていたりしていたのが、2004年に業務用のシュレッダーに変わり激的に事務効率がよくなった。また、大量印刷用に使っている印刷機が、2008年に輪転機と自動丁合機から大型高速プリンターに変わり、輪転機の製版紙やインクの交換、自動丁合機がすごいスピードで10枚分をひと束ねにしていくのを見るのは楽しく、印刷から製版までの作業行程の効率がよくなった。その後も

2015年に光通信が通ったり、2016年にシュレッダーから書類溶解に変わり、大量の紙資料を処分する時間が省けたりと、いつの年度も職員が働きやすい環境をつくっていただき感謝している。

第3部
全青司活動の記録

全青司の開催した市民法律教室は、司法書士が初めて、
職務以外で市民と接点をもつ活動であった。
その後、市民の目を意識しながら、その期待に応えるべ
くさまざまな社会運動を展開していった。
そこにはいつも差別を受ける社会的弱者に向けられた法
律家としての視点があった。

1　市民法律教室活動

埼玉司法書士会

大貫　正男

1　はじめに

　市民法律教室——。それは、「司法書士が講師となり、公民館や町内会館等で身近な法律について話をする」というささやかな催しであったが、埼玉での成功は各地の青年司法書士から大きな支持と共感を集め、全国に広がった。社会活動としての市民法律教室は、1981年以降の全青司活動に大きなうねりを巻き起し、一つの時代を切り拓いた。

　参画した司法書士は、「地域や社会から支持されている」という自信と「司法書士制度はいまだに生成している真っ只中にある。やりようによっては発展する可能性がある」という手応えを得たに違いない。

　市民法律教室を動かした青年の想いとはいったい何だったのか、何を学んだのか、そして次なる50年に向かってどう進むべきか、当時埼玉青年会の副幹事長として市民法律講座実行委員会を務めた経験からその経緯と展望を述べたい。

2　その頃の光景

　市民法律教室は、1979年11月、埼玉青年会10周年記念事業の目玉の一つとして発表した。その目的は何であったのか、当時の資料から拾い出してみたい。

　狙いは、「代書屋イメージ」の払拭と事務所以外の場における市民との交流の場を得ることにあった。昭和53年（1978年）司法書士法改正（以下、「旧

司法書士法」という）により、司法書士は法務局の窓口補助機関的規定から、国民の権利保全の担い手、すなわち「法律家」と明文化され大きく飛躍するに至ったが、他面では相も変わらず市民から親しみと、少しの卑しみを込めて「代書屋さん」と呼ばれていた。代書屋的イメージが制度100年の歴史の中で濃厚に定着していたのである。落語の「代書屋」に登場したり、松本清張『黒革の手帖』（週刊新潮1978年9月6日号）にも「代書人」として描かれ、「あてずっぽで入った家には半分白髪頭で顔色の悪い代書人が退屈そうに机の前に座っていた」、「代書人は老眼鏡をかけ、笑った口は奥歯が抜けていた」などと過去の遺物のように表現されていた。高名な小説家が面白おかしい風俗として描写していることに憤りを感じたが、そのように描写しなければその光景が成り立たない、またそう書かなければ読者は面白いと思わないほど古色蒼然としたイメージが定着していた。

　筆者は、1975年10月に司法書士の認可を受けた「化石」と呼ばれるような者であるが、筆者だけでなく多くの司法書士が同様の違和感をもっていた（よい意味で受け入れている人もいた）。「法務局周辺に、肩を寄せ合うように事務所を構え」「事務所から一歩も出ず」「ひたすらコツコツと自分の仕事に精を出し」「お金が儲かる職業」（一般国民はこのようにとらえている）、これが典型的イメージであった。長い歴史や執務形態・執務態度から形成されたものであり、それが第一線で活躍している新聞社の論説員にまで及んでいることは日司連のアンケート結果からも明らかであった。旧司法書士法施行後このような認識が罷り通る現実を何とか変えようとした。旧司法書士法の課題実現のために、手続を中心とした実務研修制度の確立、自己研鑽、無料登記相談も有効的な方法ではあるが、染み付いたイメージはそう簡単には変わらない。

　そこで、歪曲されたイメージ払拭の一方法として、提案したのが市民講座の開設である。それは事務所から外に出ることから始まる。それだけでもインパクトがあった。そして、市民の中に直接活動の場を設営する。場所は市民会館でも、市役所でもよい。ともかく定期的に法務局周辺から離れることにより、市民の側に立ち、法的サービスの場を設ける姿勢をアピールしようとした。事務所以外の公共的な場において、市民との接点を獲得すること自

体が司法書士の根源にかかわる重要性をもっていた。大げさにいえば、「代書屋」と呼ばれることに甘んじるのか、命がけの飛躍をして「司法書士」となるかの分水嶺と考えた。

　市民法律教室は、社会活動の側面をもっていた。当時の司法書士界にあって、組織としての社会活動は記憶がない。社会に働きかけよう、市民を巻き込んで法制度を変える、という発想はほとんどなかったと思われる。つまり、事務所に閉じこもっていた（と社会からみられた）せいで閉鎖的な体質になってしまった。

　昭和53年司法書士法改正により念願の「国民の権利の保全」（旧司法書士法1条）という地位を獲得し、しばらくキャッチフレーズになったが、徐々に規定とのギャップに気がついた。当然ながら、改正前と改正後、大した変化はなかったのだ。「国民の権利の保全」の内実をどう創り上げていくのか、その自主的かつ主体的な方法は漠然としていた。戸惑う人、何も変わっていないとつぶやく人、「登記原因証書」や登記代理の研究に打ち込む人など模索する青年司法書士群像がみられた。

　そうした閉塞状況の中から、「法律の実践」という方法論が検討されるようになり、やがて調査研究と同時に社会に働きかけようという、市民も参加し、社会の要望に耳を傾けていこう、という気運が生まれてきた。

3　第1回市民法律教室の開催

　市民法律教室の提案に対し、予想どおり消極論が多数を占めた。当時のメモによれば、①司法書士が講師となり、人前で話す実力があるのか、時期尚早ではないか、当面は市民にも働きかけ研究グループをつくったほうがよい、②法律判断権の問題で弁護士会から弁護士法違反を問われないか、③不当誘致にならないか、④日司連が反発するのではないか等々であり、今日では想像できないような議論が続いた。読者の皆さんは「信じられない」かもしれないが、当時、市民法律教室はかくも奇想天外な発想だったのだ。

　しかし、最後は柿崎進幹事長の「ともかく1回はやってみよう」という一声で開催が決まった。埼玉青年会のよいところは、決まれば全員が協力するという体質である。足を引っぱる者などおらず、消極論を述べた方でさえ快

く講師を引き受けてくれた。岸尾守さん、田口隆二さん（故人）、落合直通
さんをはじめとする重鎮の方々も応援してくれた。

　リハーサルなどの準備を重ね、1980年7月、第1回市民法律教室が埼玉県
春日部市の武里団地の公民館で開催された。講師は、岸尾守さんで「妻の立
場と相続～個人の尊厳と両性の本質的平等について～」、中居正雄さんは
「安全にマイホームを手に入れるために～契約と登記の注意ポイント」であ
った。参加者は28名（30歳～40歳の主婦が26名、男性は2名）であり、こぢん
まりした会場は会員をあわせほぼ満席で、皆真剣なまなざしであった（当時
は珍しかったのか）。全青司の高橋清人広報委員長が栃木から取材に駆けつけ
てくれて、その熱意に頭が下がった[1]。

　講演の後は、個別的な「法律相談コーナー」に移り、名義変更に伴う取得
税等の問題、財産分与、離婚等の質問があり、青年会会員は汗だくで応対し
た。

　こうして市民法律教室は大きな成功を収めた。「はじめに」で述べたよう
に、事務所以外で初めて市民との接点の場を得たことにより、自信と手応え
を感じたものと考える。今まで「権利の保全」、「私権の擁護」といった言葉
が空転していたが、この日「市民と共に歩む」とは何か、が具体性を帯びて
きたのである。さらに、市民のニーズは、無料登記相談だけではなく無料法
律相談にもあることを確信した。

4　エピソード

　一つは、当日のレジュメ等は別として、事前の広報では、講師の実名を掲
載しなかったことである。つまり、「講師　埼玉青年会会員」だけである。
新聞等で名前を出すこと自体、不当誘致に抵触するのではとされ、日司連と
の摩擦を避けるため、それに従った。

　二つは、当時の司法書士会の公開講座は、著名な作家等やマスコミ関係者、
学者、弁護士を講師に招いての企画がほとんどであり、司法書士会は「主催
者」としてアピールするにとどまった。「不当誘致」を気にしてか、「昭和55

1　月報全青司1980年8月号。

年（1980年）の相続法改正」は、司法書士を前面に出す絶好のチャンスであ
りながら弁護士が講師を務めたことにより、それを逃していた。参加者は、
はたして「脇役」の団体を覚えているであろうか。

　三つは、弁護士会からの申入れである。埼玉青年会は1985年、第10回市民
法律教室を開催するにあたり、その記事が埼玉新聞に「あすから市民法律相
談　県下七ヶ所で開催」として掲載された。これは、後述する全青司の「全
国一斉市民法律教室」の一環としての企画であったが、この報道に対し、埼
玉弁護士会会長より埼玉司法書士会会長に「申入書」が届いた。その主旨は
「法律相談の標示は、弁護士法74条 2 項の規定に違反する疑いがあるから、
その標示をしないよう指導されたし」というものであった。これを契機に、
「法律相談とはなにか」という基本的問題に議論が展開していくことになる[2]。

　余談ではあるが、この目立った活動がある弁護士を刺激し、「埼玉訴訟」
（東京高判平 7・11・29判時1557号52頁）の引き金になったのか、それは定かで
はない。

　四つは、埼玉青年会において、市民法律教室をきっかけに多彩な社会活動
が始まったことである。それは、「法 1 条を考える会」、「クレサラ、サラ金
救済センター」の設立などの独自事業のほか、上田市実態調査、原野商法問
題、サラ金被害者撲滅キャンペーン、昭和60年（1985年）法改正、家庭裁判
所の統廃合反対キャンペーンなど全青司活動を支えてきたことである。そう
した系譜から、やがて成年後見センター・リーガルサポートの誕生につなが
る土壌がつくられたものと考えている。

5　市民法律教室の全国展開

　埼玉で始まった市民法律教室は、全青司でも注目を集め、司法書士法 1 条
の実践活動として、1981年度（小山稀世会長）、1982年度（宮谷昭廣会長）、
1983年度（高橋清人会長）の全青司の重要事業として推進し各地で開催され
るに至った。呼びかけに応じて開催した各地の市民法律教室はいずれも成功
を収め、全青司はその流れをより太く力強いものにするため、1984年 6 月 3

　2　月報全青司1985年 7 月号。

日、「全国一斉市民法律教室」の開催に踏み切った。同年度（喜成清重会長）
の事業計画は次のように呼びかけている。

具体的事業方針

1　全国一斉市民法律教室の開催

　昭和55年7月埼玉で初めて開催された『市民法律教室』、が全国会員の支持
を受けて今や、全青司協の重点事業のひとつに迄なってきています。

　個人として、あるいは限られた地域社会に於ては街の法律家として、よきア
ドバイザーとしての信頼と評価を受けている。しかし、その事だけでは司法書
士全体の社会的地位の向上のための決定的要素とはなり得ません。やはり団体
として対社会に行動していかなければ市民の為の司法書士としての地位を確立
できません。

　我々は登記の分野に於ては唯一の専門家であり、又、訴訟、非訟事務につい
ても着実にその職責を果しております。

　この事を社会に認知させる絶好の機会として『市民法律教室』の存在意義が
あると言えます。

　全青司協としては本年6月3日を期して、全国一斉市民法律教室の開催を既
に全国会長会において決定いたしておりますが、全国大会のこの機会に全会員
に改めて参加を要請いたしたいと思います。

　市民法律教室の開催の意義については既に会員諸兄の理解をいただいている
ことと思いますが、あえて全国一斉の開催を御願いするのはひとつにはこれを
契機にいまだ市民法律教室を開催していない単位青司協において、この機会に
ぜひ実施していただきたいということがあります。

　ひとつには全国一斉のもつニュース性にあります。司法書士は今まで自から
作ってきた枠の中でのみ生息し、市民社会へ進んで溶けこんでいって活動をす
るという事が極めて少ない職業人でありました。そしてその事に疑問を持つ事
さえなしに制度のみが連綿と続いてきたとするのは言葉が過ぎるでしょうか！

　今や、市民社会へ溶けこんで活動をすることの必要性についての合意は出来
つつありますが、さらに、もう一歩進んで司法書士自らが社会に対して話題を

提供することをも行うべきではないでしょうか。
　我々、青年司法書士にはその力が充分にある筈であります。話題を提供しその話題を利用する、こうした事を行っていくことも司法書士の社会的地位向上の為の不可欠の要素であると考えます。会員諸兄の積極的な取組みを御願いし、一単位青司協も欠けることなく全国一斉市民法律教室を開催されることを要請いたします。

　全青司が組織として、「市民社会へ溶け込もう」、「一歩進んで司法書士自らが社会に対して話題を提供しよう」という方向に舵を切ったことの意義は非常に大きいものがある。全青司の舵取りから、法社会学的な実態調査（長野県上田市、埼玉県秩父市、茨城県土浦市）、サラ金被害者救済活動、原野商法、訪問販売、地家裁統廃合反対、そして人権問題など種々の社会問題への取組みが開始された。社会活動は一斉に花が開いたのだ。

　諸外国にも目が向けられ、1986年、横浜で開催された第15回全国大会は、ソリシター、ノテール、エスクロー等を招いての国際会議が開催された。では実際に見聞きしてみようという気運が高まり、神奈川青年会はドイツ、アメリカ、埼玉青年会はフランス（ノテール）への視察が行われた。「諸外国の法制度を学ぼう」はスローガンとなり、日司連の中央研修所にも受け継がれ、「ソリシター研修視察」に発展し、大きな示唆を受けた。それが、「第1期新入会員中央研修」や成年後見センター・リーガルサポートの研修の義務化（名簿登載研修、更新研修）となって実を結ぶ。

筆者は、そうした一連の活動の末席にかかわってきたが、市民法律教室が全青司に及ぼした影響は実に大きいものがあった、と感慨も一入である。

6 思いつくままに

終わりに3点述べる。

一つは、全青司の意義である。筆者は1982年、長野県上田市で実施された実態調査に風間邦光さんや渡辺弘文さんとともに参画した。山間部や農村部の家庭をいきなり戸別訪問し、「法的に困ったときにどうするのですか」など質問し答えてもらうのだが、上田駅前の薬局に入ったときのことが忘れられない。

戸を開けてあいさつすると、「青年会って何ですか」と聞かれ、「若い司法書士の集まりで、司法書士会ではできない研究をしたり、社会的な活動をし、社会に提言する団体です」と答えた。すると、経営者の薬剤師は「そうですか、うらやましいですね」と言うのだ。「薬剤師界にも、医師会との関係や国の対応をめぐっての問題があるのだが、会として言えないこと、できないことが多くある。薬剤師界にもそういう団体があったらよいのに」と言う。私は、このとき全青司の存在意義を知った。司法書士界のフロントランナーとして走らなければならない。それも足元を固めながら、市民と共に走り、市民に役立つ法的サービスを提供することにある。それを失ってしまえば存在意義が危うくなると。なお、士業において、青年会があるのは弁護士（青法協）、税理士（青税）と司法書士の3業種だけで、全青司は「あってあたり前」ではないのである。

二つ、「司法書士は生成中の法律家」という言葉である。この言葉は、司法書士界の指導者江藤价泰先生の有名な言葉だ。筆者なりに理解すると、「長い歴史があるのにいまだに生成している。君たちの努力で市民のための法律家へ変えることができる」と理解している[3]。司法書士の歴史は「法改正の歴史である」といわれているが、そこに司法書士の特色を見出すことが

できる。それは国家が制定した職能であるから、業務範囲は国があらかじめ決めるものだが、「制定法」という枠組みを超え、司法書士は自らの努力によって業務範囲や位置づけを変えてきた。不動産取引、多重債務者問題、成年後見、簡易裁判所訴訟代理、民事信託……それは尽きない。生成中の法律家である最大の証しは、2019年6月、司法書士法に長年にわたり求めてきた「使命規定」が導入されたことであろう。

　三つ、司法書士は良質な法的サービスを提供して「なんぼ」の世界にいることである。プロボノ活動や福祉活動は重要であるが、適正な報酬という経済基盤は欠かせない。司法書士界全体の支持が得られないので長続きしない傾向がある。個人で取り組むべきことと組織として活動すべきことを区別すべきであり、また法律専門職として何が求められているのか、という問いかけも忘れてはならない。

　社会には、いまだ法の光が当たっていない隙間のような法分野がある。そこに注視し、混沌としている法律関係ないし法律状態にあるものを法的に整理し、人々が利用できるよう規格化・定型化し、その手法を提供することが司法書士の新たな使命である。そのことが結果として、司法書士の活躍できる新しい舞台をつくることにつながると考える。

7　最後に

　国民の権利を擁護し、「自由かつ公正な社会の形成に寄与」する法律事務の専門職として、司法書士の社会的使命はますます大きくなっている。埼玉青年会が「国民の権利の保全」に対し、「市民法律教室」で応えたように、全青司は「国民の権利を擁護する」とは何か、何をもって法律家とするのか、司法書士界の先頭に立って応えてほしい、と願っている。

2 児童養護施設での法律教室

東京司法書士会

石井　寛昭

1　はじめに

　私が司法書士試験に合格した2002年当時、同期合格者の集まりでは、「努力して勝ち取ったこの資格を使い、どんな仕事をして、自分自身の生きる道を見つけるか」という話題でもちきりだった。多くの人が初めて飛び込む世界への希望や、先の見えない不安を抱く中、私はそのどちらでもなく、何となく試験に受かり、これからも何となく生きていくと考えていた。

　そんな私にとって、当初、全青司は誇大妄想集団でしかなかった。全青司に出会う前も社会に対する不平不満をぶちまける人は多くいたし、私もそのうちの一人であった。しかし、大概は飲み会止まりの戯れ言で、翌日には自分の人生を歩むのが普通ではないか。「さまざまな現場に行き、当事者から直接話を聞いてきた。ここが問題なんだ、市民として法律家として、知った者の責任を果たしたい」「変えるにはどうしたらよいの。何から始める？」などという話を聞いても、そんなこと司法書士ができるわけないと思っていた。

　ところが全青司は妄想をリアルに追求する。さまざまな理由から権利を奪われ続けている人がいれば、その権利を回復するための方法を考え、他人事ではなく私たちが住む社会の問題ととらえる、余計ではないお節介精神に溢れていた。何となく生きていくはずだった私も、その溢れる情熱に押し流されて自分を見失うまでに時間はかからなかった。

2　全青司での活動

　さまざまな全青司活動の中で、私が関心をもったものの一つが子どもの権利、特に児童養護施設をはじめとした社会的養護についてである。児童養護施設と最初にかかわることになったのは2005年。そもそも私は児童養護施設やそこで暮らす子どもたちとかかわったこともなければ、どのような生活をして、どんなことに困っているのか、何も知らず、かかわる糸口すらなかった。しかし、多重債務問題が構造的な社会問題としてクローズアップされる中、貧困を背景の一つとした子どもへの虐待が多く報道されているのに、保護された後の子どもがどのように暮らしていくことになるのか、何も知らない、何もできていないことに疑問を感じていた。「だからこそ直接声を聞いてみたい。そして、私たちにできることを何からの形で実現したい」という同じような思いをもった数人で考えたのが、全国の500を超えるすべての児童養護施設に無料の法律教室開催案内を送るという手法だ。これまでも地域の学校等で法律教室を開いたことがあり手応えを感じていたため、施設を出て社会で暮らす年代向けに案内を出せば一つか二つは問合せがあるのではないかと考えた。全くの手探り状態で始めた本事業であったが、想定外だったのはその反応だ。「これまで外部から来てもらったことなどなかった。子どもたちにとって本当に必要な知識だと思うのでぜひ来てほしい」などの好意的な問合せが多くあり、事業初年度から20施設で法律教室を開催することができた。少人数での企画だったので、正直なところ想定を越える全国各地からの応募にどう対応すべきか悩んだ。しかし、私の人生においてこれほどまで必要とされたことなどなかったため異常なまでの高揚感に包まれ、文字どおり全国を飛び回ることとなった。初年度こそ混乱はあったものの、その後は徐々に企画趣旨に賛同した仲間が増え、毎年全国30カ所以上で法律教室が開催され続けている。また、広がった輪は全青司だけにとどまらない。法律教室をキッカケに、全国の施設、当事者団体、支援団体ともかかわりをもてるようになり、意見交換会や各種の相談も受けるようになった。そして、多くの子どもたち、職員や支援者の皆さんと話をする中で気づかされたのである。子どもたちのおかれている過酷な現状と、私たちがなすべきことに。

3 子どもたちを取り巻く環境

そもそも子どもたちの多くは施設に来るまでにつらい経験をしている。貧困や複雑な家族関係のため、深刻な被虐待的環境におかれ、生きづらさを抱えている子どもたち。その心の傷を癒やし、成長するという子ども特有の権利を回復し、社会で生きるための準備をすることこそ社会的養護の大きな目的の一つだが、子どもたちを取り巻く環境や制度は決して十分なものではない。徐々に改善されてきたとはいえ、日本の社会的養護は諸外国に比べまだまだ施設養護に偏りがちだ。一概に施設養護よりも里親等の家庭的養護のほうが望ましいとまではいえない。これまで出会った皆さんからも「自分だけを見てくれる里親と生活したい」という意見もあれば「里親との個人的な関係よりも皆と暮らしていたほうが楽しい」という人もおり、感じ方は人それぞれだが、選択肢が限られているという一点においても問題だ。また児童養護施設によって設備やルール、進学や就職に関する自立時の支援等に大きな格差を感じることが多くあった。個室や学習室、家庭教師、塾等に通うことができる所もあれば、勉強しようにも小さな子が騒いでいて集中できなかったり、逆に大きな子が感情的になっている側で小さな子がより小さくなって遊んでいたり。社会的養護で暮らすことになる子どもたちは、何らかの理由で家庭での養育が困難と児童相談所が判断し、施設入所等の措置がとられるが、措置の段階で子どもの意見が聞かれることはないという。自らの言動とは関係なく親子分離がなされ、どのような所でどんな生活をすることになるのか選択することも許されず、決められた施設に行ってみれば施設間格差により当たり外れがあるのではどう考えても理不尽だ。さらに、現状の最低基準に基づく職員配置では、「生きる権利」は保障されたとしても、子ども特有の「育まれる権利、成長する権利」が十分に保障されているとはいえないのではないか。法律教室を通して、社会的養護を経験した何人かと話をする機会を得たが、最も必要とされる支援ということで共通していたのは「自分と向き合ってくれる人」の存在であった。被虐待経験のある子どもは自己否定感が強いといわれる。「自分が大切にされている」という実感こそが失われた権利の回復につながるのであって、心の傷を癒やすためにも支える人と

の関係が重要だ。それには時間も必要だが、保護される年齢もさまざまなうえ、経済的な理由から必ずしも進学の保障がない中で、心の傷を癒やす十分な時間を与えられないまま、一定の年齢に達した段階で自立を余儀なくされる現状は問題だ。子どもと正面から向き合おうとする多くの熱意ある職員は、夜間帯には一人で6人以上の子どもたちと向き合うこともある。ご飯をつくり、小さい子どもを寝かし、部活やアルバイトから帰ってきた中高生を迎え、日誌もつける。その合間に子どもたちと向き合い、希望や悩みを聞くというのは大変な仕事だ。複雑な背景を抱える子どもたちが増える中、日々の生活を限られた職員体制で支えることで精一杯となり、一人ひとりの思いを十分に受け止めることが困難となる場合も少なからずあるのではないか。制度上の不備が何の責任もない子どもたちに来ているとしか思えない。

　社会に出るとき、アフターケアの問題も複雑だ。子どもたちは、養育環境が改善され家庭復帰とならなければ、中学卒業後に就労する場合は15歳、高校を卒業する場合でも18歳で社会に出るのが原則である。中には長年虐待を受け続け、中高生になってようやく保護されたばかりの子どもや、軽度の知的障がいがある子どももいる。心の傷を癒やす時間が足りず、頼る人も少ない中、一定の年齢に達したことを理由にした自立は、少しのつまずきも許されず、不安の中で生活することになるのではないか。そのうえ、被虐待経験のある子どもの中には、何らかの被害に遭ったとしても、自分にも悪いところがあった、自分さえ我慢すれば誰にも迷惑はかからないと考え、なかなか助けを求められないケースが多いという。施設でも、施設長や職員が保証人になったり、寮付きの就職先を探すなどして住居や就職先の確保に務めるとともに、いつでも相談にのることを伝え自立後のケアに力を入れているが、連絡がとれなくなる場合も多くあるという。また、人的にも経済的にも支援が不足していることから、そもそも進学や就職をするうえでの選択肢が極端に限られている場合もあり、スタートラインの不平等がその後の人生に大きく影響し、社会的孤立を招く要因の一つになっている。

4　法律教室

　そこであらためて児童養護施設での法律教室の意義を確認したい。法律教

室は、さまざまな事例をとおして知識や考え方を身に付けてもらうことも目的の一つだが、一人ひとりが権利の主体として尊重され、その事実は何があっても奪われることがないということを強調している。ただ、これまでに子どもとしての多くの権利を奪われ、大人としての責任はしっかり負わされようとしている子どもたちに、「決して奪われることのない権利がある」などと言っても、大人や社会への不信感が増長されるだけかもしれない。しかし、われわれは子どもたちとの関係を法律教室だけで終わらせず、その後、現実に起きた問題を通して、一人ひとりと向き合い、ともに悩み、ともに歩んで行くことができる。法律教室では、「自立」するということは、決して一人で抱え込むということではなく、もし困ったことがあったら、人を頼ること相談できる力をもつことも重要だと伝え、私たちを身近に感じてもらい、安心して頼れる存在の一つと認識してもらうように工夫している。「失敗は恥ずかし事ではないし、社会は困ったことがあれば助けてくれる」。子どもがしてきた「負の経験」を回復するためには支えられる環境での失敗する自由が必要だ。社会を生きることを難しくしているのはそれが奪われているところにある。さまざまな可能性を試し、自分の選択を尊重できるようにするには、支える人と制度が存在しなければならない。10年以上活動を続けた結果、多くのつながりができた。毎年、施設職員や支援者をとおしてさまざまな相談も寄せられている。10歳代、20歳代からの相談は法律上の知識だけでは解決できない複雑かつ命にかかわるような相談もあるが、そうしたときは福祉、医療、行政、学校等の関係者とチームを組み十分な時間をかけて対応できるように心がけている。そして多くの人がかかわっていくことで、より広く安全なセーフティーネットが構築され、当事者が抱えている悩み、苦しみ、希望や要望に共感する人が増えれば必要な制度改正につなげることができると考えている。

　また法律教室は施設単体で開催するものもあれば、複数の施設で暮らす高校生が集まって数日合宿をする中の一コマを担当するものもある。私も参加したある地域の高校生交流会は、自分たちの生活について語り合い、現在や将来のことについて考える貴重な機会だ。高校生たちは、合宿に参加するまで他の施設とのかかわりはなく、自分の施設しか見えないという。ところが

複数の施設で生活している高校生が集まると、盛んに自分たちの生活について語り合いが始まる。「一人部屋いいな」「え、中学生から携帯持ってるの」「外出許可いらないの。うち門限5時だよ」。普段、自分たちの生活に疑問を感じつつも、それは仕方のないことと諦めていた高校生が、「他の施設でできることが、自分の施設でできないのはなぜなのか」「どうしたら、誰に言えば希望は叶うのか」自分たちのことを自分で考え、決めようとする高校生。私は、合宿をとおして、施設生活の主体は子どもたちであり、その意見が尊重され、自己決定ができる環境の必要性をあらためて感じた。制度不備という話をしてきたが、子どもは子どもであるという理由だけで、その意見表明権が制限されている場合が多い。私を含め、法律教室等をキッカケに、多くの司法書士が施設の第三者委員に就任しており、施設ごとに開催される自治会である中高校生会の話し合いに立ち会うことがある。自分たちを取り巻く日々の生活について、話し合い、時には施設と交渉し、要望を一つひとつ実現していく。そうした交渉過程をサポートしていくことが私たちにはできる。それは単に施設内の人権擁護にとどまらず、自己決定や自己選択の機会となり、自分たちこそが権利の主体であるという自覚が芽生え、自立するうえで欠かすことのできない出来事となるのではないか。法律教室をキッカケとして福祉サービス提供者ではない第三者の私たちが、その場にいる意義は大きい。

5　最後に

　活動を初めて14年。あっという間に時は過ぎ、根本的な改善への道は遠い。また、困難を抱えている子どものうち、保護されるのはほんのわずかでしかなく、法律教室事業だけでは手の届かない子どもたちが多くいることも事実だ。しかし、容認できない事実と地道に向き合い、一人ひとりが目の前にある壁を乗り越えることで、社会の意識もかわり、制度も変わると今では信じることができる。

③　市民からみた司法書士
──上田市実態調査報告──

長野県司法書士会

風間　邦光

1　はじめに

　1981年10月、全青司の小山稀世会長は司法・司法書士制度研究委員会（委員長大貫正男さん）から実態調査実施の強い要請を受け、10月に長野県上田市で司法書士界初となる市民実態調査を実施した。当時は昭和53年（1978年）司法書士法改正からわずかしか経っていない時期ではあったが同改正法を画期的改正と評価する反面、多岐にわたる法改正要望事項の未完部分に対してさらなる改正議論が起こりつつあった。いみじくも司法書士法改正と松山地裁判決（松山地西条支判昭52・1・18判時865号110頁。通称「宗判決」）が同時並行し、控訴審の高松高裁判決高松高判（昭54・6・11判時946号129頁）で職務実態との乖離を縮めることができず、後の昭和60年（1985年）さらには平成14年（2002年）の司法書士法改正で実現した懲戒権の明確化、登録事務移管、憲法の試験科目化の実現などをめざそうと活気ある論議が沸き起こってきたときでもある。

　制度委員会は関東ブロック会員で構成され、市民生活の法制度拡充の施策実現を主眼とし司法書士並びに司法制度全般を視野に入れた幅広い論議をしていた。その結論の一つとして、従来の文献調査手法から脱皮し社会学的要因を含む実証的資料集積をすべき、と実態調査の手法が提案されたのである。

2　日弁連による面談調査

　日弁連は1967年以来3年間にわたる全国6地域で合計500人余の対象者に

対して面談調査を実施した。1972年3月その分析作業を終え「本人訴訟を追って」[1]という報告書が日弁連調査室から出版された。この調査の契機は、1964年8月臨時司法制度調査会意見書が出され中で、大都市弁護士偏在、本人訴訟の多発の恒常化、その施策である法曹人口の増加が提起された。そこで日弁連は組織を挙げ現実の姿をつかむべく全国規模での実態調査に踏み切ったのである。分析の結果、本人訴訟率の最高は宮崎地方裁判所管内79％、山口57％、富山56％と続き、全国平均は46％との実情などに詳細な分析を加え、結論として「全体を通じ司法書士に相談したもの44％、書類作成を頼んだもの75％という数字をみると司法書士なしに本人訴訟は不可能と断言しても誤りはない」、「本人訴訟の当事者を直接に助ける主役が司法書士であることは疑問の余地がない」との見解をまとめた。

3　調査の分析結果

　制度委員会は司法書士界初の調査となるため慎重を期し、統計的に耐えうる場所・地域の選定、調査方法、項目の設定、質問文作成などの検討に多大な時間を要した。幸いなことに、故・江藤价泰都立大学教授、故・利谷信義東京大学教授から貴重なご指導をいただき法社会学的知見に耐えうる実態調査をめざしたのである。

　まずは場所の選定を行いながら、以下のことが決められた。

① 　人口10万人程度の平均的都市であること
② 　調査区域は、商業地域、新分譲地域、旧分譲地域、農業地域、山間部、商住地域の地域別としその有意差を求めること
③ 　司法書士、弁護士がバランスよく存在すること
④ 　平均的産業構造、住宅着工戸数、金融機関があること
⑤ 　調査は司法書士自身が面談調査で行うこと。なお、調査する者が調査されることから、服装や言動にはくれぐれも注意を払うこと
⑥ 　地元自治会に協力を仰ぎ開かれた調査とすること

1　日本弁護士連合会調査室『本人訴訟を追って──弁護士なしで訴訟をしている人たち』（日本弁護士連合会調査室、1972年）。

　以上の準備を経て、調査日を1981年10月31日から3日間、事前に予備調査を行って、延べ93名の司法書士の参加を得て実施した。

　調査結果の分析にはおよそ3年間を要した。この間調査手法に改善が加えられ翌年6月には土浦市で、同年10月には秩父市の全国研修会参加者により実施された。報告書から分析結果の中枢を抜粋する。

　(1)　司法書士は市民からどのように認識されているか。

　意識調査の部分である。主な仕事は登記87％、法律相談40％、代書44％と認識されている。地域（地区内）格差がある。依頼の結果は、親切ていねい、信頼できたとの評価が圧倒的である。将来の紛争発生を51％はある、と予測しており、弁護士37％、司法書士30％などに依頼する。商業地域ほど両専門家の二者択一的選択意識が強い。司法書士は第一義的な相談窓口的存在として期待され、機能しているからであろうと記す。

　(2)　不動産取引と司法書士

　職務の中核的部分であり登記の専門家像はゆるぎない。関与時期は契約前から適切な法律的助言を得たい、との要望が極めて大きい。不動産所有の実感は権利書受領時が圧倒的であり、登記することへの大変な信頼感、安心感はわれわれの認識を超えているといえる。

　(3)　紛争解決方法

　事案は交通事故、売掛金、相隣が多く、全体の44％が経験者。うち第三者に相談したのは57％、自力救済21％など。最初の相談相手は、弁護士15％、司法書士12％、市町村10％と続く。理由は身近にいた40％、専門家だから33％。事件解決率の順位は弁護士、親戚知人と続き司法書士はそれに続く。紛争課題により自身で選択できるようにうかがえるが十分であるかは疑問。司法書士が紛争解決自体に応えていない実態がみえる。その原因は弁護士法72条の圧迫感にあり適正な職務遂行にブレーキをかけている。その結果から法律相談権の獲得は至上命令である、と総括する。法律専門家が機能していないことは日弁連調査に極めて類似する。

　中間報告は1982年2月福島大会で報告され、1984年9月「市民からみた司法書士」[2]（非売品）として発刊された。この結果について、江藤教授は、「調査結果はある程度予測し得た。それは国民の法意識、権利意識の低さにもそ

の一因がある。また司法書士自身のもつ意識、自らに対する性格づけといったことに問題がありマイナスイメージをつくっているのではないか。歴史的蓄積が今回の調査に強く表れている」と述べられた。調査準備は長野青年会員が中心に行い、当日調査は関東ブロック会員が担った。

4　最後に

　調査を担当した会員や市民からは、「いざ個別訪問となると気おくれがして足が先に進まなくて……」、「あんた、ご飯食べるのやめて協力してやったら……」、「お菓子、果物を用意して待っていてくれた……」、「宿泊先の旅館では夜出かけた調査員が全員帰着するまで食事（宴会）をせずに待っていた」、「ハードながら実に楽しい実態調査であった」等の感想があがった。市民の懐に飛び込みその実生活を見て、謙虚に意見を聴取するという地道な行動は、その後具体的社会問題に眼を凝らし事務所から飛び出して日常的に組織活動をする先駆的イベントとなったと思う。

　1983年晩秋旭川全国研修会が行われ熱気溢れる最初の街頭デモが行われた。羽田からの旭川便は全青司会員で満席であった。「この飛行機が墜落したら制度は潰れるぞ」と冗談を言いあったことが記憶に残っている。

2　全国青年司法書士協議会・司法書士制度委員会「市民からみた司法書士」（1984年）。

④ 第2次上田調査について

長野県司法書士会

清水　俊平

1　上田調査とは何か

　「第2次上田調査（『くらしの法律家』の検証と地域法専門家の在り方創造）」とは、全青司の主催にて、2012年から2013年にかけて長野県上田市で実施された、司法書士による市民実態調査である。

　2013年3月開催の第44回長野全国大会を準備するにあたり、その実行委員会では、開催地である長野県において、1981年に市民実態調査「第1次上田調査」が実施されたことに注目が集まった。この第1次上田調査は、関東ブロックを中心に全国から集まった司法書士が、自ら上田市民の自宅を訪問して直接面談する方式で、実に242名もの市民から貴重な回答を得ることに成功したという大規模なものであり、それを実現させた先輩方のエネルギーに触発されたのである。また、第1次上田調査が実施されてからの30年の間に、簡裁代理権の取得により司法書士の活動領域が増える一方で、司法制度改革に伴う弁護士数の増加などもあり、司法書士を取り巻く状況は大きく変化していた。そこで、この30年で市民からみた司法書士像がどのように変わったのか、あるいは変わっていないのか、それをあらためて調査し、司法制度・司法書士制度の発展につなげたいと考え、上田市という同じ地域で、第1次同様の面談形式の調査を実施することを企画した。

　調査において中心的なテーマとされたのが「くらしの法律家」の検証である。私たち司法書士は、①全国各地に分散しており、司法過疎が社会問題となる中で司法アクセス充実の一翼を担っているという地理的な身近さと、②

155

上からモノを言うのではなく、同じ目線で話をじっくり聞くという業務姿勢における身近さをもって、「くらしの法律家」を自認していた。私たち司法書士は、市民の目からみても身近な「くらしの法律家」として認知されているのかどうか、それを確認するとともに、司法書士の自己意識との差異も検証しようという試みであった。

2　調査の方法

第2次上田調査は、以下の要領にて実施された。

(1)　調査対象

住民基本台帳の閲覧により無作為抽出した上田市在住の満20歳以上の市民1115名に対し郵送にて調査への協力を求める通知を送り、調査協力の意思を示した対象者190名を対象に調査を実施し、そのうち188名から回答を得た。

第1次上田調査とは異なり事前に同意を得た市民のみを対象としているが、これは、30年の間に社会情勢や市民の意識が変化し、事前同意なしに自宅を訪問することが大きな警戒や反発を招くものと懸念したためである。しかしながら、結果として回答者が高齢者に偏る傾向がみられた。

(2)　調査方法

調査員（司法書士）による直接面談方式を採用した。長野青年会の会員のほか、全国から駆けつけた計92名の司法書士が調査員として参加した。

(3)　調査日時

2012年10月～11月の土日祝日の計9日間。各日午前10時より午後6時まで。ただし、対象者の希望に応じ、夜間や早朝、期間外の平日にも随時調査を実施した。

(4)　調査項目

①上田市民の法律相談に関する経験と考え、②法律事務に関する経験と考え、③紛争に関する経験と考え等、45問の設問および自由回答とした。また、「司法書士は『くらしの法律家』と言えるのか」および「市民から必要とされる法専門家とはどのような存在か」を主たる検証課題とし、協力者である久保山力也先生（青山学院大学大学院法務研究科兼任講師（当時））の全面的な協力の下、調査票を作成した。なお、対象者一人あたりの調査所要時間は平

均90分程度であった。

(5) 司法書士向け調査

市民の意識と司法書士の認識の違いを把握するため、実行委員を除く長野県の司法書士全員に対し郵送にて調査票を配布し、アンケートの回答を求める形式で司法書士向け対照調査を行い、103通の有効回答を得ることができた。

(6) 集計および分析

外部の集計会社に単純集計を依頼し、分析については、長野青年会の上田調査分析班にて担当した。

3　調査結果の発表、報告

2013年 3 月 2 日、長野市で開催された第44回長野全国大会の全体会にて、上田調査の実施報告と調査結果の速報を行うとともに、その結果を題材とした討論会を実施した。また、2013年 5 月に青山学院大学で実施された日本法社会学会学術大会において、「『くらしの法律家』の検証と地域法専門家の在り方創造」をテーマとして、上田調査を題材に法専門家の在り方を探るシンポジウムが開催された。

このほか、月報全青司や韓国法務士会の会報上で発表を行った後、最終的な報告書を発刊した。

4　上田調査分析報告

上田調査の調査項目は40問を超えており、詳しい結果は報告書をご覧いただくとして、ここではいくつか代表的な分析結果を報告する

(1) 「くらしの法律家」の検証

司法書士に対する会員向け調査をみるに、多くの司法書士が、自らを、①法知識があり、②さまざまな分野の相談に幅広く対応し、③身近・親身で相談しやすく、④報酬が安価といった要素をもつ「くらしの法律家」であると意識しているようであった。

しかし、市民向け調査からは、私たち司法書士と市民の認識に大きなギャップがあることが伝わってきた。登記、会社設立、成年後見といった私たち

の主たる業務の担い手を問う設問については、弁護士や行政書士の名をあげる回答が多く、どの専門家がどの業務を担うのか正確に理解している市民は少ないことがうかがえた。裁判業務については、司法書士の名をあげる回答も多かったものの、司法書士を身近に感じ司法書士をよく知る回答者ほど「司法書士の仕事ではない」と判断していることがわかり、「司法書士」という資格名から連想されているだけであり、私たちが裁判業務もするということが市民に知れ渡っているわけではないことが読み取れた。自由回答でも「行政書士との違いがわからない」とか「市役所への提出書類をつくってくれる職業と思っていた」等の回答が多く、司法書士はそもそもの認知が低く、他の資格者と比べ特段に身近な「くらしの法律家」とは考えられていないとみるほかなかった。

(2)　地域法専門家の在り方創造

　私たち司法書士が市民から選択されるためには、そもそも市民が必要とする法専門家とはどんな存在か、その理想的な在り方を確認したうえで、その理想像に近づく努力をするほかない。そこで、市民が法律相談をしたり依頼をしたりする際、どのような点を重視して専門家を選ぶのか、その選択基準を尋ねたところ、興味深い結果が得られた。

　選択肢の中から市民が総合的に最も重視する要素として選んだのは「専門性」であった。市民が相談にいくのは専門的な情報・法的なアドバイスを求めてのことであり、的確な情報・アドバイスを提供する能力が最重視されるのは自然な結果だが、注目されるのは、「専門性」に次ぐ要素として「人柄」があげられていることである。また、市民が、その専門家の専門性や人柄を判断する目安となりそうな要素も、軒並み選択基準の上位となった。すでにその法専門家と面識があれば一番間違いがないことから「顔なじみかどうか」を第1位の要素にあげる回答者が多く、面識がない者の特長を推察する手段となりうる「評判」も重視されていた。そのほか、「実務経験年数」が長いこともある程度は安心の材料となるようであった。

　「相談料」や「事務所の所在地」は第2位や第3位の要素としてあげる回答が多く、市民は専門性や人柄・評判を最重視したうえで、それに加えて安かったり近かったりすればなおよしと、二次的な選択基準として考えている

ようである。一方で、その専門家の「資格の種類」はさほど重視されておらず、「事務所の規模」にいたっては全く考慮されていなかった。

ところで、市民が法専門家を選択する際に何を重視していると考えるか、司法書士にも同じ内容を尋ねたところ、やはり「専門性」が多く選ばれているが、「人柄」をあげる回答者が少なかったことと、「資格の種類」をあげる回答がかなりの数に上っており、私たちと市民とで、感覚にズレがあることがわかった。

市民は私たちが想像するほど「資格の種類」というものを気にしておらず、思うに、専門家がある資格を有することは、試験等を通じて一定の専門性を有していることを保証するものではあるが、資格を有するからといってその「人柄」がよいことを意味するものではない。そして、その「人柄」こそが市民が「専門性」と並んで重視する要素であるならば、私たちが考えるほど「資格の種類」にこだわらないのも納得できる。

私たちは専門性をもって的確な助言、的確な業務を行えば専門家としては十分だと誤解することもあるが、それでは市民のニーズを満たしているとはいえないことになるだろう。

5 調査を振り返って

今になって振り返ると、第2次上田調査に関する反省点も数多くある。とりわけ、全国大会に向けた大きな取組みにしたいという思いから、調査をすること自体が自己目的化した部分があり、肝心な調査票のつくり込みが甘くなってしまった点が悔やまれる。本来であれば調査員の皆さんにも調査票をしっかり読み込んでから調査に臨んでいただくべきところ、その時間的な余裕が不足し、特に初日はかなり慌ただしい状態だった。

一方で、副次的な効果として、調査に携わった司法書士の皆さんが直接市民と触れ合い生の声を聴くことで、大きな刺激を受けたということがあげられる。参加した皆さんの感想でも「貴重な経験だった」「参加してよかった」という声が大きかったことは、記録に留めておきたい。

ところで、すでに述べたとおり、第2次上田調査には全国から集まった92名もの司法書士が参加してくれた。この調査は、司法制度および司法書士制

度の未来にとって重要な調査であったと考えてはいるが、調査者に対し日当が支払われることはなく、調査に参加したからといって直ちに業務に直結して利益が得られるものでもない。ただ、司法制度や司法書士制度を少しでもよくしたいという想いと、仲間ががんばっているのだから助けてやろうという想いからこれだけ多くの方が参加してくださったもので、全青司の熱いエネルギーを感じた。実際、これだけの規模の調査を民間で行えば、本来であれば数千万円の費用が必要なものであり、皆さんの協力がなければ決して実現させることはできなかった。こうした自らの損得を考えず現場に飛び込んでいく熱量こそが、全青司の魅力であり、司法書士の存在感を高め市民の皆さんの認識を変える第一歩となることは間違いないと思う。

　最後になるが、本調査を実施するにあたり、上田市民の皆さんをはじめ多くの方々より多大なるご協力をいただきました。あらためて心から御礼申し上げます。

5 登記手数料値上げ反対請願運動

群馬司法書士会

齋藤　幸光

1　登記特別会計と登記手数料

　登記特別会計は、1985年 6 月 7 日成立した「登記特別会計法」に基づき、1985年 7 月から2010年 3 月末まで25年にわたり設置された特別会計である。その目的は、「登記に関する事務その他の登記所に係る事務の遂行に資するとともに、その経理を明確にするため」とされており、具体的な設置理由は以下のとおりとされていた。

　「全国の登記所で取り扱っている不動産登記及び商業法人登記の事務については、高度経済成長期以降の激増する登記事件に対する登記事務処理が大幅に遅滞するなど、憂慮すべき状況となっていたため、早急にコンピュータの導入を図るなど登記事務処理体制の抜本的な改革を行い、事務処理の円滑化と適正化を図ることが必要となっていました。そこで、これに要する経費は登記制度の利用者が負担する登記関係手数料で賄うこととし、登記関係手数料はコンピュータ等の登記関係経費に充てられることを明確にするために、登記特別会計が創設されたものです」。

　登記特別会計の収入は登記手数料収入と一般会計からの繰入金である。登記手数料は、登記関係情報の公開に係る「乙号事務」のほか、上記のとおり、登記コンピュータ化に係る費用にあてられることとなった。登記特別会計設置時、謄本 1 通につき400円だった登記手数料は、1990年には500円、1991年600円、1993年800円となり、1998年には1000円となった。登記コンピュータ化がほぼ完了した2007年には700円、そして現在（2020年 5 月）は600円とな

っている。

2　登記手数料値上げ反対宣言

　全青司は、登記コンピュータ化への対応について、当時の法改正委員会を中心に、長期にわたる検討を行ってきた。コンピュータ化と登記情報の公開のあり方やコストの負担方法なども、検討の対象になっていた。

　1990年4月1日、法務省は登記手数料令を改定（謄本1通600円に値上げ、ただし、経過措置として1990年度は500円）した。この法務省の値上げ措置について、全青司は担当部署を設けて検討を行い、その結果を踏まえて、1990年9月23日行われた第19回名古屋全国研修会において「登記手数料値上げ反対宣言」を採択した。

　採択された「反対宣言」は冒頭、「私たち全国青年司法書士連絡協議会は、平成2年（1990年）4月1日実施された登記手数料の値上げが、国民の利益に反し不当なものであるとの立場に立ち、以下のとおりの要求を掲げ、その要求に向けて行動する」としたうえで、以下4点の要求を掲げた。

「1　登記手数料を実費相当額へ値下げすることを求める。

　2　登記手数料令第7条（国・地方公共団体の職員の職務上請求についての手数料免除規定）の廃止を求める。

　3　乙号費用の手数料実費額の算出根拠を明確にするために必要な乙号事件に関する事件数の統計およびその公開、ならびに手数料実費算定基準の公開を求める。

　4　前記各号の要求実現を図るため、次の具体的運動を展開する。

　①　各単位本会の広報等を通じて、司法書士集団内部における登記手数料値上げの不当性についての理解を求め、合意を拡大する。

　②　署名運動を通じて、市民ならびに友好協力団体に対し登記手数料値上げの不当性についての理解を求め、反対運動への連帯を呼びかける。

　③　関連諸機関に対し、要求実現へ向けて運動を行う」。

　この宣言に至った理由は、不動産法律セミナー1990年12月号に6頁にわたって掲載された「登記手数料を値下げせよ——青年司法書士会からのメッセ

ージ　全国青年司法書士連絡協議会執行部編――」に詳述されているとおりである。ここでその全文を紹介する紙幅はないが、私たちは大きく4点の反対理由をあげた。

「まず第1は、登記手数料は公共料金であること、不動産登記法（当時）3条によって『物価の状況、謄抄本の交付に要する実費』を基本とされてること、にもかかわらず国民に対する十分な説明のないまま、登記コンピュータ化という先行設備投資費用まで含めた予算を賄うために、政令の改定によって大幅な値上げがされたことである。

第2は、『公用』の謄本請求などを無料としたまま、一般利用者に負担を押し付けることの不当さである。収入と支出を対応させる目的で特別会計を設置した以上、公用請求についても負担を求めるべきである。

第3は、コンピュータ化のための全体予算及びその見積もりの根拠が不明確なことである。庁舎の増改築費用や機器設置費などは、コンピュータへの移行期間中の利用者が負担すべき性格のものではない。

第4は、国の制度の設置・改善を特定の者の負担によってすべきではないということである。登記コンピュータ化のメリットは、国の資産として長期にわたって享受するものであり、負担移行期間中の乙号利用者が過大な負担をすべき合理的な理由はない」。

私たちは上記のとおりの理由で登記手数料の値上げに反対し、受益と負担の原則に基づいた登記手数料とすることを求めた。

3　運動方針の決定と協力依頼

「反対宣言」採択後の1990年10月28日、東京で開催された全国代表者・役員合同会議において、「登記手数料値上げ反対署名・請願運動」を行うことが決議された。憲法と国会法に基づく「登記手数料値上げ反対」の請願を行うための署名を、広く一般市民を対象として集めるのである。反対署名の目標数は10万人とした。

憲法16条[1]に基づく「請願権」の行使として、国会に対する請願運動を進めることにしたのである。

値上げ反対署名・請願運動の実施決定を受け、執行部と事務局合同の「運

動本部」を設置、以後は運動本部を中心に活動を展開することになった。

　最初に行ったのは、友好団体や関連団体への協力要請である。各司法書士会に対しては単位青年会から協力依頼を行った。また青年法律家協会・弁護士学者合同部会および全国青年税理士連盟並びに全法務労働組合への協力依頼を行った結果、それぞれ協力を得られることとなった。このうち全法務労働組合については、複数の単位青年会から各支部あての協力依頼も行っている。

　日司連および日政連に対しても協力依頼を行った。中でも日司連に対しては面会したうえで協力を求めることとなり、全青司執行部は11月5日、日司連会館に日司連執行部を訪ね、運動への協力依頼を行った。日司連は、6月開催の総会において、「登記手数料値上げに反対し、登記手数料の適正な運用と見直しを求める運動を展開する決議」を満場一致で可決していたことから、日司連と協調した運動を行いたいと考えたからである。しかし、残念ながら、日司連牧野忠明会長以下の執行部は、この運動には法務省の反発が予想され、報酬改定・法改正等にも悪影響を及ぼすおそれがあるとの考えを表明し、協力申入れに応じなかった。

　運動本部が1990年12月5日付けで発行した「月報全青司　号外I」は、日司連執行部への申入れの結果を報告するとともに、全青司の姿勢を以下のとおり明らかにしている。

　「司法書士が単なる『業者』であり、司法書士の団体が『業者団体』であれば、自己の利益を最優先するのは当然でしょう。しかし、われわれは自らを市民のための法律家であると自認しています。法に不備があり、行政に不合理な点があれば、それを指摘し、是正を求めるのは司法書士として当然果たすべき義務です。その義務を怠ることは司法書士の存在意義を否定するに等しく、自らの将来を閉ざすことに通じます。全青司は単なる『業者』の集まりではなく、市民の権利を守る気概を持つ司法書士の集まりです。目先の

1　憲法16条　何人も、損害の救済、公務員の罷免、法律、命令又は規則の制定、廃止又は改正その他の事項に関し、平穏に請願する権利を有し、何人も、かかる請願をしたためにいかなる差別待遇も受けない。

利害にとらわれて未来を失う過ちを犯してはならないと考えます。多くの団体がわれわれの運動に協力してくれます。市民の支持も必ず得られると確信しています」。

また、月報全青司129号に寄せた「登記手数料値上げ反対！　請願署名運動を展開しよう」という記事において、小林佳功制度担当副会長は、「もう決まったことは仕方あるまい。お上の決めたことだ、反対したって無駄だ」という値上げやむなしの風潮に流されぬために、再度、登記手数料値上げについて考察のうえ、反対の根拠を明らかにした。そのうえで、全青司がこの運動を行う意義を次のとおり述べている。

「登記手数料値上げ反対を司法書士が言わないで、誰が他にこれを言うのだ。市民とともにあろうとする全青司の存在意義が今まさに問われている」。

全青司が行った署名・請願運動は、小林副会長が指摘したとおり、司法書士としての存在意義を全うするためになされたものだったのである。

4　署名運動

登記手数料値上げ反対の署名は、請願書に記載してもらう必要がある。そのため執行部は、署名運動に先立つ11月、参議院の請願課長に面会し、請願の具体的手順を確認するとともに請願書の見本を示して、適式との見解を得ていた。

運動本部は、各単位青年会に対し、各地の署名運動の中心となる運動員3名の推薦を求め、1990年11月22日までに38の単位青年会から推薦を得た。

このような準備を終えた後の12月3日、請願署名用紙および趣旨説明（後掲171頁～172頁参照）などの書類を、鹿児島全国大会の案内資料に同封する形で全会員に送付するとともに、各単位青年会代表者などに対して署名運動の実施を呼びかけた。

12月から開始された署名運動は、1991年1月、全国各地で行われた街頭署名活動によって、一つのピークを迎える。月報全青司131号によって、その活動の一端をうかがい知ることができる。

茨城青年会は1月26日、水戸市のデパート前でラジカセを使ってメッセージを流しながら署名活動を行った。6人の会員が1時間半の間に200名分の

署名を集めた。多くの賛同を得つつも、ある商店主から「4月から値上げ予定なのに、この時期に署名活動で間に合うのか」と指摘されたという。翌日の新聞に署名活動の記事が載り、「司法書士のことを多くの人に知らしめることができたのも大きな成果であった」と、報告者の根本洋治会員は書いている。

　静岡では1月14日に、横断幕や拡声器などを準備して街頭署名を行った。平日の夕方17時から18時までの1時間である。15名の会員が、体を凍えさせながら署名を集めてくれた。堀池勇静岡青年会会長は、皆が協力してくれたことが本当にうれしかったという。そして、「この活動が何であったのか、今はわからない。きっと何年かたったとき、自分の判断がどうであったのか振り返る時がこよう。今は一名でも多くの署名を集めようと思う」と書いている。

　長野では、1月24日、定時総会終了後の午後、25名の会員が参加して松本駅前で署名活動を行った。市民の関心は予想以上に高く、300名の署名を集めた。有賀剛会員は、「この運動を通じて感じたことは、我々登記制度に一番近い職能集団としての司法書士が、その制度の番人として登記手数料の矛盾点を指摘し、市民の意識をさまざまな形で喚起できたことは自らの制度の将来にとって大きな成果であったと思う。そしてこの運動は青司協にとっても長かった研修団体としての組織から、法律家として活動する組織へと、また一歩衣替えする契機となる反対運動であったと思われる」と書いている。

　街頭署名をしなかった青年会も、それぞれの手法で署名集めをしてくれた。日司連はもとより、土地家屋調査士会、不動産業界、金融機関、全法務など、関連する団体に協力を求めている。そしてそうした活動に踏み切るには、多くのためらいや抵抗感を超える必要があった。島根会の福留伸也会員は、月報全青司に以下のように書いている。

　「司法書士のフトコロに影響がない『値上げ』について、日司連の感情を害してまで、そして、全青司の中でも反対（消極的な反対を含めて）の会員がいるにもかかわらず全青司が反対運動に取り組まなければならなかったのか」。「私見を書かせていただくなら国民の目の届かないところで、所轄官庁の資料だけで、本当に必要な値上げかどうかもわからないのに、いとも簡単

166

に値上げが決定された事実を知りうる立場に我々がいたから、国民の一人と
してこれを黙って見過ごすことができなかったのです」。「我々は登記制度に
関して諸々のことを知りうる立場にいます。そして、今回の登記手数料値上
げはオカシイ。オカシイのに何もしないのは国民として無責任である」。

　署名運動に対する賛否は一様ではない。運動に参加しなかった会員がいる
ことも事実である。しかし少なくとも、全青司会員の一人ひとりに、登記制
度にかかわる専門職能・司法書士として自分はどうあるべきなのか、問い直
す契機に署名運動はなったのではないか。

　運動の開始にあたって掲げた署名の獲得目標は10万人であった。当時の会
員数はおよそ2000名。会員一人あたり50名という数字である。最終的に集ま
った署名は9万6868人分。10万という目標には達しなかった。

　「残念」「あんなに一生懸命にやったのに」という声が上がった。筆者は運
動本部長として、目標を達成できなかったことを詫びたうえで、「決して恥
ずかしくない、胸を張れるだけの署名を集めることができた。署名が特定地
域に偏するのではなく、全国から集まったこととあわせ、全青司の『底力』
を示したといえる」と総括した。

5　請願行動

　集まった署名は請願という形で国会に提出し
なければならない。国会への請願には議員によ
る紹介が必要となる。運動本部は各地の青年会
に、請願を紹介してくださる国会議員の推薦を
依頼した。その結果、衆議院22名、参議院13名
の議員の方々に、紹介議員になっていただくこ
とができた。

　全青司にとって「請願」は初めての経験であった。それだけに戸惑うこと
も多かった。

　紹介の前提として、所属政党の政策審議会等との協議が必要となる。紹介
するのは個々の議員でも、所属政党の方針に合わない請願を紹介できない。
そのためのすり合わせが必要となる。請願の趣旨に賛同する意見をもつ議員

がいたにもかかわらず、政権与党である自民党の議員は紹介議員となっても
らえかった。請願の趣旨が政府予算案と齟齬する内容を含んでおり、党の了
解が得られなかったためである。

　請願書は紹介議員を経由して衆参議長あてに提出される。受理された請願
は、その趣旨によって担当する委員会に付託される。本請願の付託先は、法
務委員会である。付託を受けた法務委員会は、委員長が請願の標目と紹介議
員、請願書の番号などを読み上げて付託されたことを記録する。衆議院法務
委員会には1991年 4 月24日と30日の 2 回に分けて、22名分の紹介議員による
「登記手数料に関する請願」が付託された。参議院法務委員会には 5 月 8 日
付けで23件に及ぶ「登記手数料値上げ反対に関する請願」が付託された。

　付託された請願は、慣例により、国会の会期末に一括して採択する。採択
の以前に、請願の取扱いについて、理事会で協議する。

　紹介議員から得られた情報によれば、われわれの請願について、理事会の
席上、自民党の理事から、「この請願はさらに検討する必要がある」との発
言がされた。請願の採択は全会一致を原則としている。このため、請願の採
択には至らず、「保留」の扱いとなってしまった。

　「保留」の意味を尋ねた筆者に、紹介議員は、「事実上の棚上げです」と答
えた。この答えを聞いた時感じた衝撃を、そして、 9 万6868人の署名者、協
力してくれた団体、そしてさまざまな障害を乗り越えて取り組んでくれた会
員に対して感じた申し訳なさを、歯噛みするような悔しさとともに、筆者は
今も憶えている。

6 　最後に

　本稿では、1990年度の全青司が組織を挙げて取り組んだ「登記手数料値上
げ反対運動」を振り返った。この運動に先立って、登記手数料のあり方をめ
ぐる全青司の長い研究活動の積み重ねがあった。研究の積み重ねなしに、運
動はあり得なかった。

　私が加入したころ、「全青司は研究団体である」という言い方をよく耳に
した。専門家の集団がまずなすべきは、自らの専門性をより高めること、高
い専門性に基づいて課題に取り組むことであることを考えれば、「研究団体」

としての自己規定はそれとして納得することができた。

　しかし研究団体としての実績を積めば積むほど、研究成果を世に問うばかりでなく、成果に基づいて行動することの必要性も高まってくる。「登記手数料値上げ反対運動」は、全青司が行ってきた研究活動の結果から要請された行動として、必然的なものだった。

　全青司の会則は、「法律家職能としての使命を自覚する青年司法書士の緊密な連携を図り、市民の権利擁護および法制度の発展に努め、もって社会正義の実現に寄与することを目的とする」と定めている。全青司に集う司法書士は、自らの利益のためでなく、市民の権利を擁護し、法制度を発展させ、社会正義を実現するために活動することを標榜しているのである。

　課題によっては、全青司が掲げた理念と、個々の、あるいは集団としての司法書士の直接的な利害とが衝突する局面がありうる。振り返ったとき、登記手数料値上げ反対運動は、そのような局面の一つだったように思える。

　司法書士は、当時も今も、法務省の監督下におかれている。日司連総会における全会一致の反対決議にもかかわらず、当時の日司連牧野執行部は、報酬改定や法改正への悪影響を理由に、登記手数料値上げに反対することを避けた。日司連の判断の是非は問うところではない。ただ、当時の全青司としては、日司連の意に反し、法務省の不興を買ったとしても、登記手数料値上げ反対運動を取り止める選択肢はあり得なかった。

　月報全青司135号に、岡山県会矢部聖明会員の「登記手数料値上げ反対請願署名運動と90年代の全青司活動」と題する論考が掲載されている。その締め括り部分は以下のとおりである。

　「国家行政に対する不断の監視と批判は、国民の当然の権利であり、その代理人たる司法書士の責任は加重されるものであろう。国民の権利を法務行政に反映させる義務のある司法書士が、法務省との不平等の地位に無自覚でいたり、無気力に甘んじていたり、法務行政に本人である国民を従わせる役割を平気で果たしていたりするならば、それは代理人としての逸脱行為である。全青司の活動の一つには、国民の人権をまもり、国民の立場で発言できる有能な青年司法書士の育成があげられるであろう。けれども、その活動は、『研修制度』やそれにともなう『研修施設』の実現のための運動に収斂され

るものではない。それは、司法書士自身の人権意識の目覚めへの援助活動と、国民の権利保全・権利擁護の活動を統一して初めて力を発揮するものである。今回の請願署名運動には、その取組、結果などに、肯定、否定さまざまな意見があることは承知している。しかし、こうした活動を軽んじるならば、90年代の全青司や全国各単位会の発展はあり得ないであろう」。

　「登記手数料値上げ反対請願運動」の責任者であった筆者にとって、「もって瞑すべき」矢部会員の評価である。右の締め括りをもって、本稿を閉じることとしたい。

登記手数料値上げ反対の請願署名のお願い

全国青年司法書士連絡協議会

市民の皆さんへ

私達が請願を行う理由

登記手数料が平成三年四月一日から大幅に値上げされ、平成三年四月からさらに値上げが予定されています。

謄本料 一通 四百円 → 五百円
　　　　　　　　（ → 六百円 平成三年四月一日から）

閲覧料 一件 二百円 → 三百円（不動産登記簿の閲覧）
　　　　　　　無料 → 三百円（会社等の登記簿の閲覧）

登記手数料とは、市民の皆さんが、法務局にある土地や建物に関する登記簿を閲覧したり、謄本を請求するときに支払う手数料のことです。この登記簿謄本の交付や閲覧の制度は、皆さんがマイホームを取得したり、お金を借りるために自分の土地や建物を担保に入れたりするときに、調査や確認のために必ず行っている、いわば必要な制度で、その手数料は公共料金ともいえるものです。法律によれば、登記手数料の額は、政府の政令で定めることができるとされていますが、どのような額にでも自由に決定できるものではありません。

手数料とは、そもそも謄本や閲覧の制度を市民が利用するときに、その「実費」を、直接の利用者の負担とする制度です。ですから、「実費」を越えた手数料の値上げは、手数料制度を定める法律の趣旨に反します。また、実費の枠を越えた値上げは、手数料が一種の税金として性格を有することとなり、税金を課する場合には法律の基準によらなければならないと定めている憲法（八四条）違反のおそれがあります。ところが、政府は、現在進めている登記事務コンピューター化（登記情報システム化という改革）の費用の捻出のため、登記手数料の値上げを行っています。しかし、国の資産である登記制度を施設に要する費用は、一般予算から受け入れるべきもので、これを手数料の値上げで行うべきものではありません。一般予算による場合には、手数料収入と異なり、国会の審議により、国民の代表による監視が行われる点で大きな差を生ずる可能性があるです。このような政府によるルールの無視は、結局、市民の具体的な利益を害する可能性があるのです。

次に、国・地方公共団体・特殊法人の職員が謄本請求を行う場合の登記手数料支払は、免除されて無料となっています。この免除制度により、昭和六二年当時で、推定一〇〇〇億円の収入に相当する事件が無料とされています。このことは、もともと登記制度が国の制度だから一種の「実費」として定められるべきですから、この無料制度の結果、謄本等の制度を利用しようとする市民が、国・地方公共団体・特殊法人等の請求により、かかる経費を含めて、実際の実費の二倍から三倍の負担を強いられていることになります。

そこで、私達は、登記手数料の実費相当額への値下げと、平成三年四月からの値上げの無期延期を求めます。また、不公平な国・地方公共団体・特殊法人等の手数料無料制度の廃止を求めます。

最後に、そもそも手数料がどのような基準によって定められているかという点について、市民がその行為を監視するためには、決定する計算の根拠や実費を計算するための統計等の資料を公開させる必要があります。

私達は、国に対し、登記手数料に関する十分な情報の公開を求めます。

171

登記手数料値上反対に関する請願書

私達は、次の事項を要望し、誠実な処理を求めて請願する。

一 登記手数料を実費相当額く値下げすることを求める。

すなわち、現行登記手数料には、本来一般会計から支出されるべき費用が含まれているので、これらを除いた純粋な「実費相当額」く値下げすることを求める。

二 登記手数料令第七条を廃止し、国・地方公共団体等の職員の職務上請求に関する登記手数料の有料化を求める。

三 登記手数料に関する情報の公開を求める。

乙号費用の手数料実費額の算出根拠を明確にするために、乙号事件に関する事件数の統計、ならびに手数料実費額算定基準の公開を求める。

また、甲号事務と乙号事務との経費を明確に区分して予算決算を行うことを求める。

衆議院議長　殿
　　　　　　　　　　　紹介議員

参議院議長　殿

住　　　　　　所	氏　　名	印

取り扱い団体

6　登記所統廃合問題への取組み

広島司法書士会

清水　富美男

1　登記所統廃合とは何か

　すでに死語になってしまったのかもしれない。20年前には当然のように使われていた登記所という言葉である。法務省管轄の役所には登記所と呼ばれる役所は法文上存在していない。この役所は法務省設置法に定められており、法務局とその支局、出張所がそれであるが、これらを総じて登記所と呼んでいたのである。われわれが登記所統廃合反対運動を行った当時では、旧民法48条２項（事務所移転登記）、商法９条（登記手続の通則）に、それぞれ登記所という言葉が使われていたが、現在ではそのどちらも条文自体が存在しない。

　登記所は、1887年登記法施行当時、全国に2072カ所あった。当初は行政庁の管轄であったが、業務の性質上、翌1888年に裁判所の管轄となり、全国で942カ所に集約された。この頃は現在と比較すれば、交通事情等の条件は比較にならないくらい劣悪であり、利用者にとっては地元から登記所がなくなることは当然不便なものとなり廃庁の反対運動も起こっていた。登記所の整備が進み、1890年には1211カ所、1893年には1494カ所に増えていった。太平洋戦争後、登記所の管轄は裁判所から行政庁にその所管を移したが、1955年頃には2085カ所までに拡大しその数のピークを迎えた。ちなみに、現在の法務局を所管する民事局は法務省内にその居を構えるが、事実上、最高裁判所の出先機関であり、業務の性質上、また、戦前からの役所の構成上その幹部構成員は裁判官で占められている。

173

　行政の効率化をめざす流れの中で、1972年の民事行政審議会（以下、「民行審」という）から登記所適正配置（統廃合）の基準（旧答申）が示された。同年、登記事務のコンピュータ化の研究開発も開始された。登記所の統廃合は登記のコンピュータ化と並行して進められていくのである。

　われわれが展開した登記所統廃合反対運動は、この旧答申の後、1995年 7 月 4 日民行審から法務大臣に対し出された諮問に対する新基準の答申で示された法務局の統廃合政策に対して異議を唱えた運動であった。そして、これがわれわれがかかわった「登記所統廃合反対運動」である。

　ちなみに、現在、登記所の数は416庁であるが、1995年当時は1071庁であったので20数年で 3 分の 1 近くまでその数を減らしたことになる。

　市民が利用する役所の窓口が現実になくなることは、利用者である国民の利便が損なわれることになるが、これをコンピュータ化により代替することができるのかがその当時の課題であった。

2　私と全青司とのかかわり

　1993年 9 月全青司広島全国研修会を開催するにあたり、この全国研修会の実行委員長を務めることになった。実行委員長に就任した者の常であるが、開催の 1 年前から幹事として全青司の活動に加わることになった。

　この当時、登記のコンピュータ化のために法務局は現在のような一般会計からではなく、登記特別会計という法務局の運営だけで終始する会計制度をとっていた。この制度は、莫大な登録免許税収入は一般会計に組み入れられたため、いわゆる謄本代、すなわち登記手数料で賄われ、不足分は一般会計からの組入れで賄っていた。しかし、登記手数料収入だけでは賄えないため、その不足分は謄本代の値上げでこれを賄おうとしていた。あわせて、職員の減員、登記所の統廃合によって支出の削減をもくろんだ。全青司は登記手数料値上げの反対運動に対して、全国で反対の署名活動を展開し、東京では全国から全青司会員が結集しデモ行進も行った。

　私は、この登記手数料の値上げに反対する活動を通じて、登記行政のあり方に関心をもち始めた。そして、登記所統廃合が、組上に上がり始めた頃に全青司の副会長となり、全青司の登記所統廃合対策委員会の活動を担うこと

になった。

3　どのような活動であったのか

　1995年6月10日全青司は堀池勇会長の下、広島県因島市との共催で、「地域からの発言〈登記所統廃合を考える〉」と称した登記所統廃合シンポジウムを開催した。これが、全青司の登記所統廃合反対運動の全国展開への幕開けとなった。ここでは、国家的プロジェクトである「コンピュータ化推進」「行政改革」という行政の効率化を推進する国家的課題と、廃庁の不利益を受ける地域住民の権利保護が対立軸となった。何が優先されるのか、この過程の中で守られなければならないものは何なのか、これはまさしく、国の政策によって切り捨てられていく地域住民の人権問題を問うたものであった。はたして、登記所という役所はいったい誰のものなのか、誰のためにあるのか、そこで司法書士はどのような役割を果たしているのか。ここで、九州大学の和田仁孝助教授（当時・現早稲田大学法学学術院教授）は、「法務局が考えている効率化というものは否定できないが、効率的な発想から漏れてくるような機能というものを、本来、法務局や法的機関なりが果たすべきではないか」とコメントを寄せられた。

　このシンポジウムの後、1996年3月8日因島市で法務省民事局の登記所適正配置対策室長を迎えて住民説明会が行われた。法務省の本省が行った最初で最後の住民説明会であった。会場は地域住民で満席になったが、法務省側の一方的な説明で終始し、住民から廃庁の理由を求められた民事局側は、とうてい理解が得られるような回答はできなかった。

　先に述べた新答申により、全国では数百の登記所が廃庁の基準の俎上に上がることになった。この情報は地域住民、また地域の市町村には満足に知らされてはいなかった。少なくとも、これを受け入れるかどうかは、地域の住民や市町村の判断を必要とする。反対をしなくても情報だけは伝えなくてはならない。法務行政に対して市民の側に位置するわれわれは、最低限の活動としてこれを知らせる義務があると考えたのである。

　全青司は、廃庁対象地域に情宣活動を行うべく活動を開始した。1996年7月8日沖縄県与那国町をスタート地点として、全国キャラバンをスタートさ

せた。実は、スタート当初は全訪問地が決まっていたわけではない。結果的には、同年8月19日北海道羽幌町をスタート地点とした北ルートとあわせて184市町村を訪問した。訪問先は、あらかじめ訪問を受け入れる市町村とコンタクトをとり、キャラバン隊を受け入れるとの回答をいただいた市町村に、会員がキャラバンカーを乗り継いで訪問した。職員総出で、キャラバン隊を迎えてくれる市町村もあり、関心の高さに驚いたものである。キャラバンカーには、「守ろうわが町の法務局（登記所）」「登記所統廃合阻止全国キャラバン」「地方切捨ての登記所統廃合断固阻止」の横断幕をつけ、統廃合予定地図、資料、解説文、ハチマキ等引受会が訪問地でキャラバン活動の説明ができるようなグッズを搭載していた。キャラバン隊は基本的には首長あるいはそれに準じる人に対し、登記所の統廃合がどのように進められるのかを、地図や資料をもって地域の実情を踏まえたうえで説明し、不便になる地域住民に対し説明をしてもらいたいこと、また、登記所を利用している市町村もこの不利益を受けること等を説明した。要望があれば、全青司が説明会も開催する旨を伝えた。ここでは、統廃合に反対をしてくださいとは言わず、民行審の答申を踏まえてどのようになるのかを説明することにした。キャラバンに使用したキャラバンカーはレンタカーではなく、購入してキャラバンが終わった後これを売却した。南ルートは158市町村を訪問し、8月29日まで実に1カ月半を超え、北ルートは9月16日まで1カ月を要した。私はおよそ3分の1の市町村の訪問に同行した。この運動で特徴的なのは、キャラバンカーの進行状況と訪問先の状況、新聞記事等をリアルタイムで「全青司統廃合キャラバンニュース」として、全青司事務局長の川村兼司さんが全国配信してくれた。これにより、地域の会員が刻々と近づくキャラバン隊の動向をほぼリアルタイムで知り、キャラバンの実情と統廃合問題の理解を深めたのではないかと思う。また、できるだけ地域の会員に首長等に対して説明をしてもらった。現在であれば、インターネットによる配信で動画等を届けられたのではと思うが、このキャラバンの成功はキャラバンニュースにあったといっても過言ではない。これについては「見捨てないで」と銘打って製本してまとめたものを発行したので、手にされた方も多いのではと思う。

　キャラバンを終えた1996年11月26日、全青司は東京都千代田区の霞山会館

において、全国統廃合問題対策連絡協議会と共催して「登記所統廃合阻止全
国市町村サミット」を開催した。これは、キャラバン訪問地の市町村長の皆
様にお集まりいただき、全国キャラバンの総決算と、ある意味孤立して国に
抗おうとしている首長同士の意見交換と連帯の場を提供しようとしたもので
ある。ここでは、実に38の市町村長が出席され、意見が述べられたが、地域
住民のトップに立つ者として地域から法的施設がなくなっていくことについ
ての危機感がひしひしと伝わってきた。

　また、対象地域に出向き地域住民を対象にした説明会も開催した。地域か
ら登記所をなくさないでという思いは切実である。広島法務局管内の廃庁予
定地の地域住民とともに法務大臣に対する陳情も行った。このときの陳情に
は地域選出の国会議員の同行を得た。法務行政の問題に対応するには、政治
力も必要となってくる。

　この間、民行審が示した統廃合基準に合致した統廃合が行われるのかの検
証も各地で行った。廃庁地から統合先までの距離や時間を、車を使って計測
し、基準に合致していないものについて指摘した。すなわち、統合ありきで
進められていることが透けてくるものであった。

　また、この頃、羽幌の司法書士である後藤英文さんが、統廃合された羽幌
出張所の廃庁の無効を訴え、国を相手に行政訴訟を提起した。この訴訟では、
争訟性がないとして退けられた。統廃合の反対運動を担ってきたのは、全青
司の統廃合対策委員会であるが、委員会では地域の人たちがなし崩し的に、
登記所が廃庁になっていくのを手をこまねいてみているだけでなく、国を相
手に訴訟を提起する人たちの存在を知り、これについても支援していくこと
にした。

　これにより、全国8法務局管轄内のうち、九州、近畿ブロックを除く6ブ
ロックで9件の訴訟を支援した。

　広島法務局管内でも、2件の訴訟が提起された。加計出張所と千代田出張
所がどちらも可部出張所に統合されることの差止めを争ったものである。ど
ちらも、原告は60名を超える法人であった。いずれもこの管内に本店を設置
し、あわせて不動産も所有している事業者であり、廃庁には利害関係がある
人たちである。廃庁地の町長や議会の議長が個人として訴訟を提起したとこ

ろもあった。

4　全青司はなぜこの運動を始めたのか

　この当時は、いわゆるクレサラ問題が全青司の抱える大きな課題であった。われわれは、どちらも人権問題が根幹にあり、同じ問題であるととらえていたが、統廃合問題に興味をもつ者はあまりいなかった。委員会を開催しても、クレサラ関係には50人を超える人数が集まるが、統廃合は10人に満たないという状況であった。しかし、全員が思いを一つにした集団であった。当然クレサラ問題も掛け持ちをしている委員もいた。それは、過疎地の司法書士にはどちらも同じ問題であったからにほかならない。

　全青司の代表者会議や地域へ出かけて行ったときに、なぜ統廃合の反対運動をするのかとよく聞かれた。クレサラであれば業務に関連し、経済的な対価も認められるが、統廃合問題には何もない、ましてや国に逆らって睨まれるだけではないかとよく言われた。

　われわれ司法書士の立ち位置はどこにあるのか、今でこそ司法書士法が改正され、国民の権利擁護と公正な社会の実現をめざすことを使命規定に掲げたが、その当時は法文上そのようなものはなかった。司法書士制度はこれを利用する市民によって支えられている。司法書士はその業務によって、市民から対価を得ており、市民の側に立つ職能である。登記所の統廃合は、住んでいる地域によって、行政サービスに差が出てくる。これは行政効率の前では当たり前のことで、そこの住民は甘受すべきなのか。地域の自治体でも同様である。まさしくその職務範囲内で市民に不利益が生じようとしているのであれば、拱手傍観することなくその手助けをするのが職能として当然のことではないかということである。

5　この運動で何がわかったのか、全青司にお願いしたいこと

　この運動で、地域を回っていて気が付いたことは、全国には組織されていないが、司法書士業務に誇りをもち、能力も意欲もあり地域に根づいた活動を真摯に行っている司法書士がたくさん存在し、制度を支えていることがよくわかった。そして、中央に出てきている人間が必ずしも有能で、制度を支

えているのではないということもわかった。また、司法書士が国に対しても、地域の首長に対しても、きちんと物を言えるということを経験してもらったことは大いなる成果であった。

令和元年（2019年）司法書士法の改正により、使命規定が創設され、国民の権利擁護について明文化されその立ち位置が明確に示された。地方の青年会の活動を見ていると、職務上のノウハウを取得するための実務研修に力を割いていることが多々ある。当然経験不足を補うための研修は必要であろうと思うが、業務に埋没してしまうと未来が見えなくなる。全青司は日司連に追従する団体ではなく、司法書士制度の先駆けたるべき活動をすべきである。ともすれば、日司連役員の候補者のファームのごとき体裁をしているように見えることもある。日司連はしくみ上保守的な組織であり、決して先駆けたることはできない。全青司こそがこれを担えるのであって、単位青年会は全青司を批判し、全青司は日司連を批判する組織であるべきだ。批判は、その先が見えていないと意味がなく、その批判の対応策の実現をめざすべきである。情報は自ら収集し、必ず現場に臨場すること。日司連で官僚のごとき振る舞いをめざすべきではない。また、民事局に従うことを良しとせず、自らの方向性を示すべきである。

本当に大変であると思うが、がんばっていただきたい。制度の未来は皆さんにかかっている。

7　原野商法について

東京司法書士会

加藤　政也

1　原野商法

　原野商法とは、経済的価値がないか著しく少ない土地を、あたかも価値があるように、あるいは、近い将来価値が高くなるかのように宣伝して売りつける悪徳商法のことである。そのような手口の商法は、1960年代（昭和30年中頃から昭和40年）頃からからみられたが、1980年代（昭和50年半ば）にピークを迎えたようである。当時多くの国民がもっていたとされる中流意識の中で、別荘の所有を望む傾向を利用した詐欺商法だった。原野商法の勧誘は、新聞の折り込み広告や雑誌の広告などを使って盛んに行われていたようである。対象となった土地は、主に北海道と関東の那須周辺であったが、そのほかに東北や関西の一部にもあったと聞いている。

　全青司では、1990年前後（平成に改元された前後）から、原野商法を悪徳商法として対応すべきではないかとの認識をもち、主に北海道で行われた原野商法について、現場の調査や被害者との接触をもつこととなった。現場の調査は、釧路近辺と千歳周辺で行い、筆者は千歳周辺の調査に参加した。

2　原野商法の手口

　原野商法は、現実には存在しないリゾート開発があたかも進行しているかのように標榜したり、当時計画段階であった東北・北海道新幹線等の建設や高速道路建設の計画とリンクさせて、対象となる土地の価値が上昇することを匂わせて勧誘するという手口が多かった。一方で、原野商法の対象となっ

た被害者は、原野商法の舞台から離れた都市部の人が多く、しかも、やはり対象物件から離れた温泉等に招待して勧誘が行われた。今では、東京から北海道や東北地方に移動することは比較的容易で、航空運賃も安く手に入れることが可能になっているが、当時はそれほど気軽に現地にいくこともできないまま、契約をしてしまうことも多かった。また、現地を見たいという要望があることに備えて、現地に看板を立てたり、元々はなかった白樺などの樹木を植えたりして、別荘地のような雰囲気を出す演出をしたり、実際の対象地ではなく、別の土地に案内するなどの手口を用いる業者もあった。原野商法に不可欠の土地の登記については、元々一筆である土地を、地図上は整然とし、隅切りをした道路が存在するような筆界を設けた分筆登記がなされていた。

3　原野商法の対象となった土地

　原野商法の対象となった土地は、原野商法という名前から想像するような、物理的に建物が建てられないような地形や、奥深い土地であるかのような印象を受けるが、筆者が見た現場は、そのような場所はむしろ少なかった。もちろん、草深く地盤も軟弱であり、当時は存在したであろう境界標も見当たらない場所もあった。しかし、高台で見晴らしがよい場所や、平坦地で建物を建てても問題がなさそうな場所も多く、都市部の居住者であれば、このような場所に別荘を建てたくなるような印象すら受けた。しかし、地元では、売り出し価格の100分の１でも買い手がつかない土地だと聞き、また、建物を建てるとなると、開発行為となり、下水処理施設や上水設備を自ら準備しなければならないことや、冬期には地面が凍結し、打ち込まれたプラスティックの境界杭が、地面から飛び出してしまうような場所もあり、実際には建築が不可能な場所であった。現に、調査した４カ所とも、建物は一棟も建っていなかった。

4　原野商法関連の詐欺商法（二次被害）

　かつての原野商法の被害者や被害者の相続人が、この原野商法となった土地について、別の手口による詐欺被害を受けることを、原野商法の二次被害

といっている。

　原野商法の実態がマスコミに取り上げられ、首謀者たちが逮捕されるなどによって、原野商法自体は一応終息したが、その後、対象となった原野について、「開発計画が浮上して購入希望が入りそうだ」、「現在雑草に覆われてしまっていて自分の土地がわからなくなってしまうと他人に時効取得される危険性がある」、「地籍調査や公共事業が行われる」として、あらためて土地の測量を実施して境界を明確にしておく必要があると、測量代名目で金銭の支払いをさせる詐欺商法（このような詐欺商法を、「測量商法」という）が出てきた。やっかいなのは、稀にではあるが、本当に開発計画の対象地になることもあるので、その見分けがつきにくいことであり、必要でない測量であったとしても、実際に測量らしきことをした形跡があることである。

　測量商法も、原野商法の詐欺グループと関係がある者たちが行っているものと思われる。測量商法が、原野商法で利用された名簿を利用していると思われるからである。これにより、原野商法で受けた被害に加えて、測量等の費用を詐取されるという二重の被害が生じたのである。また、このような被害は、原野商法の被害者の相続人に及ぶことも少なくない。原野商法の被害者が比較的高齢であったことから、その被害者に相続が生じ、事情を知らない相続人が詐欺の新たなターゲットになるからである。

　さらに、購入した土地について、嘘の売却話を持ち込む詐欺行為による二次被害が、現在でも報告されている。手口としては、別の原野を高額で買い取らせることを条件として、現在所有している原野を下取りするもの（売却勧誘（下取り型））や、現在所有している原野の買取りに必要だとして、さまざまな名目の費用を要求するもの（売却勧誘（サービス提供型））である[1]。また、外国人による日本の不動産資産購入が増えていることを背景に、海外富裕層をターゲットとして、法外な価格で日本の土地を購入させるような、外国人を相手とする原野商法が増えているともいわれていて、新たな形の原野商法が問題となる可能性もある。

1　「売却勧誘（下取り型）」「売却勧誘（サービス提供型）」は、独立行政法人国民生活センターの命名による。

5　所有者不明土地問題と原野商法

　現在、所有者不明土地が国家的な問題となっており、2019年から開催されている法制審議会民法・不動産登記法部会（以下、「法制審」という）では、この問題の解決のための民法と不動産登記法等の改正の検討をしている。

　原野商法の被害を受けた購入者は、高齢となっていて、すでに亡くなっている人も少なくない。このような中で原野を相続した者は、原野が無価値に近いにもかかわらず固定資産税を支払う必要がある場合もあり、そうでなくとも所有していること自体が負担と感じて、原野を手放したいと考えることが少なくない。しかし、実際には、このような土地の購入希望者を探すことは難しく、この土地を寄付しようとしても断られることがほとんどである。所有権を放棄したとしても、直ちにその所有権が国庫に帰属するという処理もできずに、実際にこのような土地の所有から離脱することは難しい。この点については、法制審で、一定の要件を満たす場合に、所有権を放棄できることを明文化しようと検討しているので、その枠組みの中で解決できるようになるかもしれない。

　また、法制審では、相続登記申請を義務化することを検討している。しかし、これについては、前述した原野商法の二次被害は、対象となった土地に相続が生じたことを察知した詐欺グループが、事情を知らない相続人をターゲットにすることで生じることも少なくない。そのような観点から、筆者は、相続財産の中に原野が含まれているときには、相続登記をしばらく控えるか、原野商法の対象となった土地であることと、二次被害を発生させる詐欺の手口などについて、相続人に説明して理解してもらうようにしている。しかし、相続登記を控えることを勧める対応は、所有者不明土地を増やすことに助力するともいえるし、相続登記申請が公法上の義務であるとされれば、このような手段をとることもできず、二次被害を拡大させる懸念もある。

　これらの状況を考えると、原野商法の対象地について、有効な措置や法制度などを考える必要があると思う。

6　全青司のかかわり

(1)　かかわりの初め

原野商法が行われた当初は、これが詐欺商法であると認識する者は少なく、通常の別荘地の分譲のようにとらえていた。マスコミなどが取り上げるようになったのは、1980年代（昭和50年代の後半）頃だったように思う。同時期に被害者が連係して、救済を求める活動を始め、全青司会員の一部が問題意識をもって、全青司による救済活動の必要性を主張した。その時期は、第二次サラ金パニックといわれるクレジット・サラ金被害者救済の活動をすべきかが検討され始めた頃と重なり、当時の全青司では、社会問題（消費者問題）に関する二つの取組みとされ、現在の消費者問題への取組みの端緒となった。

(2)　情報の入手とデータベース作成

全青司では、当時問題となりつつあった測量商法（原野商法の二次被害）への対応を視野に入れて、相談や登記申請の受託をする際の資料とするため、原野商法の対象地域の地図を作成し、登記情報（登記簿謄本）を入手して、データベースを作成した。一人でこの作業を行った会員は、その後被害者団体とかかわっていくこととなった。

(3)　訴訟活動と全青司のかかわり

その後被害者団体は、損害賠償を求める訴訟活動を行っていくこととなったが、加害者は、受刑中であったり、すでに刑期を終えて出所していたりして、いずれも行方がわからず、直接賠償を求める手段が見出しにくい状況であった。そのため、対象地の分筆にかかわった土地家屋調査士と所有権移転登記を代理した司法書士に、専門家責任を問う内容の賠償訴訟を提起した。

当時、司法書士の間では、原野商法と司法書士業務との関係について異なる議論があった。司法書士に責任を問うのは難しいという立場からは、登記を行った当時、その原因となった売買が原野商法であることの認識は望めなかったのであり、別荘の分譲などと切り分けて理解することは不可能だったとし、たとえ詐欺商法であったとしても、司法書士がかかわるのは、代金支払いなどの履行が終了した後であることから、せめて対抗要件を備えることのほうが被害者にとって有益であり、登記申請の代理をすることを非難でき

ないというものだった。これに対して、司法書士に専門家としての責任があるという立場からは、単独の案件であれば、詐欺商法であることの認識は難しいだろうが、対象地を知っている司法書士であれば、建物建築が可能かどうかの状況を知っていることも多いだろうし、ある程度まとまって受託しているときには、価値のない土地の売却が組織的になされていることを認識できたのではないかと主張し、また、売買後の登記を申請することはしかたがないとしても、価値がない土地に関する登記が大量になされることについて、これを公にしていれば、事後の被害を軽減できたのではないかと指摘した。

　これらの意見の相違は、全青司内部にきしみを生じ、被害者団体の訴訟を支援することについては、一部の司法書士の個人的な対応として、状況を全青司に情報提供することにとどめるという対応となった。それでも、全国研修会の会場で分科会を設けて、報告会を開催するなどして、一定の活動を続けた。被害者団体の訴訟活動は、最終的に裁判所の勧告もあって和解で終了したが、司法書士による、登記原因等の実体把握の重要性が認識される契機の一つになったと思う。

7　残る思い

　原野商法の被害者は、土地の値上りを期待してひと儲けしようとして詐欺に遭ったのだから、いわば自業自得だという意見を聴くことがある。しかし、実際の被害者をみると、投機目的で原野商法の対象となっている土地を買った人ばかりではない。筆者には、そのような動機で被害に遭った人は少ないように思えた。

　対象となった土地によるかもしれないが、筆者が調査した千歳周辺の被害者の多くは、都市部に居住している、すでにリタイヤしたサラリーマンや公務員が多かったと思う。リタイヤした後に、自然の豊かな場所で老後を過ごすことを夢見たり、大きな財産を残すことができないままリタイヤし、子孫に残すものがないと思っていたところ、将来、新幹線が開通するなどで便利になるといわれる場所に、別荘を残すことができそうだというような話があり、騙されてしまった人が多かったと思う。しかも、詐欺グループは、被害者のかつての職場の上司を騙し、その元部下たちに声をかけさせていたとい

う事例もある。もとより、この元上司も被害者であり、よい話だと信じて部下たちを誘ったのだろう。しかし、結果は、価値がなく処分できない土地を、高く買わされてしまったのである。騙されたことで自分を責め、そのことを子や孫に話すこともできずに、関係書類はしまい込まれてしまう。そのため、被害者が亡くなった後に、遺品の中から知らない土地の登記済証が出てきて、相続人が驚くというような事例も少なくない。相続人である子や孫は、前述のように、それが原野商法の土地であることを知らないことで、さらに、二次被害を生むこととなり、それが今日でも後を絶つことはない。

　すべての詐欺商法にいえることだが、詐欺グループは、騙しのプロであるから、被害に遭う人に落ち度はない。むしろ、善良に生活してきた人ほど被害に遭うように思う。このような、理不尽な事件に遭遇したことが、その後、筆者が全青司にかかわり続ける要因の一つとなったのだと思う。

8 クレサラ被害救済活動

静岡県司法書士会
古橋　清二

1　はじめに

　かつて、全青司が主催するクレサラシンポジウムという集会があった。第1回のクレサラシンポジウムは、名古屋市内の社務所の会議室のようなところで行われた。私が呼びかけ人になり、50人くらいが集まった。

　それは、台本も、進行の次第もないシンポジウムだった。ただ、「クレサラ問題について議論しよう」という呼びかけで、全国から約50人が集まったのである。しかし、まるでシナリオがあったかのように、あっという間に2日間のシンポジウムが終わった。結局、集まった司法書士の問題認識はある程度のところで一致していた。だから、一つの話題に触れればそれに関して議論がすぐに盛り上がっていった。

　当時クレサラ問題に取り組んでいる司法書士は、ある意味「変わり者」だった。「弁護士法違反ではないのか」「どうして金を返さない奴の味方をするのか」などと、地元の司法書士の理解を得られないこともあったと思う。そうした鬱積した状況の中で集まった者同士、議論も盛り上がり、大満足して地元に帰っていった。

　全青司主催のクレサラシンポジウムは8回ほど開催され、その後、日司連が主催するようになり、今でも、名称は「消費者問題対策セミナー」等に変遷しているが脈々と受け継がれている。

　司法書士が、その後、クレサラ問題に少しずつ積極的に取り組みだし、その後、当然のように行われるようになった債務整理であるが、今思えば、そ

の起点はこの日にあったのかもしれない。

2　クレサラ問題

　1990年に司法書士登録した私であるが、まさか今のように裁判業務を数多くやることになるとは考えていなかった。当時は「クレサラ」という言葉も知らなかったし、その頃は、司法書士で「クレサラ」という言葉を知っていた（問題の本質も含めてという意味で）のは、ほんの一握りではなかっただろうか。

　私のクレサラ問題との出会いは、そんな開業してまもない頃だった。

　ある日、近所の弁護士さんから「金融業者に借入金を返済する人がいるから、担保の抹消をしてくれませんか」という電話があった。債務者と弁護士さんと私とで、今でいうマチ金から抹消書類を預かり、それはそれで、どうということなく終わった。

　数日後、その債務者Hさんがお姉さんといっしょに事務所を訪れてきた。債務者の口から出てきた言葉は意外だった。

　「まだ借金があるんです……」

　例の弁護士さんに相談したほうがよいとアドバイスしたが、忙しくて手が回らないと断られたらしい。

　さて、困った。まだ借金があるって言ってるし、どうも払うお金もないみたいだ。さて、どう対応したものか……。

　ともかく、書面にあたるのが鉄則だから、「まず、持っている書類があったら見せてください」とお願いしたところ、この前行ったマチ金以外の伝票など、書類は数種類あった。地元の個人から借りたと思われる契約書みたいなものもあった。そして、とどめは、裁判所から届いている電話加入権の差押命令だった。

　「なんだコリャ。いったい何をどうしたらいいんだ」

　正直、そう思ったが、渡されたシワクチャな書類を見ていて、おかしなことに気がついた。それは、借入金の利率だ。書面には年利40％前後の数字が記載されていた。

　司法書士試験受験の際、利息制限法は勉強した。しかしそれを超える高利

である。どうして40%という利率がまかりとおるのか疑問だらけだ。

　1990年当時、まだ、こうしたサラ金問題に関する書籍などはほとんど書店に並んでおらず、利率の問題という「いろは」の「い」から調べなければならなくなった。

　調べてみると、出資法との関係はすぐにわかった。そして、これらの法律をつなぐ糊みたいな条文である当時の貸金業規制法43条も、細かな理解はともかく、なるほど、そういうしくみになっているのかと、次第にわかってきた。

　しかし、出資法を見ていて、どうしてもわからないことがあった。それは、今ではなくなったが、電話担保金融の特則である。

　当時、出資法の上限利率は年40.004%とされていたが、特例として、電話担保金融は54.75%とされていたのだ。

　なぜそこに興味をもったかというと、Ｈさんの借入先の一つに「マルフク」という電話担保金融があったからだ。

　調べていくと、「電話加入権質に関する臨時特例法」という法律があることがわかった。その中で、「電話加入権を目的とする質権を取得することができる者は、国民生活金融公庫……及び事業協同組合に限る」（同法2条）とされていた。だから、マルフクの場合、債権者である株式会社マルフクではなく、「マルフク事業協同組合」が電話加入権を担保に取っていたのである。そして、「質権者が電話加入権を目的とする質権の実行をする場合においては、裁判所は、質権者の申立てにより、質権者に当該電話加入権の換価をさせることができる。ただし、質権者が第二条本文に規定する者以外の者である場合は、この限りでない」（同法11条1項）とされていたのであった。

　一般的には、差押えの手続は「民事執行法」で規定され、裁判所で競売が行われるのに、電話加入権については、この法律により、裁判所が換価命令を出すことによって、実質的には債権者が自分で換価してしまうことを許していたのである。

　当時、「マルフク」という看板はいたるところにあった。由美かおるや水原弘のキンチョーや、大村昆のオロナミンＣの看板よりもはるかに多いことに以前から気がついていた。「いったい何の会社だろう」と思っていたが、

サラ金だとは知らなかった。

　マルフクの差押えをどうするか。これが問題であった。

　話を聞くと、実は、ある男に頼まれ、実印などを渡してしまい、その結果、マルフクから借りられてしまったということであった。

　電話加入権の差押えは質権に基づく担保権の実行であるから、担保権設定の契約成立を否認することができれば、担保を解除することができる。

　もし、今、この相談を受けたとしたら、おそらく、担保設定契約を否認することは難しいと考えるだろう。なぜなら、本人の実印が書面に押されている以上、その印影は本人の意思によって押されたものと推定され、本人の意思によって作成されたと推定されてしまうからである。

　しかし、私は、当時、そんなことは全く思いも及ばなかった。とにかく、本人の意思による借入れではない。本人の意思による担保設定契約ではないのだ。そういう意味では「乱暴」というか、「若気のいたり」だったかもしれない。

　まず、執行裁判所に対し異議を申し立てた。そして、簡易裁判所に対し、債務不存在と電話加入権の質権抹消請求の訴状を提出した。本人の名前を使った名義冒用だという理由である。

　結果は、あっけなく勝訴。相手方の欠席判決だった。しかし、これも今考えればちょっと恐ろしい。もし私が相手方の代理人だったら、「二段の推定」を主張し、本人につきまとっていた男の代理権を持ち出して争ったことだろう。そうなると、原告としては非常に歩が悪い裁判になってしまっただろう。

3　クレサラ問題を通じて

　そのほかにも、この件に関してはさまざまな裁判手続をとることとなったが、新人司法書士である私に依頼したこの方の事件は何とか終わった。訴訟事件としていくつかの手続を行ったが、いずれも訴額は極めて低額な事件であった。しかし、これらの事件は、私に対しさまざまなインパクトを与えてくれた。

　その一つは、利息制限法を超える利息が世の中でまかりとおっていることに対する驚きである。それまで、サラ金とは全く無関係に生きてきた私にと

って衝撃だった。

次のインパクトは、世の中には、必ずしも合理的ではない行動をとる人たちが厳然として存在するということである。

人が多重債務に陥る原因はまさに十人十色である。しかし、一定程度の割合で次のような特徴がある。

まず、慢性的な生活費不足である。会社に勤め、アパート代や住宅ローンを支払い、車のローンを支払いながら家族を養い、毎月の貯金はせいぜい5000円という生活の、どこが中流なのか。

50歳を過ぎて、同じ会社に10年以上も勤めながら、給料は手取り15万円なんて人はざらにいる。新卒大学生の初任給よりも少ない。

また、利息について理解できない人たちがたくさんいる。多重債務者は、利率の高低よりも、毎月いくら支払えばいいのかということを重要視する。

そして、こうした人たちが一定程度存在していることは間違いない事実である。低所得者層、貧困層などと一口ではくくることができないが、そうした層が間違いなくある。

私は、それまで、そうした層の人たちと無縁であったかといえば、よくよく考えてみると、そうでもないことに気がついた。

小学校の頃を思い出した。クラスに40人程度の生徒がいた。クラスの中には、勉強ができる者、できない者もいた。小学生とは思えないほど絵のうまい者もいた。学区に裁判所があったので、今考えてみれば裁判官の子どもだった者もいた。一方で、同じ学区に拘置所もあり、そうした子どもを預かる施設もあったので、そういう子どもたちもいた。ひょっとしたら、同級生の親が、別の同級生の親を裁いていたのかもしれない。

それぞれの家庭はいろいろな事情を抱えていたかもしれない。でも、クラスのみんなで支え合い、お互いを助け合って卒業していった。

そうしたクラスが、まさに社会の縮図であったとすれば、先ほどの一定の層の人たちも、この社会でいっしょに生きている仲間であるはずである。では、そうした人たちがもっと知識を得て、金利の感覚を研ぎ澄まし、賢く生きようとしないからその人たちが悪いのだろうか。

勉強しない者が悪い、金利のことがわからない者が悪い、そういう者は自

己防衛ができなくてもやむを得ないという考え方があったとしたら、それは
恐ろしい社会の再来だ。

　そうした一定の層の人たちが厳然として存在する、そうしたことを前提に
私のできることをするというのは当然のことであると考えたのである。

　その頃から、大先輩であり、全国でも、裁判事件を取り扱う有名司法書士
として活躍していた清水市の芝豊さん（故人）が、新人である私に、よく声
をかけてくれた。毎日のように電話で話をするうち、それぞれ抱えている裁
判事件について、その書面をファックスでやりとりしてお互いに勉強しよう、
とまで言ってくれた。そして、実際に、裁判書類をやりとりして、相互の意
見を交換するようになった。

　そんなある日、芝さんから私の自宅に電話があった。

「古ちゃん、俺、入院するよ」

「え？」

「ガンだよ、ガン。もう歩けないってさ」

　私は愕然とした。

「そんなこと言われても……」

　僕は言葉が続かなかった。

　芝さんの腫瘍は良性だった。手術して腫瘍を除去するというが、その手術
も、ちょっと間違えば神経を傷つけてしまうという。しかし、芝さんはそん
ないくつもの苦難を乗り越え、手術も成功し、退院した。奇跡的だった。

　その後まもなく、静岡市で静岡青年会の役員会が行われた。私も消費者問
題対策委員として参加していた。

　役員会では年間の事業計画や、各担当の事業執行について話し合いが行わ
れていたが、どちらかというと和やかな雰囲気であった。消費者問題につい
ては、委員長から「多重債務の問題に対処するため、クレサラ110番を行い
たいが、まだまだ会員の資質向上が必要である。破産法の勉強から始め、じ
っくり準備したい」という趣旨の発言がなされ、議場はおおむねその方向に
動いていた。

　その時、前触れもなく芝さんが役員会に顔を出した。そして、しばらくそ
の議論を聞いていた芝さんが突然発言をした。

192

「何をのんびりしたことを言っているのか。君たちが勉強をしている間に人が死ぬぞ！」

議場は、それまでの和やかな空気から一変して張りつめたものとなった。

芝さんは、実際に受任している事件について、依頼者である女性がどのような立場に立たされているか、芝さんの事務所にたどり着くまでにどのような人生を送ったか、前は海、後ろは山、その間に挟まれた東海道線の線路のうえで、一人で何を考えていたかなど、驚くべき話を訥々と話し始めた。

役員会は、芝さんの話に圧倒され、何も決まることなく散会した。

数日後、私を含め、数人の有志が芝さんの事務所に集まった。芝さんはコピー機をフル稼働して、集まった司法書士に資料を配布し、丸一日、サラ金問題の本質、破産手続の概要などについて講義した。充実した一日だった。

芝さんは、ほどなくして、研修会の趣旨を綴った「破産手続に関する研修会のご案内」と題する文書を起案し、私に送ってくれた。私は、研修会場を予約し、県内の会員全員にその案内を発送した。

平日の夜7時から、呼びかけ人は司法書士会でもなく、青年会でもない。芝さん個人という研修会に、県内から約80人の司法書士が集まった。

まだ体調が万全ではない芝さんだったが、2時間の講義はそれを微塵も感じさせないすばらしいものだった。芝さんは、「安易な債務者責任論から脱却せよ」と何度も繰り返した。

会場は静まり返って芝さんの話に耳を傾けた。芝さんの講義は本質を突いたものだった。

研修会の司会を務めた僕は、最後にこう言って研修会を閉会した。

「2カ月後、電話相談として、クレサラ110番をやります。大勢の方に参加していただきたいと思います」

病み上がりにもかかわらず熱い講義をした芝さんにつられ、クレサラ110番開催を宣言した私は、次の準備に入った。

芝さんの講演に約80名の司法書士が集まったものの、その後、研修会を重ねるにつれ、40名、30名と参加人数は減少していった。

でも、私はそれでもかまわないと思った。「僕もクレサラにかかわっている」というポーズだけの司法書士はいらない。110番の趣旨に本当に賛同し

てくれる人だけが残ればいい。私はそう考えて研修を続けた。

　いよいよ110番の前日を迎えた。私たちは、夕方静岡に結集し、最後の研修として、どこから手に入れたか忘れたが、全国クレジットサラ金問題対策協議会の事務局長である木村達也弁護士のビデオを観ることにした。

　「本当に大丈夫なのか」「自分たちにどれだけのことができるのか」。研修会場は、どちらかというと不安の空気が支配していた。

　と、その時、遅れて芝さんが到着した。そして、瞬時にその空気を察して言葉を発した。

　「腹をくくれ」

　私たちはハッとした。最初の研修から始まって、20人程度まで人は減ってしまったが、私たちは十分な準備をした。このサラ金問題に正面から取り組むんだという思いだけでここまで来た。もう前に進むしかないのだ。

　翌日、110番は午前10時からの電話による相談であったが、9時すぎからテレビの取材が数社駆けつけてきた。

　夕方5時まで、相談は23件だった。中には、家族数人が自殺に追い込まれたという緊迫した相談もあった。

　こうして、私たちの初めてのクレサラ110番は終了した。

　当時の司法書士のクレサラに対する事件処理は、かなり厳しいものがあった。なぜなら、当時はクレサラに取り組む司法書士はほとんどおらず、クレサラ業者も司法書士がクレサラに取り組むことに違和感をもっていたからだと思われる。

　問題は、相談を受けて受任した後、どうやってクレサラ業者の取立て行為を止めるかであった。当時の貸金業規制法、大蔵省通達は、「弁護士が受任した旨の通知、または裁判手続をとった旨の通知を受けた場合には正当な理由なく取立てをしてはならない」とされていた。

　つまり、弁護士の受任通知がクレサラ業者に到達すれば取立行為は禁止されるが、司法書士の受任通知では取立禁止効は発動しないのである。

　この問題について、私は、大蔵省通達の中の「裁判手続をとった旨の通知」という規定に目をつけ、相談を受けたら、なるべく急いで破産等の裁判手続を申し立て、裁判所で付けられた事件番号等を併記して、「裁判手続を

とった旨の通知」を送るようにした。

　また、こうした申立ては、書類は司法書士がつくるにしても、本人申立てであることには変わりはないので、本人名の通知書に司法書士が書類作成者として氏名を並記するというスタイルをつくっていった。

　当時は、相談を受け、そこで方針を協議し、破産の申立てが必要だということなれば必要書類を指示して、早急に破産申立ての準備に入り、早ければ２日で申立てが完了する。そして、債務者名で、債権者に対し破産申立てをした事実を通知し、その書面に、書類を作成した司法書士として今後の手続に協力してほしい旨司法書士が奥書しておく。

　そうした、極めてハードな作業を繰り返し、とにかく裁判所に事件を係属させて取立行為を止めた。もちろん、費用などいただけないことも少なくなかった。

　そして、そうした通知を債権者に郵送すると、たとえば10社の債権者に通知すると、翌日には、ほぼ10社から事務所に電話がかかってくる。電話の内容はといえば「司法書士でもこういう業務をするんですね」なんて嫌味をいうのはまだかわいい。

　「いったい何の資格でこんなことをやってるんだ」「非弁（弁護士法違反）じゃないか」

　ほとんどこの手の電話だ。いずれにしても、当時はそうした凄まじい攻防を一日中やっていなければならなかった。

4　最後に

サラ金業者が「非弁」をネタに攻撃してきた事件は、私を含め、いくつも記憶に残っているが、あまりにシリアスすぎてここに書くことはできない。

　しかし、そうしたことよりも、まさに被害者としかいいようのない目の前の人たち、それも、業として裁判書類作成をしている者に助けを求めてくる人たちに手を差し伸べること、そして、書類作成という限定的な方法ではあるが身を挺してサラ金業者に対峙するということのほうが大切なことだった。

　その時代を通ってきた私たちは、それなりに法を研究し、対処法を自ら考え、一つひとつ乗り越えてきたという意味においては幸せなのかもしれない。

また、その時代をくぐり抜けてきた仲間をみると、一様に打たれ強く、精神的にタフである。

　クレサラ問題のように、身を挺さなければ対応できない問題はこれからも出てくるだろう。そうしたとき、法律家としてのマインドが私たちを奮い立たせるのである。

9 貸金業規制法改正活動

熊本県司法書士会

稲本　信広

全青司の設立より50周年を迎えられること、心より祝福申し上げる。私の人生より長い間活動されたきた全青司が発足から今日に至るまで活動を継続し、今もなお、あらゆる社会のひずみや事象に対して積極的にかかわり市民の権利擁護および法制度の発展に努めていることができるのは、まぎれもなく全青司のその時々の役員や中心となって活動している現場の青年司法書士の努力の積み重ねである。

1　はじめに

司法書士としてかかわることのできる社会のあらゆる問題の中で、その時代によってトピックスは違えど、すべてに共通するのは、全青司が社会正義の実現に寄与することを設立の目的に掲げ、これを無欲に追い求めていることではないか。

「制度は後からついてくる」という業界格言がある。現実の社会問題に直面した若い司法書士たちがその専門性を発揮して法的解決を模索し、あるいは全国の仲間と一致団結して行動を共にする姿に共感をし、社会から指示を得た職能集団として新たな社会や制度の担い手となるべく実現したのが平成14年（2002年）司法書士法改正や令和元年（2019年）司法書士法改正である。

わずかな経験ではあるが、私が経験した消費者問題とそれに関する全青司の活動を記したいと思う。なお、過去に全青司では「全青司　金利引き下げ活動の軌跡」を発刊しており、私もその執筆者として寄稿していることから、違う視点にて寄稿させていただく。

2 クレサラ相談会

　私が司法書士になったのは2000年12月のことである。当時も今も私の地元である熊本市の繁華街では多くのネオンが煌めき、観光客や地元の客で賑わいをみせており、街中にはたくさんの酒場等が立ち並び、少し中心街から外れにいくと違う色のネオン街がある。今では、この程度の表現が妥当なところだと思うが、当時の熊本市街の雰囲気は違ったものであった。

　ありとあらゆるビルで「○○ローン」「ローンズ○○」「即日融資」「ブラックOK」などといった看板が立ち並び、それらの店では、入口は決まってガラスの扉に色の入ったシート等で被われ中が全く見えない店舗になっていた。そそくさと店の中に入り、ほかの人の目につかないように人が出てくる。そんな光景が日常茶飯事であった。

　私の最初の司法書士人生は、その2000年に始まる。当時補助者として勤めていた司法書士事務所においてそのまま登録をさせていただいた。その事務所においては、不動産登記や商業・法人登記が多く、特に当時はバブル時代に借入れをした、今と比べるとかなり利息の高い住宅ローンを利用して、自宅土地建物に設定した抵当権を別の金融機関で低金利の住宅ローンに借り換えるための不動産登記の仕事が多く、いわゆる「借り換え」事件として、抵当権設定、抵当権抹消登記等をする事件に恵まれ、司法書士が仕事に困らない時代だったように思う。当時の商法においても、役員の任期が2年ということから法人から一定の期間で必ず役員変更登記の依頼があり、それを機にそのほかいろいろ相談が舞い込むという時代であった。

　そのような時代に、時の熊本青年会会員たちは、いわゆる「お金にならない（と言われていた）」仕事として、クレサラ事件、つまり「多重債務事件」を社会問題として受け止め、個々の解決をしていた。以前は、そのような仕事は弁護士がすることではないといった声もちらついていた時代で、多重債務の相談というと決まって熊本青年会の会員に話が来ていたように思う。熊本青年会では当時より毎週木曜日の午後6時から8時まで「クレサラ相談会」を開催しており、毎回毎回相談者が並ぶような状況だった。

　ある人は、「サラ金からお金を借りて返せません」、またある人は「日掛け

（日掛け金融業者）から借りたけど膨れ上がって連帯保証人もつけられてどうしたらいいかわかりません」、「金利が高くて、返しても返しても借金が減りません」といった相談を受けた。当然2000年当時は司法書士に簡裁代理権もなく、またいわゆる「任意整理」という手法が確立された時代でもなかったため、その多くが「自己破産」申立書類の作成により解決を図った。ちょうど同じ頃、特定調停手続（特定債務等の調整の促進のための特定調停に関する法律）や個人再生手続（民事再生法）が整備され司法書士の書面作成による支援の手段の増加によりさらに広がりをみせていた。

3　3秒の間

　私が、多重債務に関し最初のうちに受任した事件で印象的な事件があり、この事件を「3秒の間」と題して各地で紹介していた。

　その事件はご夫婦と幼い子ども二人のご家族の依頼であった。ご夫婦は結婚式当時、他人に騙され多額の借金をしてしまい、返済が苦しくなり遂に高金利の借金をしてしまい、その返済をするために家計を切り詰め、最後には子どもの食事代にも事欠く状況に追い込まれていた。ご夫婦二人とも窶れており、この人たちはこのまま誰も手を差し出さなければ「もしかして……」ということが私の頭をよぎった。

　後日、書類作成の打合せのため、お母さんと子ども二人で事務所に来られた。打合せ途中で幼稚園児の女の子がトイレを借りたいとのことで、お母さんと二人でトイレに向かった。私が小学生の長男と面談室で二人きりになり、ふと、「飯ゃ食たかい？（ごはんたべたかい）」と問いかけたときのことである。その男の子は「3秒」ほど沈黙した後に首をコクリと縦にうなずいた。私はこの3秒にものすごい違和感を覚えた。「ご飯食べたかと聞かれたら、食べたと答えなさいってお母さんに言われた？」と尋ねると男の子は涙を浮かべ始め、またさらにコクリ。

　お母さんが女の子と戻ってきたので、事情を聞くと、小学生の男の子には平日は学校給食しか食べさせていない。女の子には近所の人がいくらか分けてくれる。自分たちはここ数日あまり食べていないとのこと。

　「自己責任」といわれてきた借金問題が、責任ない年端もいかない子ども

にまでこのような苦しみを与えているということに気づかされた事件であった。個々の相談者の解決を積み重ねるだけでは永遠にこの二人の子どもたちのような苦しみは解決しない。

4　3K

　当然、熊本だけではなく同様の苦しみと直面した青年司法書士たちが全国各地におり、全青司は、まさに当時からこの問題を取り上げ、社会問題として活動に取り組んでいた。

　「高金利」「過酷な取立て」「過剰貸付け」この三つを総じて「3K」と言っていた。金利が高いため、貸せば貸すほど儲かる。返さなければ高圧的態度で取り立てる。貸す側からすればこのようになるが、借りる側からすれば、金利が高いため、返せずさらに貸金業者の勧誘で借入れをする。そして返せないと怖い取立てにあうのでさらに別のところから借りる。多重債務の構造はこの「3K」に代表されていた。

　しかし、法的には利息制限法や出資法、貸金業規制法の各法において制限されているはずなのになぜこのようなことが横行するのか、民事裁判においてはどのようなことになっているのか。調べれば調べるほど法律の構造はいびつであり、不可解な結論となっていた。「ここに問題があるぞ！　まずはこれらの法整備について改善されなければならない」との意見が支配的であった。

　利息制限法は強行法規であり、1983年成立の貸金業規制法43条は極めて例外的に認められるはずの（現在では認められる余地はないと考えられる）規定であった。この貸金業規制法は最判昭39・11・18民集18巻9号1868頁と最判昭43・11・13民集22巻12号2526頁の最高裁判決において、経済的に苦しめられる人々の救済に資する判決を闇に葬るかのような法律といわれていた。それから20年の歳月が経ち、全国の弁護士や司法書士の協力により2003年以降次々と新たな判決が光を指してきている。いよいよ風向きが変わったぞと一気呵成に貸金業規制法改正運動が展開され、この風の流れは、まさに苦しみ抜いた人々の積み重ねという皮肉でもあった。どれだけ多くの人が苦しんできたことだろう。

5　賃金業規制法改正運動

　全青司では、多くの会員が貸金業規制法の改正運動に取り組み、求めるものは次のとおりであった。
　①　出資法の上限金利を利息制限法1条の制限金利まで引き下げること
　②　貸金業規制法43条のいわゆる「みなし弁済」規定を撤廃すること
　③　出資法における日賦貸金業者および電話担保金融に対する特例金利を撤廃すること
　利息制限法の上限金利自体も社会の状況にあっていないものだったが、この法改正運動では上記三つを獲得目標に活動し、各団体の中で、全青司は各地方議会において三つの請願活動を担当することになった。私は全国代表者会議において発言予定時間を大幅に超える時間をかけて提案し、すべての青年会の会長に上記活動の必要性を訴え、お願いをした。当然ほとんどの青年会会長も同じ思いで代表者会議に臨んでおり、一致団結して議会要請運動を展開することとなった。
　都道府県、市町村等にそれぞれが赴き、説明に回り議会において上記請願を採択してもらう活動であり途方もない活動だった。しかし結果は何と全国1136議会において採択されるという大きな成果を勝ち取ることができた。
　これまでにも全青司では登記所統廃合反対運動や、敗訴者負担に関する反対運動などの大運動を繰り返し行っている。そのような先人たちの活動に支えられてきた全青司として絶対に勝ち取りたい結果であった。
　この採択の数の大きさはとうとう国会をも動かすことになる。有力議員がテレビにおいて堂々とこの問題をとらえ、改正しなければならないと力説し、国会議員の中でも大きな議論となっていった。
　引下げ運動の各団体で、最後に国会を埋め尽くすような人でデモ行進しようと企画した。当然、われわれ全青司もこのデモ行進に参加することを決定し、当日も多くの青年会会員が一同に会することになった。私は全青司の責任者として、この運動で「司法書士」の存在が埋もれることを懸念していた。どこから見てもあの団体は全青司とわかるような工夫をしたい。そんな思いから急遽、「全青司の青備え」をしようと思い、当日に間に合うよう数百枚

の「全青司ブルー」を基調とするTシャツをつくることを企画した。その後に別の団体が黄色いシャツを作成しているが、このデモ行進において統一カラーのシャツで行進したのは全青司だけであった。

　ひときわ目立つ全青司ブルーの一団を見て多くの人は「司法書士ががんばっているんだ」とわかってくれた。日比谷公園から国会議事堂を練り歩くその時間は今でも忘れることのできない時間である。

　2006年12月13日午前10時30分、その時間はやってきた。参議院本会議において「貸金業の規制等に関する法律等の一部を改正する法律」が満場一致をもって可決成立した。多くの相談者の顔が浮かび、多くの仲間の顔が浮かぶ。われわれはやった！

　全青司における私の貸金業規制法改正運動はこのようなものである。

6 最後に

あれから、12年以上が経つ。あの時の仲間は今でも同様に司法制度および司法書士制度の中で共にがんばっている。ある人は司法書士会会長になり、またある人はいまだに全青司活動をがんばっている。多くの仲間が司法書士業界において重要な役割を担い、またあの時とは違う社会問題に対してそれぞれの役割を果たしている。全青司の活動はまさに司法書士としての魂を私の心に位置づけてくれたものであった。

われわれは何のために存在するのか、誰のために存在するのか、何をめざすのか、どこによりどころを求めていくのか。司法書士とはいったい何者なのか。そのようなことを日々探究し考え、苦しみながら過ごすのが全青司である。この50年間多くの青年司法書士を育ててくれた全青司が、今後もさらに、魂をもった情熱のある法律家を生み続ける集団としてこれからもますます発展していくことを期待する。

50周年、まことにおめでとうございます！

10　届け！　市民の声！
──高金利引下げ地方議会請願活動──

福岡県司法書士会

谷崎　哲也

　全青司が創立50周年を迎えるにあたって記念誌を編纂するための執筆依頼があった。しかし諸先輩方を差しおいて私のような若輩者が執筆するのは大変おこがましいとは思ったが、全青司の節目の記念誌でもあり、せっかくの機会をいただいたので、私の少ない活動経験から、当時を少し振り返ってみたいと思う。

1　全青司とのかかわり

　私が全青司にかかわるようになったのは登録後すぐの1999年からだと記憶している。当時の福岡青年会会長の誘いで、地元福岡で開催された代表者会議に参加したのがきっかけだったと思う。私自身、元々司法書士になろうと思ったきっかけが登記業務に関心があったわけではなく、裁判業務や多重債務問題に興味があったという変わり者であり、受験予備校の「司法書士も裁判や自己破産手続などを手掛けている」という話を信じて業界に飛び込んだものの、当時、そのような業務を行っているのは本当に極々わずかな同職だけだったことにがっかりしたこと覚えている。しかし、そのような業界の中で、さまざまな社会問題に対応した活動をしている青年会は、私にとっては、すごく魅力的であり、その活動は本当に充実したものであった。また青年会の諸先輩方は、さまざまな業務に精通されており、刺激を受けることも多く有意義な時間を共有できた。そんな中、全国の単位青年会の会長が集まる代表者会議に参加できるということは、当時はすごく刺激的なものであったと思う。ただ、登録間もない私にとって、全青司の代表者会議での議論は難し

すぎて何を言っているのかさっぱりわからないというのが本音で、前で偉そうに誰かが何かを話しているというのが第一印象であった。

　その後、懇親会にも参加したが、全青司役員や顔の知れた仲のよい人間が数カ所に集まって盛り上がり、そのほかの単位青年会の代表者は蚊帳の外のような状態で、この団体は「何なんだろう？」と思ったのを覚えている（後々、そういう指摘を受け改善はされていくのではあるが……）。懇親会の半ばに至ると当時の地元の全青司役員などから、いろいろな活動をされている方の紹介を受け、たくさんの青い名刺と半ば強引ともいえる委員会等への勧誘が始まり、私は何とか難を逃れる（?!）ことができたが、地元の同期（後に全青司の会長となる）は何かよくわからないまま委員会に勧誘されてしまっていた。

　全青司との最初のかかわりは以上のようなものであるが、その後、自分自身も青年会活動を通じてさまざまな知識が広がり、また諸先輩方との議論や月報全青司などにより情報を得て少しは全青司の活動を理解できるようになっていった。また、多重債務問題にかかわる中で、クレサラ対協の交流集会に参加するようになり、全青司の役員の方々とも知り合い、その後、地元青年会の代表者の代役として数回代表者会議に参加する中で、いつ入会したのかわからないまま、当時の消費者問題対策委員会の幹事になっていた。2002年には福岡青年会の会長となり、代表者会議に参加するようになったが、まだその時点まで「全青司偉そう」という気持は続いていた。しかし、全国研修会の主管会となり、全青司とのかかわりがだんだんと深くなっていくにつれて、役員や委員会の方々の活動に理解を示し賛同できるようになると、いつしか私も全青司活動にのめり込んでいくようになってしまった。そして、私に訪れた全青司での転機は、先に話題に出た同期である大部孝全青司会長誕生であろう。少し全青司活動に慣れ始めてきたとはいえ、その組織自体もよく理解しないまま、同期に頼まれたということもあり、消費者問題対策委員会の委員長の任を引き受けたのが始まりで、当時はこんなに大変な活動になろうとは思ってもいなかった。

2　高金利引下げ地方議会請願活動

　地元の同期である大部全青司会長が誕生し、そのほか顔見知りの役員での組織体制の中、この年度で達成すべき命題は「貸金業規制法改正」のための活動であった。司法書士が簡裁代理権を得てから、業界内でも多重債務問題に取り組む同職が増えていったのは事実であったが、その主たる目的は「収入」の問題であって、本当の意味での「債務者の生活再建」などは頭の隅にもなく、当時の司法書士会役員は登録間もない会員に対し「登記業務がなければ自己破産でもやって収入を得たらいい」と堂々と心ない発言までしていた。また、この頃から徐々に広がっていく過払金返還請求、いわゆる過払いバブルといわれる状態が起きると商売人司法書士は、こぞって多重債務問題、いや任意整理、過払金返還請求に参入してくるようになる。このように多くの司法書士が多重債務問題にかかわるのは「収入」のためであって、全青司が考える債務者の生活再建、根本的な社会問題の解決などには全く興味を示すことはなかった。

　そのような同職に少しでも考え方をあらためてもらうため、また一番は過酷な状態で生活困窮状態となっている市民のため、「貸金業規制法改正」活動に全力を投じる決意をした。そして、この前年、2005年の日司連総会において、下記の決議が採択されたことをきっかけに本格的に「地方議会請願活動」が幕を開けることとなる。

記

　日本司法書士会連合会は、依然として減少しない多重債務問題の原因となっている消費者金融及び信販会社の高金利を容認する出資法の上限金利につき、その引き下げを求め、以下のとおり決議する。
　1　出資法5条の上限金利を、利息制限法1条の制限金利まで引き下げること
　2　貸金業規制法43条のみなし弁済規定を撤廃すること
　3　日賦貸金業者及び電話担保金融に対する特例金利を廃止すること
　上記を達するために、行政・国会などに対し具体的な提言をする。併せて広く市民・マスメディアに消費者金融及び信販会社の高金利の不当性を訴える活

動を行なう。

　以上のとおり決議する。

　この決議を契機として全国各地の単位青年会においても同様の決議がなされ、石川や長野、宮城などが先駆けとなり、全国各地の単位青年会に呼びかけ、全青司が中心となって、全国各地の県議会、市町村議会（以下、「地方議会」という）に対して高金利引下げについて、主に以下の三つの事項を柱に地方議会での意見書採択をめざして請願活動が始まった。

① 　出資法 5 条の上限金利を、利息制限法 1 条の制限金利まで引き下げること

② 　貸金業規制法43条のいわゆる「みなし弁済」規定を撤廃すること

③ 　出資法における、日賦貸金業者および電話担保金融に対する特例金利を廃止すること

先進的にこの活動を推進してきた石川や岡山などにおいては、利息制限法の引下げをも含めた意見書採択がなされており、宮崎では保証料問題にも言及し、岐阜では質屋の特例金利廃止をも盛り込んだ意見書の採択をしている。

3　全青司の活動

　出資法の上限金利については、それまでの40.004％から2000年 1 月に29.2％へ引き下げられたのだが、2003年 7 月、ヤミ金融対策法（貸金業規制法および出資法の一部改正法）制定の際に、施行後 3 年をめどに出資法の上限金利の見直しを行うこととされた。この見直しの時期は2007年 1 月であり、2006年の 1 年間がまさに金利に関する法改正を検討する最重要な年であったことは間違いない。そのため、この年度の全青司の活動、とりわけ消費者問題対策委員会を中心とする活動が重要となる。消費者問題対策委員会の委員長を引き受けた当時、そのような重責を担うこととなるとは思ってもおらず、ましてや士業や職域を乗り越えた活動に発展していくとは誰も考えていなかったと思う。しかし、多重債務問題にかかわり、高金利、過剰与信、過酷な取立てというサラ金三悪といわれる状態がまかりとおり、経済的理由による自死や家庭崩壊などが横行する陰で、高金利で最大収益を上げてこの世の春

を謳歌するサラ金業者を何とかしたいという思いと、もしかしたら、利息制限法の例外を認め、サラ金業者の温床となった悪法である貸金業規制法43条が撤廃され、悲願であった金利引下げ、法改正が自分たちの手で現実のものとなるかもしれないという期待は不安を大きく上回るものであった。

　この請願により地方議会で採択された意見書は、衆参両院議長が受け取り、関係委員会に参考送付され、議員へ配布される紙面などにも毎回掲載される。そのため、国会としては、この意見書は全国各地の民意として絶対的に無視することはできず、一部の有力議員によって金利自由化などが強行採決されるのを防ぎ、市民の意見としての金利引下げが実現可能となるであろうという目的があった。また、この請願結果は金融庁にも送付されるため、監督官庁も無視することができないであろうという目論見もあった。

　しかし、全青司が、まず最初にしなければならなかったことは、各単位青年会の賛同を得て、さらに全国各地で地道に活動してくれる会員を増やすことであった。

　代表者会議で請願活動のお願いをしてはみたが、大変な活動であることは一目瞭然であり、単位青年会によって、この活動に対する温度差が激しく、なかなか前に進まなかった。また、全国に協力依頼をするにあたって「全青司が政治活動をするのか」などの批判を受け、全青司会員の意識の共有すらできず、なかなか前に進まない状況が数カ月続いた。しかし、地道に説明をし、協力依頼を続けていくうちに、全国各地で、一人、また一人と同じ意識をもっている会員の方々が増え、各都道府県の中心的役割を果たしてくれるようになり、少しずつではあるが、この活動が浸透し、全国的な活動に広がりをみせ始めた。

　また、この活動は司法書士だけでは難しいと考え、その他の団体へも活動を要請したところ、日弁連や全国クレサラ・生活再建問題対策協議会、被害者の会、労働者福祉中央協議会等の労働団体、消費者団体へと発展し、全国各地での集会やデモ行進など予想もしなかったうねりをみせていくこととなる。

　そして、2006年12月には、全国47都道府県中、43議会、1830市町村（東京都は区議会を含む）中、1136議会での採択にまで至り、貸金業規制法改正に

大きく貢献できたと思う。これは全青司会員全員が一丸となって取り組んだ証であり、一人ひとりの力は小さいが、同じ目標、同じ志をもった"同志"が力を合わせれば、その力は何倍にも、何十倍にも膨れ上がり、政治や社会さえも変えることができるという証ではないかと考えている。そして、組織としてフットワークが軽く、現場の法律家として、それができる団体は全青司しかないのではないかと思う。

今更ながらではあるが、この紙面を借りて地方議会請願活動に協力していただいた方、また支援していただいた多くの方々に心から感謝の意を表したいと思う。

4　全青司に期待すること

ここからは最近全青司にほぼかかわっていない私見なのでご容赦願いたい。

現在の全青司を部外者として見ると、ひとことで言って「元気がないなぁ」と寂しく感じることがある。全青司活動は「現場主義」であり、そこに問題があれば現場に行き、現場を知って司法書士として何ができるかを考え、市民のために活動することだと教わった（と記憶している）。ただ現在の全青司や地元の単位青年会の議論を外部から見ていると活動をするかしないかの議論が多いような気がする。事実「それは法律家がすることなのか？」「司法書士がすることなのか？」の議論が多くみられるのではないだろうか？

役員の頭が固くなっているのではないかと考えてしまうのは私だけだろうか？

人から批判されてもいい、何を言われてもいい、市民のため、自分の信じる正義のために活動することが大切ではないかと思う。

青年会は、一会員が問題意識をもち、その解決に向けて市民に対して何らかの支援ができると考えるなら、何らためらうことなく動くべきではないだろうか？　活動を支援することがあっても、抑止することは絶対にあってはならないと思う。世の中にはまだまだ多種多様な社会問題がある。その多くは私たちの目に見えていないものなのではないかと思う。また立場や見る方向によって問題点や受け止め方も多種多様だと思う。そのような社会問題にアンテナを張りめぐらし、見えていない社会問題に、いち早く現場の法律実

務家として、市民のために動く、そして、その活動を支援し、広げていく、全青司はそのような団体であってほしい。

　あと50年先、創立100周年を迎えても、現場主義を忘れず、市民のために動く、いつまでも青臭いそんな団体であり続けてほしいとの理想と激励、そして自戒の念をも込めて本稿をおわりにしたいと思う。

　今後の全青司の活動に多いに期待している。

11　生存権を保障するための活動

神奈川県司法書士会

古根村　博和

1　はじめに

　憲法には生存権がうたわれており、それを具現化する生活保護制度について、いわゆる「朝日訴訟」（最判昭42・5・24民集21巻5号1043頁）では「生活保護を受けるのは、単なる国の恩恵ないし社会政策の実施に伴う反射的利益ではなく、法的権利であって、保護受給権とも称すべきもの」と判示されている。

　にもかかわらず、この国には、生活に困窮した者があふれ、ホームレスやネットカフェなどで寝泊まりする者が存在するのはどうしてなのか。食べるものも食べられず、電気や水道さえも止まってしまった家で生活している人がいるのはなぜなのか。

　それは本人たちが努力をしていないからか？　では、努力とはなにか？

　病気や障がいがある人ができる努力とは、どのようなものを指すのか。どこまですれば努力と認めてくれるのか。どこまでやれば、生きていくことを認めてくれるのか。いや、そうではない。私たちは、誰もが生きる権利があるということを伝えたい。

　今の生活を維持することがやっとの状況の人が、病気になったり、失業したりして、住むところを追われ、生きることを諦めてしまう前に、私たちにできることはないのか。

　私たちが知っている憲法や生活保護法が、本来果たすべき役割を果たさず、空虚な言葉の羅列になっているのであれば、私たちがその言葉に、市井の

人々の思いをぶつけ、少しでも本来の役割を取り戻すための活動をすることができるのではないか。

　こうした思いの中、全青司では、生活保護への取組みを始めた。

2　全国初の生活保護110番

　全青司では、当初（2004年）は、東京会の後閑一博会員が中心になって、都内で活動していたホームレス支援団体に協力する形で、ホームレス状態の方への支援の一つとして、生活保護への取組みが始まった。支援団体は、「住むところがなければ生活保護は受けられない」「64歳以下は働けるから生活保護は受けられない」などといった間違った生活保護制度の情報が蔓延し、本来受けることはできる生活保護が受けられずにいた人たちを支援し、また、生活保護を申請する意思があるにもかかわらず、生活保護の「相談」だけを受け、決して「申請」をさせてくれない福祉事務所側の誤った対応（後に「水際作戦」と呼ばれた）を改善する活動をしていた。

　その活動に同調しつつ、全青司人権擁護委員会では独自の取組みとして、2004年7月に生活保護ホットラインを東京で開催し、一日だけで79件の相談を受けた。2005年7月には全国一斉生活保護110番を開催し、当日は札幌・宮城・福島・千葉・東京・神奈川・静岡・福井・石川・福岡の10会場で電話・面談による相談を受け付けた。これまで、生活保護問題に取り組む団体や法律家団体が全国一斉で生活保護110番を開催したことはなく、全国初の取組みとなり、マスコミにも多く取り上げられた。

　当日は全国で279件の相談が寄せられたが、その中で最も多かったのは、生活保護を必要とする人が福祉事務所に行っても相談のみで終わり、生活保護の申請に至らないというものであった。そういった相談は60件寄せられ、全青司による聴取りの内容から生活保護が受給できると判断されたものはそのうち31件（51.6%）もあった。

　全青司では、こうした相談活動を行い、必要に応じて、生活保護の申請に会員が同行する活動を推進してきた。全国から寄せられる相談の中には、実際に現地で相談を受け、本人と共に福祉事務所に行き、本人に関する状況の説明し、申請意思を明確に伝える支援をする必要があったためである。ただ、

生活が困窮している人からの相談で、全青司会員が相談料をもらうことはできなかった、また、業際の問題が存在したこともあって、すべてが無償での活動であり、会員の法律家としての矜持に基づくものであった。そのため、全国にあまねくこの生活保護の同行支援を拡げることは困難なものだった。

一方、法律扶助協会（現・日本司法支援センター）の一部の単位支部では、独自に自主事業として、生活保護の同行支援に対し、司法書士・弁護士を問わず、援助決定（法律家への報酬付与）をしているところがあったが、これは法律扶助協会が日本司法支援センターに移行された際に、日弁連委託援助業務となったために弁護士のみ利用できるものとなり、司法書士は利用することができないものとなった。

そのため、2007年の日司連定時総会にて、筆者が提案者となり、「高齢者・障害者・ホームレスを対象とした法律援助事業の実施を求める決議」が可決承認され、日司連が司法書士会の事業を助成する形で、司法書士による生活保護申請等の同行に、出張費・相談料を助成する制度が新設された。今でも、この事業は継続しており、全国の司法書士が利用しているものと思われる。

3 最後に

当時の私たちの活動を振り返ると自分たちの取組みや必要性を全青司会員へ的確に表現することができず、思いばかりが強くなってしまっていたために、活動が広がりにくかったかもしれないと、今になっては感じている。ただ、生活保護という制度を通じ、一人でも多くの市民を救いたいという思いは少しずつでも会員に共有されてきており、今後も支援の輪が拡がっていくことを期待したい。

12　生活保護110番のその後

山形県司法書士会

早坂　智佳子

1　はじめ

　私が全青司の人権擁護委員会の幹事となったのは、司法書士登録をして約1年後の2006年だったと記憶している。

　生活保護制度については、その当時全く知識がなかったのだが、幹事になったことで、役員会後の諸先輩方の深夜に及ぶ熱い議論に圧倒されつつも、生活困窮問題に関する取組みを知った。また、憲法で生存権がうたわれ、それを具現化する生活保護制度があるにもかかわらず、いわゆる「水際作戦」によって、生活保護を受給する権利が侵害されている現状を知ることとなった。

2　生活保護110番

　当時、全青司ではすでに「全国一斉生活保護110番」を実施していたが、幹事になったその年に全青司事務局で生活保護110番の電話を受け、「健康で文化的な最低限度の生活」（憲法25条）の最低基準を保障し、自立を助長するという制度趣旨とはかけ離れた制度運用がなされていること、利用者への強い偏見から、利用をためらう生活困窮者が多いことに衝撃を受けた。相談者から話をうかがうと、生活保護の利用を検討してもおかしくない状況であるのに、皆さん一様に「世間に迷惑をかける、恥ずかしい、親族に申し訳ない」といったことを口にされた。そして、そういった方々が意を決して福祉事務所に行ったにもかかわらず、相談のみで終わり、生活保護の申請に至ら

ないという相談が多く寄せられていた。

　翌年の2007年、私は人権擁護委員会の委員長として例年どおり生活保護110番を企画した。その当時はワーキングプアなど貧困問題について関心が高まっていたこともあり、初の試みとして生活保護問題対策全国会議および首都圏生活保護支援法律家ネットワークとの共催により実施することになった。また、多くの単位青年会に協力いただいたことで、相談会場も後日開催を含めると30都道府県29カ所、相談件数も当日だけで993件、後日開催を含めると1013件にも上った。会場によっては相談が殺到し、相談者から電話がつながりにくいとの苛立ちの声も上がったとのことで、私が待機していた本部でも受話器を置いた瞬間また電話が鳴る状況だった。また、当時の世論の高まりを考えると、一日だけの電話相談では電話がつながらなかった相談者や、情報のアクセスがままならず当日以降に相談会の実施を知った方も相当数いたことが想像できた。

　そこで、人権擁護委員会では、全国一斉生活保護110番において使用したフリーダイヤルを利用し、上記相談会以降に寄せられた相談に対しても24時間365日対応する措置をとることにした。方法としては、当委員会の委員を中心に全国に担当者を割り振り、生活保護に関する相談を受けるほか、必要な場合は申請の同行等を行った。しかし、残念なことに当時の社会情勢下では相談件数が増大し、それとともに各地の相談員の負担も大きくなる一方、相談員を補充することができず、2009年12月末にいったんホットラインを休止せざるを得なかった。その後これらの相談や申請同行は、全青司ホットラインが引き継ぐこととなった。生活保護110番は、相談者の皆さんが、無料で時間の制限なく気軽に電話することができたので、一定の役割を果たすことはできたのではないかと思っている。一方で、相談を担当してくださった方々には多大な負担を負わせてしまったと、今振り返っても申し訳ない苦い気持でいっぱいになる。

3　生活保護110番を経験して

　会員の皆さんが司法書士業務に取り組む中で、生活保護のみの相談を受けることは少ないと思う。しかし、不動産登記、成年後見事務、裁判事務を行

う中で生活保護の問題が絡むことは少なくはないのではないだろうか。たとえば、「相続人の一人が生活保護を受給しているが、遺産分割に関して注意する点はあるか」、「成年被後見人が生活保護を受給している」、「生活保護を受給しているが、相続放棄をしても差し支えないか」といったケースが考えられる。先般も、私が未成年後見人に就任している案件で、本人の高校進学に際して学校徴収金の減免申請をするか否かを問われたのだが、減額の基準額の計算が生活保護制度の最低生活費の算定基準に依拠するものだったため、こういった場面でも生活保護制度の知識が必要だと感じた。

　特に、現在（2020年6月執筆時）のコロナ禍において、これまで受けてこなかった内容の相談が寄せられ、相談者の切迫感に相談を受けた後は生活保護110番のようにぐったりすることもある。しかし、われわれが相談者と向き合うには、幅広い知識と、日々移り変わる情報を収集することでしか立ち向かえない。特に、福祉制度に関する知識のなさについては、成年後見人等に就任した際に誰もが冷や汗をかいた経験があることだろう。

　そういった意味でも、日司連は司法書士会の事業を助成する形で司法書士による生活保護申請等の同行に、出張費・相談料を助成する制度ができ、司法書士会ごとにこれを利用するための規定等を設けていると思われる。各会員には、もしも生活困窮者に対峙した場合は、こういった制度を利用しつつ、生活保護その他の社会福祉制度が利用できないか向き合ってほしい。生活保護制度を知ろうとし、かかわっていくことが、生活保護に関する偏見を減らすことにつながり、また、かかわることによって実は自分の中にもあるちょっとした偏見に気づくことになる。

4　最後に

　当時の私は、思いばかりが空回りして、寄せられた相談に何とか対応するため仲間に無理を課してしまい、対応しきれずに最終的には力尽きてしまった。

　今になって振り返ると、全国の会員に対して司法書士が生活保護に取り組める根拠を明快に説明できなかったこともあり、活動を広げられず、自分たちで抱え込んでしまったと反省している。だからこそ、各会員の皆さんには、

目の前で悩みを抱える一人の相談者のために、利用できる制度を模索するというシンプルなことから取り組んでいただきたい。そして、その利用できる手段の一つとして生活保護という、命を守る方法を知っていただき、どの司法書士も生活保護制度に関する質問に身構えずに対応できたり、他の同職と相談し合える環境が生まれれば幸いである。

[13] 裁判ウォッチング

東京司法書士会

石川　雅敏

1　全青司との出会い

　私が司法（制度）改革にかかわることになったのは1993年に東京青年会が関東ブロック研修会を受けることになり、私が実行委員長になったのがきっかけである。

　私は1984年に司法書士試験に受かり翌年に登録をしたが、前年に司法書士に受かっていた群馬会の木暮高久君（後に群馬青年会が作成したビデオ「消えない抵当権」で主役の赤城一郎を演じ一時期、大会、研修会で他会の会員にサインを求められていた）に「青年会があるから、入ったほうがいいよ」と言われて入った。

2　司法界のトレンド

　当初は、事務所勤めをしていたので青年会の活動になかなか参加できなかったが、1991年に独立開業したので、さまざまな研修会、活動に参加するようになった。1993年1月当時は、東京青年会の幹事長（現在の会長職）が高校、大学の同級生だった須賀淳治君で「（1993年）夏の関東ブロック研修会を引き受ける予定の会が、事情があり（事情が何だったかは忘れた）辞退したため、東京が引き受けることになったので、石川やって」と言われ「はぁ？」と思ったが、なんとなく引き受けた。

　しかし、その年の夏・秋に開催しなければならないが、とにかく時間がなく何をしてよいのかも全くわからなかった。当時、弁護士を含む司法界のト

レンドは「司法制度改革」でして前年の全青司の福岡全国研修会でも司法を取り上げ、同年埼玉で開催された関東ブロック研修会では元日弁連会長の中坊公平氏を迎え研修会を行っていた。

この頃、中坊氏がよく言っていた「2割司法」(法律的なトラブルが裁判所で解決されるのは全体の2割という意味)は、当時司法界では流行語になっていた(と思う)。

関東ブロック研修会のテーマに迷っていたところ、法学セミナー459号の特集が「司法は本当に変えられるか」だった。特集が組まれるくらい当時は司法制度改革が司法界の大きなテーマだったが、そのきっかけは1990年に中坊氏が日弁連会長のときに日弁連として「司法改革宣言　市民に開かれた司法」を採択発表、同年11月の日弁連第13回司法シンポジウム、1992年11月の日弁連第14回司法シンポジウムでも「司法改革」を課題にし、戦後何度も司法制度改革が試みられたがなかなか改革できなかったのは利用者である「市民」に参加してもらえなかったからだという反省があったようだ。そこで、中坊氏は日弁連会長の任期終了後「とにかく市民に裁判を見てもらおう」と考えたが、市民に裁判を見てもらい批判されるであろう弁護士が事務局を担うのは適切ではないので(推測だが)、大阪の司法書士である佐々木俊明氏に事務局になってもらい「裁判を傍聴する会(大阪)」を立ち上げたのが1991年4月であった。同年に京都でも「開かれた裁判を求める市民フォーラム」が設立された。同年は朝日新聞・朝日文庫より『孤高の王国　裁判所』が出版されたが、この本は司法関係の書籍ではベストセラーとなった(と思う)。ますます司法制度改革の機運は盛り上がり、1992年には司法書士が事務局となった「裁判傍聴の会」が兵庫、広島でも設立され、1993年は東京を除き(結果として)10会が設立された。

その後、裁判を傍聴する会は23会まで増えたが、その多くは青年会会員でもある司法書士が事務局を担っていた。

1993年春はそのような時期だったので、前記の法学セミナーで「司法は本当に変えられるのか」という特集が組まれたのだと考える。私はその特集の中の当時九州大学教授大出良知先生の「司法を変えるために誰が何をすべきか、できるか」、同じく当時九州大学助教授和田仁孝先生の「司法改革と司

法書士——司法書士の果たしている役割——」という論文に感銘を受け関東ブロック研修会のテーマを「裁判とは何だ！——市民と育む裁判制度——」に決めた。

3　裁判ウォッチング市民の会

　テーマが決まった途端、東京の青年法律家協会の弁護士から「東京でも裁判を傍聴する会をつくりましょう」と声が掛かったのだが、関東ブロック研修会が終わるまで待ってほしいとお願いをし、結局1993年10月6日「裁判ウォッチング市民の会」を発足した。設立総会には当時日本テレビでニューキャスターをしていらした櫻井良子さん、作家の佐木隆三さん、漫画「家栽の人」の原作者の毛利甚八さん、東京新聞論説委員の飯室勝彦さんという著名な方々が登壇するシンポジウムも企画され、旧弁護士会館の講堂に230名ほど集まった。会館の管理の方から300名超えたら床が抜けるかもしれませんよ、と言われていたそうで弁護士の人たちはうれしいやらヒヤヒヤだったそうだ。

　当然のように私が事務局長にされたのだが、それはまさに活動だった。翌年には人が逮捕されるところから判決を下されるところまでをビデオにした。脚本から撮影、出演者もすべて素人。裁判官は佐木隆三さん、チンピラ役に毛利甚八さん、撮影は慶應大学映画研究会、でもナレーションは櫻井良子さん。このビデオ「裁判ウォッチング刑事編」は朝日新聞、東京新聞をはじめ多くのマスコミでも取り上げられ、結局このビデオは1000本以上売れた。その多くは中学校、高校、大学の先生が授業で使うために買ってくれたらしい。

　時代はバブルがはじけ、私は開業間もない時期で経済的に全く余裕のない時期であった。

　1995年3月の全青司岡山全国大会には、お金がないから行きたくないなぁと思っていると、同日に「当番弁護士制度」に関する集会があるから「石川さんはそれに出て」と全青司の役員（誰だったかは忘れた）に言われたので、渡りに舟でそちらに出ると決めたら1月17日に阪神・淡路大震災があった。全青司は岡山全国大会をやめるべきか検討したが、結果開催した。私は予定どおり「当番弁護士制度」の集会に出席した。その集会は「当番弁護士制度を支援する市民の会、設立準備会」で、そこには日弁連刑事弁護センターの

重鎮弁護士と関東ブロック研修会でお世話になった大出先生がいらした。

「石川さんは裁判ウォッチング市民の会の事務局長をしているから、この会の事務局長もやって」という大出先生の一言でこちらの事務局長もすることになった。「裁判ウォッチング市民の会」の活動も盛んになり、11月に設立総会を行う「当番弁護士制度を支援する市民の会」の会議も頻繁にあり、かなり忙しくなった。

4　司法制度改革審議会

1990年の日弁連の司法改革宣言から1993年頃まで司法制度改革は法曹界だけの問題のような風潮であったように見えたが、1994年6月に経済同友会が「現代日本の病理と処方」を発表した。これは法曹界に衝撃を与えた（と思う）。

この頃、吉野家の「早い、安い、うまい」というコマーシャルをもじって日本の司法は「遅い（裁判に時間がかかりすぎる）、高い（弁護士費用）、まずい（納得できない）」と言われていた。

経済界は使いやすい司法を求め、法務省は慢性的かつ深刻な検察官不足に悩み、最高裁判所も一定の改革が必要だと考え、弁護士会も改革が必要と考えていた。要するに司法制度改革は必要で、自身に興味のあるところの改革は必要だが自身に負担のかからないことを求めていたように思えた。また政治家は、この国の（司法）制度改革は政治家が主導すべきと考えていたようで、誰が（政治？　弁護士会？　最高裁判所？　経済界？）主導権を握るのか混沌とした頃だったように思う。

1996年は司法制度改革の動きが少し停滞していたように見えたが、1997年に稲村厚君が全青司の会長になった時期からかなり騒がしくなってきた。自民党は6月に（司法制度改革に関する）特別調査会を発足させ、8月に「司法制度の充実を目指して」を、11月に「司法制度の基本的な方針──透明なルールと自己責任の社会に向けて」を発表。

1998年5月には日本経済団体連合会が規制緩和型司法改革を提唱する「司法改革についての意見」を発表し、6月には自民党が「21世紀司法の確かな指針」を発表し、11月には日弁連が「司法改革ビジョン──市民に身近で信

頼される司法をめざして」を発表した。

　1999年7月に司法制度改革審議会が発足し、その委員となった吉岡初子さんを中心とした会議が全国消費者団体連絡会で行われることになり、私も参加させていただいた。

　司法制度改革審議会は2年間で60回会議を開催したそうだが、こちらの会議は30回程度開かれた。私は司法書士という立場より市民の立場に徹しようと思い「司法書士に簡裁代理権を」とはいっさい言わなかった。吉岡さんと1対1で話したのは極めて短時間で2回のみ、1回は「簡裁管轄はいくらまでが適当だと思う？」と尋ねられた。これは司法書士が扱える額がいくらになるかということにもつながる質問ととらえた。私は「300万円だと思います。吉岡さんも親しい弁護士さんがいらっしゃると思いますので、聞いてみてください。私が親しくしている弁護士たちは皆300万円以下は依頼者にとっても弁護士にとってもペイしない、と言っていますよ」と答えた。

　司法試験合格者数についても尋ねられた。私は「数千人にするのは反対です。食えない弁護士が増えれば弁護士の質が低下するだけだと思います」と話したとき、吉岡さんは難しい顔をされた。2001年春、司法制度改革審議会の最終盤の頃、司法書士会のシンポジウムへの参加を吉岡さんが受諾してくれたことを知り、会議終了後そのことの御礼を言うために近寄ったら「石川さん、簡裁代理は守れたわよ」と言われたのには驚きすぎて、御礼を言うのも忘れた。

5　「真面目」な司法書士

　1997年頃から2001年までは私自身興味があったので、日本民主法律家協会、陪審裁判を考える会、日弁連、東京の弁護士会が主催するシンポジウムなどにはよく参加した。どこに行っても司法書士はほぼ私一人だったのはさみしかった。しかし、裁判ウォッチング市民の会や当番弁護士制度を支援する市民の会でいっしょに活動していた弁護士が日弁連の司法制度改革の委員会（？）の中心にいたり、司法制度改革審議会の事務局をしている者もいたせいか何人かの日弁連理事に意見を求められることがあった。みなさん初対面なのに私が裁判ウォッチング市民の会の事務局をしていること、当番弁護士

制度を支援する市民の会の設立時事務局長であった司法書士であること知っていたようで、会場の隅にいた私に身分を明かして質問をしてきた。質問の内容はほぼ同じで「（日弁連の）理事会で議題にしてしまうと議事録に残さなきゃいけないので、理事会を止めて議論しているんだけど、司法試験合格者3000名だと難しいのだけど、5000名にするくらいなら、一定のハードル（国家試験合格者であること、認定試験に合格することなど）は必要だが司法書士さんに訴訟代理権を持ってもらったほうが良いんじゃないか、という議論をしているんだけど、どう思う」と尋ねられた。私の答えはいつも同じ。「先生にも親しい司法書士がいるでしょ？　その人、真面目じゃないですか？」というと、皆さん納得した様子で、それ以上の質問を受けることはなかった。

　日弁連は自ら発信した司法制度改革が予想以上に動き、たとえば当時、司法試験合格者は500名程度だったが、これは少ないと言われても仕方がないにしてもまさか2000名、3000名というのは想像していなかったと思う。人口比で日本の弁護士がアメリカの弁護士より圧倒的に少ないといっても、アメリカの弁護士には日本の司法書士、行政書士、公認会計士、税理士なども含まれるし、日本の弁護士が人口比で極端に少ないとはいえないというデータもあったので、司法試験合格者が極端に増えることはないと楽観的に思っていたのではないか。しかし、司法制度改革審議会が発足することになり、経済界からも「弁護士」の大増員を含め司法の規制緩和を提言されると相当な危機感をもったと思う。日弁連はこれに対処するために（推測だが）10名を超える専従者をあてた。知り合いの弁護士も数人専従者になった。彼らは専従者でいる間、給与が出る代わりに（原則）仕事を受けてはいけないという徹底ぶりだった。

　司法書士の簡裁代理権については、日弁連は当初全く問題外、資質もないしあり得ない、と思っていたと思う。

　一方、司法書士界は、司法書士の簡裁代理権取得はミニ弁護士化を招き、司法書士が脈々と培ってきた本人訴訟支援が形骸化するなどと主張する簡裁代理権取得反対派と、訴訟代理権を取得しても簡裁だけで地裁以降は今までどおり本人訴訟支援は残る、今、簡裁代理権を取得しなければチャンスは二

度とない、という簡裁代理権取得派との議論が拮抗していたが、徐々に簡裁
代理権取得派が優勢となり、経済界の強力な司法の規制緩和要望を受け、その一端として司法書士に簡裁代理権を与えてもいいんじゃないかという流れができてきたと感じた。

　結局、司法書士に簡裁代理権が付与された背景には以下のようなことがあったと考える。

① 　そもそも司法書士には訴訟に関する書面の作成権限があったこと

② 　大都市の司法書士はあまり（クレサラを除く）訴訟を扱っていなかったが、地方、特に弁護士が少ない、あるいはいない地域では、司法書士が多くの訴訟に関与していたこと

③ 　当時多重債務者の事案が多くなってきていたが、ほとんどの弁護士は受任することを嫌っていた（低俗な事案という意識だったのだろうか）が、青年会会員を中心とした司法書士が工夫、苦心をしながら司法書士法の範囲内で受任していたこと

④ 　日弁連が地方裁判所および支部単位に弁護士が2人以上いるか（2人いないと一方のみに弁護士が付くことになるので）というゼロワンマップをつくったが、当時全青司の役員でもあった後閑一博君らが全国の市区町村（当時は3200以上あった）に弁護士、司法書士が2人以上いるかというゼロワンマップを作成したこと

　　この影響は非常に大きく、司法書士が一人もいないことを示す白色は少なく日本全国どこでも隣の町まで行けばほぼ司法書士はいたが、弁護士は比べるまでもなく都市を除けばほぼ真っ白、日本全土の7〜8割が白という感じであった。日弁連にいた知り合いの弁護士が「あれには愕然とした」と言っていた。これは、司法書士は日本全国あまねくいることを裏づけた資料だった。

⑤ 　全青司が存在していること

　　会長、役員も自腹で動いていることに他団体の人たちは驚き、だからこそ耳を傾けてくれたと実感したことが何度もあった。

⑥ 　司法書士は真面目だという評価を（今も？）受けていたこと

　　内閣の司法制度改革を担当されていた方は「弁護士会は1のことを5

にも10にも言うのに、司法書士会は1のことを1しか言わないんですよね。歯がゆいのだけれども、司法書士さんらしくて私は好きです」と言われたように司法書士の言うことに誇張がない、司法書士の言うことはそのまま信用してよいと各方面の方々が信用してくれた。これは誇張だと思うかもしれないが、当時、さまざまなシンポジウム等で弁護士が発言すると批判的な発言が続いていたが、私や当時活動していた司法書士が発言しても批判を受けたことはあまりなかった。それは一般の方が弁護士に対する不満は溜まっていたが、司法書士の存在を知らなかっただけかもしれないが。

6　最後に

　以上、かなり私見の入った雑駁なまとめだが、司法書士に簡裁代理権を付与された裏には全青司の存在が大きかったことは間違いないと思う。当時、「司法」関連の論文等もシンポジウム等にいた者もほぼ全員（OBを含め）全青司会員で間違いないし、成年後見制度も日司連の理事に「司法書士が手を出す分野ではない」と強い反対論がある中、岩澤勇さん（後に朝、事務所で亡くなっていることが発見された）、大貫正男さん（後に成年後見センター・リーガルサポート理事長）、齋木賢二さん（後に日司連会長）という、全青司会員がいなければ司法書士がかかわることはできなかったと思う。

　これからも司法書士界をリードする存在として全青司の活躍を期待する。

14　司法過疎解消について

札幌司法書士会

里村　美喜夫

1　はじめに

　このたび、全青司の半田久之元会長より、50周年記念誌の執筆の依頼があった。私に与えられたテーマは、「司法過疎」であった。私が全青司活動を盛んに行っていたのは、今から20年以上の前のことであるので、突然のことに、過去の記憶を掘り起こすこととなったが、当時のことは、かなり昔のことなので、困難な作業であった。この文章を読まれる皆様には、おぼつかない記憶をたどったことについてあらかじめご容赦いただきたい。

2　全青司での活動

　思い起こせば、私が全青司会長職を前会長の竹村秀博さん（広島会）から引継ぎをしたのは、2001年1月13日のことであった。会長を支えてくれる事務局長を猿田史典さんに、会計を千葉百合子さんにお願いをし、札幌の有志十数名の協力を得て事務局を立ち上げた。また、副会長には、安藤信明さん（東京会）、小澤吉徳さん（静岡会）、金子良夫さん（長野会、次期会長就任）、高原勉さん（兵庫会）西村やす子さん（静岡会）らに就任していただき、幹事や各委員長には、現在、司法書士会の会長や役員となられている錚々たる顔ぶれの方々に担当をしていただいた。誤解を恐れずに言うならばこれらの方々の、自己犠牲的な協力により、会長として1年間走り抜けることができたと思っている。たまに当時を思い出しては、感謝の気持を新たにしている。

　この年（2001年）の目標は、全国クレサラキャラバンの実行、青年会によ

る法律相談会の開催（人権110番等）、法律扶助相談会の実施、ホームページの作成、離島相談会の実施、月報発行による広報活動、全国研修会（静岡）、オンライン登記シンポジウムの開催、登記所統廃合、司法書士法改正に関する意見提出、ホームロイヤー宣言の実践などであった。

このようにたくさんの目標を掲げて活動をしたが、今でも強く印象に残っているのは、全国クレサラキャラバンと、司法過疎解消に関する活動である。

前者は、私が全青司の会長をさせていただいた2001年の最大の事業計画であった。このときは、北海道と沖縄から、2台のキャラバンカーを出発させ、全国各地をまわって、埼玉で合流するという全国キャラバンを行った。このときの取組みによって、全国の司法書士さんとの絆を結ぶことができた。その方たちには、本当に感謝している。

後者は、その数年前より司法過疎地の巡回相談活動として取り組み、司法過疎地域における開業支援を実施することと、いわゆるゼロワンマップという法律専門家偏在の地図をつくり上げたことであった。

その当時の記録を残していたことを思い出して、その日誌を繙くと、以下の内容が記載されていた。

2001年7月20日からの三連休を利用して、女満別における相談会を実施している。この相談会が、この後、司法書士が過疎地域において開業をするという事業のために行われた、司法過疎地域における最初の相談会と位置づけることができるのではないかと思われる。このときには、村上美和子さん（東京会）、矢箆原浩介さん（埼玉会から釧路会）などが協力をしてくれた。この相談会を契機に、この後、司法過疎地域における巡回相談会が定期的に行われることになったと記憶している。また、この年から矢箆原浩介さんが、司法過疎地域である女満別市（現在は大空町）で、オホーツク司法書士事務所を開設し、大きな飛躍をされたことは、記憶にとどめておかなければならない。彼は、これまでにNHKクローズアップ現代などに出演し、過疎地域における司法書士の活躍を、身をもって全国に知らしめたその人である。このとき、日司連においては、まだ司法過疎解消事業を本格的に手がけてはいなかった時期である。したがって、経済的な支援を受けずに、自らの判断において、縁もゆかりもない北海道の大地に降り立ち、自らの力だけで、まさ

に開拓をした司法書士であるといえよう。その後、この経験を基に、司法過疎地域における開業支援事業が検討され、日司連では、全国に100カ所を目標に長期計画を立案し、現在でも継続して実施している。今では、全国に80カ所以上の司法過疎地域において開業支援を行うような壮大な事業となっている。

　この年の7月に三青会（青年法律家協会・全国青年税理士連盟・全青司）の会議が開催され、2年前から実施している東京都小笠原村における相談会に、公証人を帯同することが提案された。青年法律家協会からは小海範亮弁護士が担当者となり、全国青年税理士連盟の協力を得て、全青司の担当者である後閑一博さん（東京会）らが実行したと記憶している。小笠原まで船で丸一日の航路をものともせずに、実施継続をしている。この離島相談会は、その後、東京司法書士会が担当され、現在においてもほかの離島において相談会を実施するという成果をあげていると聞いている。

　周知のとおり、2001年は先の司法書士法改正が盛んに議論されていた時期である。全青司としても日司連はもとより、法務省に対しても意見書を提出した。そのような活動の中で、ある日、日司連の役員の方から、大至急ゼロワンマップを提出してほしいとの連絡があった。司法制度審議会への提出資料としてどうしても必要であるとのことであったので、日本の白地図に、ゼロまたはワンの地域を確認して、赤色を手書きで塗ったものである。このとき、その地域に弁護士が何名いるのかというのは、今のようにホームページで公表している会が少なく、いろいろな資料を確認したり、実際に各地域弁護士会に連絡をしたりして、その地域（平成の大合併前の市町村）に開業されている弁護士がいるかどうか等を確認した。後日談であるが、この資料によって、司法書士への簡易裁判所の代理権が付与される原動力の一部になったということを聞いて、後閑一博さんや高原勉さん、金子良夫さんらの努力が実ったと感激したものであった。今でも、司法過疎解消事業を進めるために資料として、ゼロワンマップを活用しているが、このときの努力が、長い間継続していることを思うと感無量である。

　しかしその後、日弁連はひまわり基金を設置し、司法制度改革による弁護士合格者の増員とともに、司法過疎地域においても開業する弁護士が増加し

ている。特に、司法書士数を上回っている地域が増加していることは周知のとおりである。司法書士と弁護士は、今後もある分野では協調をし、ある分野ではよきライバルとなって、相互に、市民のために成長していくことを願っている。

3　最後に

　司法書士の業務は、地道な努力を重ねていくことである。そのときに忘れてはならないのは、権力との闘いである。国民の権利を保全し、さらに弱者に寄り添うということは、時として国家や権力と対峙しなければならないときがある。そのときは、恐怖心にさいなまれる経験もするし、勇気をもつことができない場面もあるかもしれない。しかし、そのようなときでも司法書士であるからには、不正や理不尽な力と闘っていかなければならないと強く思っている。この気持をもつことは、司法書士として生きるためにはとても大切なことである。司法書士制度をこれからも市民のために役に立つ制度として成長させ市民とともに協力し合い困難が多い今の時代の変化にあわせて豊かな社会を築き上げていきたいと思っている。

15 司法過疎
——巡回法律相談事業——

東京司法書士会

後閑　一博

本稿は、私にとって38回目となる小笠原父島で書き始めた。思い起こせば、2000年2月に私を含む4人の司法書士が巡回法律相談を実施したことが始まりである。最初に小笠原に来ようと思ったときに足かけ20年もの間、228日もかけて、通い詰めることになるとは、予想だにしていなかった。

さて、まずは、全青司創立50周年おめでとうございます。

筆者は、全青司が、50年の長きにわたり、直面する多面多様な社会事象に積極的に（あるいは巻き込まれ）対応していることを知っている。そして、そこにかかわった多くの司法書士がそれぞれの強い全青司"愛"を抱いていることも知っている。なので、気後れするがあえて書けば、筆者なりに、2000年から2004年の間の全青司の駆動体だったとうぬぼれている。

本稿は、2002年全青司第33回山口全国大会で採択された「司法過疎解消に向けてのアピール」（以下、「アピール」という）を軸として、全青司の司法過疎・巡回法律相談事業のはじまりを中心に書くが、離島（あるいは少数側）の相談は、筆者の「本分」なので、とても全青司を中心に執筆できない。そこで、前文で、少し整理したい。

1　はじめに

全青司が第1回小笠原巡回法律相談を実施したのは、2000年2月であり、司法制度改革審議会が発足した年である。審議会の議論は、弁護士を増加させ、来たるべき事後救済社会に対応するいわゆる「すそ野論」からはじまり、議論の中心となった。これに対する全青司の意見は、おおむね、「本来、裁

判所という国の機関が責任を果たすべきである。気軽にどこでも使える裁判所を増やすべきである」という方向性にあったと記憶しているが、本音は、司法書士が埋没されないための抵抗であった。

そこで全青司が、着目したのが司法過疎である。その成果物として作成したのが、1997年および2000年に作成した、いわゆる「弁護士・司法書士ゼロワンマップ」であり、1999年に実施した、当時3253あった全市町村へのアンケート調査である。この全自治体アンケートには、6割を超える1988通の回答があり、全青司に対して130を超える市町村から相談会実施の要請があった。

ところで、司法書士ゼロワンマップとは、複数人の司法書士がいる市町村を赤く染め、一人の市町村を青く染めて作成したものである。確かに全国を網羅しているように見えた。しかし、本当の色は限りなく透明に近い赤であり青だったことも自覚していた。そこで、全青司は、2000年から、全自治体アンケートにより相談要請があった市町村を中心に、巡回法律相談事業を積極的に開催した。基本は、全国の青年会の事業となるが、初動のきっかけとして、全国の司法過疎地を行脚した記憶がある。そんな中、絶対的な司法過疎地として、ただひたすら遠い小笠原村での相談会は象徴としての事業であった。

なお、蛇足になるが、筆者は、2003年2月、2000年7月7日に開かれた司法制度改革審議会隣接法律専門職ヒヤリングについての熱い語りを聞いた。なぜか小笠原の地で、その語り口は達者でとても一度二度話した様子ではなかった。「日司連がゼロワンマップを開いたとき弁護士法72条の厚い岩盤に穴が開いた」と、語るのは、当時、日本税理士会連合会の専務理事だった方である。あまりの熱さに「その地図をつくったのは私です」など言い出すことができなかったことが思い出される。

2 小笠原等巡回法律相談

語り尽くされたことではあるが、小笠原は遠い。おおむね1週間に一度出向する片道24時間のおがさわら丸でしか行けず、帰って来られない。

そして、1944年の強制疎開、1968年の「南方諸島及びその他諸島に関する

日本国とアメリカ合衆国との間の協定」により、日本に復帰するまで米軍に統治されていた。その時代も1946年に父島に居住していた欧米系帰化人34世帯129人に対しての帰島許可があり、日常生活を営んでいた。

　その時代背景がもたらす複雑な人間および権利の関係、調整としての「小笠原諸島の復帰に伴う法令の適用の暫定措置等に関する法律（小笠原暫定措置法）」（昭和43年法律第83号）の適用など、とてもこの紙数では書ききれない。もし興味があれば、「日司連会報 THINK」113号や「月報司法書士」538号を参照されたい。

　前述の蛇足どおり、全青司の着目した司法過疎地の相談事業は、司法制度改革により簡易裁判所の訴訟代理として開花した。しかし、その頃には、少なくとも小笠原の相談会は全青司の事業とは一線を画すことになった。最初の相談会の翌年2001年2月の相談会から全青司とかかわりが強い、青年法律家協会（正確には、弁護士学者合同部会）、全国青年税理士連盟の合同事業となった。この2001年2月の相談会のことを私たちは第1回相談会と位置づけている。2001年11月からは、東京公証人会との共同の相談会に進化し現在にいたっている。

　この弁護士・税理士・公証人と司法書士、そして小笠原にいる土地家屋調査士が行う総合相談。もっと言えば、相談実施者との信頼関係を基礎とした村や社会福祉協議会など外郭機関等を含めた相談体制。これは一つの大きな試みである。無論島民の裁判を受ける権利は侵害されないし、相談は常に行政に対する苦情も射程に入れているが、紛争解決においても権利擁護においてもさまざまな選択肢が提供でき、実施できる。たとえば、両当事者に弁護士や司法書士が付き、交渉をして、その結果を公正証書にまとめることができる。たとえば、地域と連携し司法書士が財産管理を担い、島にいるさまざまな立場の者が身上監護を担う権利擁護を行うことができる。これは、全青司が標榜する ADR や権利擁護の一つの完成形なのではないかとさえ思っている。

　筆者らの数える第1回から本日までに36回の相談会を実施し、延べ112人の相談員が延べ817件の相談を受けている。特筆すべきは、単なる相談にしていないことである。この817件の相談の多くを、仕事として報酬を得て、

または無償で、現実に解決をしていることである。

　そして、この試みは、伊豆諸島に続く。2003年大島の相談会を開催したのをはじめとして、利島村、新島村・式根島、神津島村、三宅村、御蔵島村、八丈町、青ヶ島村の東京都の離島全部で定期的な相談会へのつながり、現在も続いている。

　再び蛇足になるが、これら離島の中に、前述の全自治体アンケートの中で、筆者が、最も記憶に残る「迷惑だから来ないでください」と回答した自治体が含まれている。

　伊豆諸島においては、今日までに179回の相談会を実施し、延べ939人の相談員により、延べ1084件の相談を受けている。こちらもその多くを有償または無償により、現実に解決している。

　なお、この数字の中には、2000年9月2日全島に避難指示があった三宅島における2005年2月避難指示解除直後から、民家を借りて設置した常設相談所における相談は含まれていない。記録によると、2005年5月から、2008年3月まで開設し、56回の相談会を実施し、少なくとも183件の相談を受けたことになる。また、この数字にも2006年6月18日から2007年3月14日まで、乾亮太朗氏が司法書士事務所を開設していた時期の個人事件は含まれていない。

3　開業支援

　小笠原等離島におけるさまざまな士業が行う総合相談は、一つの完成形であると実感するところではあるが、それには留保すべき事情がある。東京の離島は、人口規模が大きな大島町、八丈町でも8000人に欠け、最も人口が少ない青ヶ島村は170人（2019年8月1日現在）でしかないという事情である。

　前記アピールにより、全青司が約束したことは、巡回法律相談の継続だけではない。常設相談窓口の拡充を含めた司法過疎の解消である。そもそも、アピールの前提に前述の市町村単位の司法書士ゼロワンがあるのだから、白い市町村（司法書士が0人）に色を染め、青い市町村（司法書士が1人）を赤く（司法書士が2人以上）塗り替えることにある。

　全青司の当時役員が中心となって開業支援をしたのは、矢箆原浩介氏（釧

路司法書士会）である。彼はまだ合格直後のルーキーだったが、小笠原の相談会に参加し、2000年9月2日全島に避難指示が出た三宅島の島民が生活する避難所を巡回し、相談を受けるなどしていた。その彼が、突如「司法過疎地で開業したい」と言い出した（正確には、「行きましょうか？」と言ってしまった）ときには、驚きを隠せなかった。日司連地域司法拡充基金が整備される前の2001年の話である。むしろ彼の開業準備こそが2001年第59回日司連総会において採決された組織員提案決議「司法過疎解消に関する基盤整備事業に関する決議」につながり、2006年第68回総会で採決された「平成19年度に司法書士過疎対策特別基金（仮称）設置を求める決議」につながったのである。

　さて、彼、曰く「うっかり言ってしまった」熱が下がらないうちに、彼を巻き込んだ者どもの動きは急だった。まもなく視察と称して北海道で1700kmを移動させ、女満別町（現・網走郡大空町）で相談会の開催を決めた。結局、彼が回顧するところによると、「相談会でいただいた10数枚の名刺を頼りに女満別で開業してしまった」（「法律文化」2004年4月号）は、彼特有の言い回しであるにせよ、「永住するつもりで行く、一定期間しかいないという者に対して『身近な法律家』なんて考えるはずがない」は、筆者らの行う巡回相談の限界を言い当てている。

　その後、2007年、日司連地域司法拡充基金が設置され、2019年までに、80人の個人、4の法人が、司法過疎地に開業している。筆者は、事業の評価をする立場にないが、彼のように軽く重いことを成し遂げる特異な者でなければ、司法過疎地での開業ができないということはなくなった。このことは評価されるべきである。

4　さまざまな司法過疎

　全青司が、アピールを採択したことにより市民に対する約束は、巡回相談や開業支援にとどまらない。都市部においても、さまざまな事情で、事実上、司法にアクセスできない情報過疎、司法過疎の当事者がいることに着目している。

　アピールを採択した、2002年頃から、全青司は、貧困問題への取組みを開

始したと記憶している。全青司が、生活保護110番を始めたのは、2003年頃であり、全国的に生活保護を中心とした相談会の実施としては、全国初であったはずである。その後の活動について筆者は、詳細には承知しないが、先駆けとなった生活保護110番は現在も続いていると聞く。ホームレス問題や貧困問題の取組みはますます発展していると聞き及ぶ。

5 おわりに

　司法書士制度が語られるとき、必ずや全青司の行う諸活動が中心にある。筆者のように、かつて全青司にかかわった者にとって実に誇らしいことである。

　筆者は、最近の全青司の諸活動をつぶさに知る者ではないが、情報に触れるたびに、たとえば、沖縄の人々の問題、いわゆる LGBT の問題、養育費の問題、所有者不明土地問題などに対する、弱者の側に立つ諸活動をまぶしく感じている。

　しかし、十分だとも思っていない。たとえば、筆者が、本稿で列挙した諸活動を逆説すれば、全青司の歴史の中で、それまで関心が寄せられていなかったことを指す。そして、なぜ急に関心を寄せるようになったのかについても、「司法書士が埋没されないための抵抗であった」と自白している。筆者は、それを悪びれるつもりはない。動機はさておき、重要なことは実質である。筆者らの諸活動が司法過疎解消に資しているとの自負があるからである。

　おそらく、本記念誌において、2019年6月6日成立した、司法書士法改正について、大きく取り上げられるだろう。確かに、権利擁護を使命とする法改正は、司法書士制度を大きく前進させるきっかけになることになる。と、筆者は期待している。逆に、そうならなければ今度こそ司法書士制度は埋没されるだろうとも思っている。

　だからこそ、全青司の諸活動に強い期待を寄せている。これは、筆者に限らず、多くの司法書士の共通認識である。だからこそ、あえて、最後に辛口なコメントを寄せさせてもらうと、筆者とて筆者なりに、現場にあって、全青司とあまり違わない方向性をもって、さまざまな立場の当事者や組織や行政や政治や報道機関や個人と接し、時に対峙・対立し、時に共同・協力し、

意見し、抗議し、学び、研究し、当事者利益を追求しているが、お見受けすることが少ないのは事実である。ひょっとしたら全青司「内」全青司に重きを起きすぎているのではないか、と思うことがある。これが誤解であることを切に願いながら、全青司のますますの発展を祈念し、本稿を締めさせていただく。

16 阪神・淡路大震災、それから

大阪司法書士会

山内　鉄夫

1　阪神・淡路大震災

　阪神・淡路大震災とは、1995年1月17日5時46分に発生した兵庫県南部地震（Mj7.3）による災害の総称である。死者6434名（行方不明3名）・負傷者4万3792名・家屋全壊10万4906棟・家屋半壊14万4274棟の大規模な災害であり、都市部直撃だったため、人的・物的被害が甚大であった。司法書士（兵庫会神戸支部）も2名亡くなった。

　多くの人々が何かしなければならないと感じ、ボランティアが被災地に集結した。後にボランティア元年と呼ばれるようになる、その始めのときであった。学生等の若者を中心とする、さまざまな背景をもつ老若男女が集ったのである。筆者と配偶者（長田弘子司法書士）も被災者であり、自分の事務所関係者も被災していたため、当初はその手当に専念していたが、配偶者がどうしても現地で活動したいと言い出したため、ほとんど予備知識もなく芦屋市の災害対策本部に赴いた。そこでは学生によるわが国初といってよい総合的なボランティア組織が組成されたばかりであった。

　そこでは、救援物資の配布など物理的救援活動に従事していたが、ほどなく配偶者が、司法書士なのだから法律相談や法律情報の提供ができるのではないかと思い立った。早速、作戦会議の場でその旨を提案したところ、それは良い、オフィシャルの自転車を使ってよいので、二人で行ってきてよ、となった。ただし情報がないので、適当に避難所でもどこでも行って、自力で交渉して実行してね、というのが前提であった。避難所の責任者は校長先生

や公民館長等であり、その方たちが許可すればその場で会場設営し相談会を開催し、許可が得られなければ一般的なボランティア活動を実施するのである。今から思えば、腕章等をしてはいるが、怪しいといえば怪しい人物からの申出であり、よく許可されたなと思う。兵庫や大阪の青年司法書士も現地でボランティア活動を懸命に行っていたが、法律相談活動を行うのはまだ先のことであった。

　近司連は、災害発生直後から救援活動を開始した。単独活動ではなく、司法書士の英知を結集すべきとの考えが出され、1995年1月30日に、日司連・全国ブロック会・全青司・大阪青年会等とともに、阪神・淡路大震災救援司法書士対策本部（最終名称は司法書士震災復興支援本部（以下、「対策本部」という））を組成したのであった。筆者は当時、大阪青年会事務局長であったが、その会議の場から、全青司長田悦子会長に連絡してフリーハンドを得、以降、簡単な報告をするだけで突っ走ったのである。本部長は春日昇京都会会長、日司連の担当者は上野義治副会長（全青司第4代会長）、兵庫会会長は北野聖造（後の日司連会長）、事務局長は坂根充兵庫会会員であり、副本部長の筆者を含め、皆青年会関係者であった。そして誰が欠けても対策本部は成り立たなかったと断言できる。

　事務局は大阪司法書士会館の3階の一部を占拠し、事実上の常勤体制を組んで、未知の領域に踏み込んだ。被災者と相談員に対する法的情報の収集と発信は、当時発展途上であった電子通信手段を用いて行われた。相談員向け研修会もいち早く企画し開催した。相談員には、現行法ではあっても聞き慣れない法律（罹災都市借地借家臨時処理法 etc.）についての理解が不可欠だからである。法改正や行政対応についての法務省や法務局等との折衝、業界内

部のしくみづくりと連絡調整も役割で、これらはローカルだけでなく全国レベルの話である。いわゆる「群馬訴訟」（最判平14・4・25集民206号233頁）のように、善意・公益性・強制入会・経済的合理性等がキーワードになる問題は深刻である。また当時、司法書士が法律相談会を企画し広報し実施することが簡単にできたと考えるのは誤りである。各弁護士団体との折衝は厳しいものであり、被災支援法制度の共同研究活動や市民のニーズと実績を訴えること等によって、何とか実現することができたのである。その相談活動であるが、市役所・法務局等相談、電話相談（各種設置された。対策本部は1995年2月4日に常設。1日最高65件）は当然として、やはり現場で行いたい。現場とは無数にある避難所である。

　そこで対策本部は大規模な巡回法律相談会を企画した。ベースは芦屋市で行ったものである。公式行事なのでまず行政と相談するのであるが、今は混乱中なのでお世話も現地連絡もできません、避難所リストはあげますのでどうぞ現場責任者と交渉してください、との対応であった。最初のものは1995年2月4日・5日に西宮市・芦屋市の全避難所（西宮市168、芦屋市50）に46名の相談員を派遣した。任務は情報提供（ペーパー配布・貼付）と法律相談である。相談員は主に近畿の司法書士であり、同月11日〜12日・26日に東灘区で実施された。26日の活動は、全国の司法書士に呼びかけたところ北海道から沖縄まで117名の参加があり、約100カ所の避難所で実施された。かくして襷を掛け腕章を着けた大勢の司法書士が、基本二人一組で体当たり作戦に参加したのである。最大規模のものは、3月19日JR兵庫駅集合の、相談員約250名・相談会場20カ所・相談件数305件の活動である。参加者からは、物見遊山に来たと思われないか、との懸念の声が上がったが、それでもよいです、現場を見てください、そしてそれを心に刻んで忘れないで、とお願いしたのである。活動は地域を拡大し、その後も継続して実施された（対策本部は1998年3月31日解散）。

　法律家の役割の一つに、現場で得た知見を立法に活かすことがある。1998年5月に成立した被災者生活再建支援法は、阪神・淡路大震災の被災者が声を上げ、それを法律家等が支援した成果であり、私有財産の公的保障に否定的な国を動かしたのである。筆者は全青司の担当者として最後までともに活

動したので、全青司は成果を誇ってよい。活動は、長期に及び、明るい見通しも見えなかったので疲弊したが、それよりも、まだ被害者面してるのか、などの揶揄のほうが堪えた。やはり被災は、忘れ去られることが最大の懸念である。同法は、残念ながら阪神・淡路大震災の被災者には適用されなかったが、その後この災害の多い国で実際に活用されていることは慰めである。

　振り返ってみると、現在の災害対応の原型がここにある。初動・情報収集・組織組成と運用・活動展開・内部調整・対外折衝・研修・研究・広報・法改正提言等は、その後災害が発生するたびにバージョンアップされたが、これらはほとんど何もなかった阪神・淡路大震災の被災者支援の厳しい経験から生み出されたものである。そしてそれから得られたものは司法書士制度全体にとっても代えがたいものになった。司法制度を支える一員として、プロボノや地域連携活動に取り組むことは、今や司法書士の存在意義になっている。

　他の法律職能といっしょに活動することの有用性は指摘するまでもないが、八青会（大阪）は、阪神・淡路大震災の仮設住宅における巡回法律相談活動を実施するために発足したのであり、その活動は現在も続いている。単なる異業種交流会ではないプロボノ活動団体に、NPO法人司法過疎サポートネットワーク（東京）があるが、これもルーツは八青会と共通である。阪神・淡路まちづくり支援機構（現・近畿災害対策まちづくり支援機構。1996年9月4日発足）は、専門家集団活動の嚆矢となり、他の災害でも活躍し、ほかの地域にも影響を与えた。

　各分野的にみても、法律相談やADR、研修制度、研究体制、広報、財政、危機管理体制構築やBCP策定等、数多くの影響があった。中でも法律相談については、権利どころか義務となった。対策本部だけでも数千件の法律相談を実施し、国から感謝状まで授与されているのに、それを非難できる者はい

ない。法律相談を行っているのに、司法書士は法律家ではないとか、司法制度の埒外だとかの主張は受け入れられるものではない。つまり、その後の司法制度改革において、簡裁代理権を得て、司法制度の支え手として重い役割を担うようになった理由の一つがここにある。

2　司法制度改革

　私が全青司会長を務めていた1999年当時、全青司のみならず司法書士界全体は司法制度改革がどうなるのか、いや自分たちはどうなるのかを、不安と期待の入り交じった気持で見つめていた。現在の司法書士制度は、その成果から生まれたものであり、その結果がよいものであるのかそうでないのかは、私たちの今後の行動にかかっている。

　司法制度改革審議会（以下、「審議会」という）は、1999年7月に設置され2001年6月に最終意見書を出したが、結論を導き出すまで激しい議論を展開していた。たった13名の委員はそれぞれの立場を代表しており、互いに譲ることのできない多くのものを抱えていた。いうまでもないが、司法書士の立場を直接代表している委員など存在しなかった。

　実際の議論は、事務局である内閣府の担当官が立案したものを土台としており、担当官は大変精力的に具体的施策を次々と俎上に載せていた。日司連はじめ司法書士関係者は、これを千載一遇のチャンスととらえ、職域拡大運動を全面的に展開していた。しかし日弁連がそれを黙って見ているわけはなく、司法書士を厳しく批判し、取るに足らない存在であり、無視すべきであるとの認識を示していた。

　審議会事務局に全青司が呼ばれたのは、そのような状況下であった。私と数名の役員が出向き、担当官と面談した。担当官は、審議会における主要な論点の一つに司法書士制度があがっている、当事者である日司連は司法書士は全国に遍く存在し司法制度を支えていると主張し、その論拠としてゼロワンマップを提示している。しかしそれを実際につくり、司法過疎の現場対応や論陣を本当に張っているのは全青司であることはわかっている。だからこそ来てもらったのであるが、あなたたちは本当に簡裁代理権を必要としているのか、あなたたちが必要だと主張するのであれば、それを実現させること

は可能である。しかし強制入会制度は問題だと思っており廃止したいがそれに応ずることはできるか、と問われた。要は、簡裁代理権がほしいのであれば強制入会制度廃止に賛成してほしい、と言われたのである。

　強制入会制度は、護送船団方式と並んで旧態依然の象徴であり批判の対象であった。そもそも司法制度改革の原動力の一つはアメリカの外圧であるし、そのアメリカが大変問題にしたのは参入規制であった。叩かねばならない大きな存在は弁護士職能であり、司法書士制度改革、つまり司法書士の弁護士業務開放はそのカウンターとして用意されたものであり、トップバッターであった。担当官は、不動産鑑定（士）協会は任意加入であるがほとんど全員が加入している。司法書士会もよいものであれば強制入会にしなくてもみんな入るはずだ、と主張し議論になった。

　全青司としては、司法書士の簡裁代理権（具体的内容はその段階では不明であったが）は市民の司法アクセス拡充のために必要であり、司法制度改革の目的そのものである。強制入会制度は司法の一翼を担う職能としてどうしても必要でありはずせない、と主張した。その後議論を重ね、結局担当官には諦めていただいた。結果、2002年の第154回国会で司法書士法は改正された。一連の司法制度改革のトップであった。

　このような結果が出たのにはいくつかの基礎的要因がある。たとえば司法（制度）改革の端緒は市民の司法参加であるが、その一つである裁判ウォッチング活動の事務局は大阪の司法書士が担い、市民が直接司法を観察し意見を述べることのお手伝いをしたのである。エポックメイキングな出来事であったのは、司法書士が、阪神・淡路大震災のときに市民に最も身近な法律家であることを強く自覚し、それにふさわしい法律相談活動や被災者支援立法活動等の市民支援活動を一致団結して全面展開したことである。その結果、弁護士職能は今までのように司法書士の法律相談活動を全面的に批判することはなくなった。国は、司法書士が有用な存在であることを認識したのである。これがなければ今の司法書士制度はなかったであろう。

　前述したように、全青司は司法過疎の実態に着目し、広範な調査と結果公表により司法書士の有用性を具体的に立証した。さらに全国消費者団体連絡会に飛び込み、消費者契約法早期制定活動等、さまざまな活動に参加した。

ADR についてはその時点ですでにかかわりがあったのである。そのように
して全青司を中心とする若手司法書士が何を考えどのような行動をしている
のかを市民代表である消費者団体に知っていただいたことは大変重要な意味
をもつこととなった。当時、日弁連も日司連も自己の立場と主張を積極的に
全国消費者団体連絡会にアプローチしていたが、日和佐信子事務局長や消費
者団体代表として審議会審議委員を務められていた吉岡初子主婦連合会事務
局長は、現状を生み出した者に対して厳しい批判をされ、未来を若者たちに
託されたのである。

　全青司は法教育活動もずっと続けていた。弁護士職能から、司法書士制度
を改革することに対する批判が出たとき、ある政府法務担当者（弁護士）は、
司法書士が自ら学校に行って法教育活動をしていることをあげ、逆に弁護士
を批判された。

　また全青司や単位青年会は、多重債務者問題や借地借家問題等にいち早く
着目し、積極的に取組み、司法書士は市民とともにある職能であることを内
外に示した。特に多重債務者問題は、借金踏み倒しに法律家が手を貸すのか、
と当時厳しい批判の対象であった。批判したのは主に弁護士・司法書士であ
る。モラルハザードの懸念が社会的被害者救済の必要性を上回ったのである。
今では当たり前に思えることが当時は認識されていなかったのである。その
後多くの方たちは転向され、今では過払報酬を得るのに血道を上げておられ
るが、浅ましい限りである。

3　最後に

　現在の司法書士制度があるのは、先人の努力に加えて全青司を中心とした
若手司法書士の地道な活動の成果である。それだけに現役司法書士の責任は
重い。市民に最も身近な法律家とは誰なのか。全青司は1999年の宮城全国大
会で「ホームロイヤー宣言」をし、2009年の宮城全国研修会でそのことを再
確認したが、常にその意味を考え実行すべきである。わたくしたちは自ら望
んで司法書士になったのであり、その責任を自覚し義務を果たさねばならな
い。これからも司法書士であり続けたいのであれば特別な努力をすることが
求められるのである。市民に必要とされなくなった職能は滅びるのだから。

17　震　災
──東日本大震災の対応（2011年〜現在）──

愛知県司法書士会

林　一平

1　東日本大震災の発生と全青司の活動

　東日本大震災は、私がこれまで生きていきた中でも最大のニュースであり、ニュース等で映像が流れるたびに、日本中の多くの人々が何か自分で助けになることはできないだろうかと感じた出来事であろう。

　東日本大震災の発生当時、私の青年会活動としては、愛知青年会の幹事長（会長）に就任する直前で、全青司の役員会・代表者会議には、数回参加したことはあったが、全青司とのかかわりは、強いものではなかった。しかし、当時の全青司の副会長（後の会長）野﨑史生さんが同じ愛知会ということで、声をかけられ、震災直後に全青司の主催する会議に参加し、司法書士として何かできることがないか考え行動をしていくこととなる。

　私が愛知会の会員として、初めて被災地に行ったのは、5月の半ばで、岩手県の沿岸を中心に避難所などを回ってきた。震災から2カ月経過しているにもかかわらず、現地の様子は酷いあり様で、元の風景が全くわからないほどになっており、被災者の方々も長期にわたる避難生活に疲れた様子で、一からの再建に途方に暮れており、どう声をかけたらよいかすらわからなかったのを鮮明に覚えいている。

　避難所に行った際は、まず責任者に声をかけ、被災者の法的な困りごとの相談に乗りたいと申し出るとどこでも快く対応していただけた。そこで、机を借りて個別相談を行ったり、場所によっては車座になり、被災者と語り合うような形式で相談活動を行った。もちろん災害に関する法律など必要な知

識は、震災直後から勉強することになったが、ひととおりの必要なことは事前に覚え、資料も揃えて臨んだ。しかし、混沌とした状況を過ごしてきた被災者の話は、法律問題を含みつつも生活や家族の話、中には悲惨な状況の中でいかに生き延びることができたのかという話や、亡くなった親族の話など多岐にわたり、どう答えてよいかわからないものばかりであり、自分自身のスキルのなさに愕然としたものである。私が答えに困りつつ、ありきたりの回答をしても、被災者の皆さまから、話を聞いてもらえてうれしかった参考になったとの声をいただけたことは、その後の活動の励みになっていった。災害発生直後における相談に重要なことは、抱えている問題を解決することではなく、まず話を聞くことによって心を落ち着かせてもらうこと、相談を聞き問題を整理することによって、被災者が何からすればよいのかをいっしょに考えてあげること、その中で気づいたことをほんの少しアドバイスしてあげること、それだけで十分であるであることに気づけたことが、その後、私の活動につながっていると思う。

　話を全青司の活動に戻すが、とにかく最初は皆が手探りであり何をしてよいかわからないような状況であったことは、間違いない。静岡青年会など、独自の行動を行ってる会もあり大変参考になったが、当時の全青司災害対策本部は、陸前高田市をターゲットとし、毎週の相談活動を行うこととした。一チーム4人で構成し、避難所を巡回していくスタイルである。避難所が閉鎖された後は、仮設住宅での戸別訪問相談の形に変更していった。野﨑副会長が本部長代行として各種準備をお願いしてきたことに断りきれず、毎週のように相談にいく担当者と連絡をし、避難所の責任者に電話したり、新聞社が市相談会の案内を載せてくれたため、新聞社にファックスを送ったり、毎日、何かしら震災相談のことをしていなければならなかった。今思えば、よくやっていたと思うほどである。

　岩手県での相談は、宿泊交通費などかなりの費用がかかるため、全青司では、相談活動の助成も行っていた。日司連からの助成もあったのだが、日司連の助成を受けるためには、所属する司法書士会の協力が必要であり、青年会には助成がないため、相談を継続させるためには必須の取組みであったといえよう。おもしろい取組みとして活動費用を稼ぐため、全青司の相談電話

ダイヤルの番号を記載したハンドタオルを作成し、1枚1000円で購入してもらうことも行っていた。さらに購入してもらったタオルをそのまま、全青司あてに寄付してもらい、相談員チームが現地で相談活動を行う際に携行し、被災地で無償配布するという全青司ならではの行動も今となっては懐かしく思える。数年後、仮設住宅を巡回していたとき、全青司タオルが干されているのを見たときは、感慨深く感じたものである。

2　継続する相談活動

　東北地方沿岸部に多大な被害をもたらした震災の復興は、長期にわたるものであり、被災者も復興の過程でさまざまな悩みを抱えることになるため、支援も長期に行う必要がある。当初全青司の活動の拠点を陸前高田市に定め相談活動を継続していたが、陸前高田市での相談活動は、全国の司法書士会の協力を得ながら相談活動が行えるということで、岩手会に引き渡すことができた。全青司としては、陸前高田市以外だけにとどまるべきではないという考えから、岩手県宮古市を中心とする地域の相談活動の拠点を移すこととした。まず、最初にその地域が相談活動を必要とする地域であるかを探るべく、災害対策本部のメンバーで沿岸の仮設住宅を手当たり次第訪問し、現状を探ると、甚大な被害を受けた地域にもかかわらず、交通の便が悪いせいか、法的な支援がほとんど届いていないということわかり、すぐさま仮設住宅の巡回相談を行うこととなった。

　仮設住宅の巡回相談とは何を行ったのかというと、プレハブ型仮設住宅の一件一件の戸を叩き、出てきていただいた方に対し、何か困りごとはありませんか、気になることがあればお聞きしますよ、と順番に声をかけていく相談スタイルである。しかし、普通に訪問するだけでは、「ありません」で終わってしまい、相談につながることはないため、相手の体調や、地域の様子などを聞きながら、相手に心を開いてもらい、日常会話の延長で相談を引き出す必要があり、相談員として参加したメンバーも慣れないうちは戸惑ったと思う。仮設住宅団地の集会所や日向ぼっこなどで外に出ている人に対し、挨拶をし、いっしょに座りながら話をすることもあった。とにかくコミュニケーションを重視しながら、相手に寄り添うことを大切に行い続けた。数あ

る仮設住宅でも、長期にわたって行えば、同じ住宅に半年に一度くらいのペースで誰かが訪れることになる。そうすると、前も来てくれてありがとう、前回は聞けなかったが、そのときからずっと聞きたいことがあったと話をしてくれる人もいた。

　巡回相談は、はっきりいって相談手法としては、効率が悪い方法である。仮設住宅にいっても必ず人がいるわけでなく、留守のときもあるし、すでに家を建て直しなどし、引っ越してしまっていることもある。しかし、相談会を開催し待っていたって、相談に来るのは相談に行く力のある人だけであり、相談したいことや人に話をしたいことはあるけれど、相談会場まで行くことができない、何を相談してよいのか考えがまとまらない、ちょっとしたことで相談するのは申し訳ないなど考えて行動できない、そういった人たちに相談できる場をつくるためには絶対必要なことであったと考えている。

　宮古市の相談も全青司主導でしばらく継続した後、岩手会へ引き継ぐことになったが、数年にわたり全青司からひと月に1回〜2回のペースで相談員を出し続けることになった。全青司が活動を始め、日司連や単位会がその活動を引き継いでいくというのは、全青司活動としては理想的な活動が行えたということなのではないだろうか。また、宮古市の相談活動において、日司連（岩手会を通じて）からの相談日当が全青司から派遣された相談員にも支払われた。通常、日司連の相談日当は、相談員が所属する司法書士会にしか支払いがされず、全青司から派遣された相談員に支払いがされることはない。東日本大震災の相談活動の当初は、全青司から相談員に相談日当が支払われなかったため、全青司から派遣された相談員に対する助成をしていたのは、前述したとおりであるが、通常あり得ない日当を受け取ることができたのは、宮古市の相談活動を継続していることが認められた結果であろう。

3　多発する災害に対し

　東日本大震災以降、本稿を寄稿するまでに地震、水害と大きな災害がいくつも起こっている。特に2016年の熊本地震は大きな被害を出し、有名な観光地でもある熊本城も被害を受けたこともあり、連日報道される大きな災害であった。熊本地震の際も、全青司として被災者のための活動が必要であると

して、地震発生から2カ月後に避難所での一斉相談会を開催した。その際には、全国から約60人の参加者が集合し、2日間で約110件の相談に対応している。被災地では大人数が宿泊できる施設もないため、離れた地域の旅館に宿泊し、相談会前日に研修をし、2日間の日程の相談会では、朝から夕方まで分担しながら行ける限りの避難所に、飛び込みに近い形で足を運び相談を聞くという強引な企画であったが、法的な支援が届いていない被災者への相談活動の重要性は十分に発揮できた。なるべく早い相談活動が必要だと、急遽決めた企画に熊本という遠い地域まで旅費等の支援がいっさいない中でも相談員として集まってくれた会員には非常に感謝の限りであった。

　上記以外にも災害が発生する度に全青司では、相談活動を中心に支援活動を行ってきた。相談活動ができなくても電話相談にチラシを配布して回るという活動もあった。私は、東日本大震災の相談活動にかかわって以降、被災のニュースを聞くと何かできないかと思うようになり、立場を変えながらも被災地へ行ける限り行くようにしている。その度に、災害の規模にかかわらず、被災の現場では必ず法的な支援が必要な人がいること、法律家の支援が足りていないことが感じられる。災害大国である日本では、今後も災害が毎年のように起こる可能性が十分にある。その時に全青司として何ができるのかを現役で頑張っている皆さんには、日ごろから考えていてほしいと思う。

4　最後に

　東日本大震災から、約10年が経過しようとしている（本稿執筆時）。東日本大震災での巡回相談を知っている会員も減ってしまい、残念なことに、全青司の災害時の活動が薄れてしまっているような気がする。取り越し苦労ならよいが、今、日司連の市民救援委員会（災害時の市民に対する活動をする委員会）で活動をしているが、全青司の活動が聞こえてこない。災害の現場は、突然これまで何も問題がなかった人たちが、多くの法的支援を必要とする人たちになる。困った市民に寄り添う全青司としては、まさに活動の現場がそこにあると思う。とにかく、被災地に足を運び、被災者の声を聞いてほしい。被災者の声を聞けば、何かしなければならないと気づくはずである。

　私が思うに司法書士としての被災者支援というと法律相談となってしまい、

日司連も被災者支援活動を行っているが、法律相談以外の活動はできない。でも全青司であれば、活動範囲の限界に囚われすぎることはない。もちろん司法書士としての相談活動である以上、知識を生かした相談に最終的つなげたいところであるが、そのための手段は多様であってよいと思う。

　一般のボランティアとして被災者と触れ合いその中から法的な悩みを見つけたり、ほかのボランティアが被災者から聞いて困っていることに応えてあげたり、被災地域を巡回しながらタオルや石鹸などの被災者の必要としているものを配りながらついでに話を聞くなど、ありとあらゆる方法を試してみてはどうだろうか。私もあのときもっとこうすればよかったと思うことはあるが、やってみないとわからない。ぜひとも新たな手法を見つけ出し、被災者への新しい支援の方法を若い力で考え出してほしいと思う。

18　全青司活動と原発事故被害への対応

福島県司法書士会

安藤　宣行

　このたびは50周年記念誌において貴重な紙幅をいただいたので、原発事故被害対応委員会での活動を中心に、まことに僣越ながらこれまで全青司で経験できたことを振り返ってみたいと思う。

1　全青司との出会い

　私が最初に全青司の幹事になったのは、記憶に間違いがなければ2008年のことである。

　当時、地元福島県の先輩が消費者委員会の委員長に就くことになり、その先輩に誘われてよくわからないままに同委員会の末席に加わることになった。先輩に逆らえないという建前もあったが、地方では自分が関心のある研修を受ける機会がなかなか得られないと感じていたところでもあったので、幹事として何か志をもって活動するというよりも、幹事になればいろいろと勉強になるのではないかという下心が働いていたのが偽らざる事実である。

　ちなみに「よくわからない」とは言ったものの、怖いところということだけは本当はよく知っていた。2007年に福島会が主管した全青司全国大会のPR活動のためにオブザーバーとして代表者会議に出席した際、ある議題で会議が大揉めしているのを目撃していたからである。議題の前提となる情報や知識もないまま、そもそもまだ司法書士登録もしていなかった青年（当時）にはあまりに刺激が強すぎたため、ただただ怖い人たちの集まりだという印象しか残っていなかった。それだけに、先輩の後押し（あるいは捕獲）がなければ今ここでこの原稿を執筆することもなかったのだろうと不思議に

思うところでもある。

2　全青司活動のはじまり

実際に幹事として全青司にかかわってみると、役員としてはほとんど役に立っていなかったものの、クレサラ問題をはじめとする消費者問題への理解は期待していたよりも深まったことを実感できた。下心は見事に成就した。

そして私にとって何よりも大きかったのは、全国の先輩たちが、それまで自分にはおよそ想像もつかなかったようなさまざまな活動を行っていることを目の当たりにできたことである。「司法書士は○○する」から「司法書士として○○できる」というパラダイムシフトは、その後の司法書士人生、いや人生そのものの転換点にもなっていたように感じる。

3　原発事故発生

2011年3月11日の東日本大震災とともに、東京電力福島第一原子力発電所では未曾有の事故（以下、「原発事故」という）が発生した。震災の影響はここで述べるまでもないが、福島県が他の被災地と大きく異なる点は、線量計、シーベルト、被ばく、除染、スクリーニング、モニタリングポスト、○○区域、○○制限、許可証、賠償などの言葉がまるで方言のように一般市民の日常用語になったことである。

直後に埼玉県で予定されていた全青司全国大会および総会も震災の影響で開催できなくなるなど、当時の全青司新執行部はスタートから困難を余儀なくされた。

震災から1カ月余りが過ぎた時期、東北新幹線も徐行運転ながらも一部区間が再開し、名古屋市で開催された全青司役員会・代表者会議には私も何とか辿り着くことができた。3.11以降福島県を離れたのはこのときが初めてであった。東海道新幹線を降り名古屋駅から見た外の景色は、季節と人々の服装以外4カ月前と何も変わっていなかった。その瞬間、福島県の現状が全国的にはおそらくろくに理解されていないのだろうと悟った。

当時、福島県民が各地のホテルでチェックインを断られるという状況にあり、旅館業法5条を基に政府が宿泊拒否を是正するようコメントを出してい

た時期でもあった。名古屋市内のホテルにチェックインする際、フロントで住所を記入しながら「もしかして断られるかも」と自身の中にも不安がよぎったことを覚えている。また、その日の夜は、久しぶりにジーンズを脱いで就寝したこともよく覚えている。福島県内では4月11日の余震でも犠牲者が出るなど余震が絶えなかったことから、自宅で寝られることに感謝しつつ、いつでも動けるように毎日ジーンズを履いて床に就いていたところであった。

　福島青年会の副会長だったこともあり、その後は福島県内の一次避難所、二次避難所、仮設住宅等を回った記憶ばかりである。全青司の事業に気を配る余裕は全くなかった（当時福島青年会に対して全国から物心両面で多大なるご支援いただいたことに関しては深謝する次第である）。

　そもそも福島県内の事態があまりにも特殊すぎるため、原発事故に対して全青司ができることも限られているだろうと感じていた。

4　原発事故被害対応委員会の誕生

　2011年の夏頃、全青司の当時の偉い人たちから「次年度に委員会をつくってはどうか」という話が出てきた。すでに全青司では災害対策本部を設置しており、岩手県内や宮城県内では沿岸部を中心に巡回相談を実施していたが、それらの活動とは別に委員会をつくろうということである。原発事故という扱いにくいものに、わざわざ火中の栗を拾うかのごとく手を突っ込む覚悟が伝わってきたことから、その委員長を引き受けることに即断した。正直に言えば、次年度ではなくなぜ今すぐやらないのかとも思ったが、それは私が予算や決議を伴う組織というもののしくみを全く理解していなかっただけのことである。

　さて、準備期間の半年で私が考えたことは、全国に会員が存在する団体としてはたして何ができるか、あるいは何をすべきかであった。

　地元での活動は先に少し述べたとおりであるが、原発事故による福島県内からの避難者は全都道府県に多数及んでおり、そのような方々を対象にした活動はほとんどできていないのが実情であった。そして全国各地の避難者の相談先として、避難先の司法書士が対応できる状況こそが望ましいのではないかと思い至った。そのためには、全国各地の司法書士に原発事故後の状況

をある程度理解しておいてもらうこと、そもそも関心をもってもらうことが不可欠であった。宿泊拒否は極端な事例にしても、福島県民に対する偏見や無知は少しでも払拭しなければならなかった。福島県民はみんな莫大な賠償金をもらっているなどという流言はその典型であろう。避難先の司法書士に相談した市民が、不適切な対応をされて二次被害を受けるようなことだけは何としても避けたいと思った。

そこで、全青司をとおして全国の司法書士へ原発事故後の情報を適時提供していくこと、そして避難者からの相談・依頼に際して難しさを感じたときには委員会がそのバックアップを担うことを活動の軸にできないかと考えるようになった。

次に、スタンスとして少なくとも次のことだけは委員会内で共有しておかなければならないと意識していた。それは、この委員会は原発政策の是非につき議論する場ではないということである。

もちろん原発政策を議論すること自体は非常に有意義なことであろう。しかしながら、すでに起きてしまった原発事故による被害は、原発を推進しようが縮小しようが変わるものでもなく、そのような議論が私の事務所の空間放射線量に影響を及ぼすものでもない。そもそも原発事故は誰かが望んだ惨劇ではない。

今まさに困難に窮している被災者・被害者を置き去りにして「ぼくのかんがえたせいぎ」を振りかざすようなみっともない活動に陥ることだけは絶対に避けなければならないと肝に銘じていた。

そのことを象徴すべく、発足時に委員会名を「原発事故被害対応委員会」とすることを提案した。長ったらしい名称のため、内部的には事務上「原発委員会」と省略されることも少なくなかったが、私個人としてはこの名称を極力略すことなく用い続けた。なお、被災者・被害者を置き去りにしないという意識は、幸いにも委員会が存在した5年間、ずっと委員会内で共有されていたのではないかと実感している。

5　原発事故被害対応委員会の活動

このようにして発足した原発事故被害対応委員会であったが、その代表的

な活動としては青年単位会代表者をとおした情報発信のほか、電話相談会の開催、全国研修会の分科会担当、青年単位会への講師派遣、市民向けフォーラムの開催などを行ってきた。

　特に福島県外への避難者が、避難先の司法書士に原子力損害賠償紛争解決センター（以下、「原紛センター」という）への和解仲介申立て（いわゆる原発ADR申立て）を依頼して解決に至る事例が出てきたことは非常に大きなことだったと思う。

　ちなみに、当初は原発ADR申立てへの関与（代理・書類作成）が司法書士の業務にあたるか否かという疑義も生じていた中、「東日本大震災の被災者に対する援助のための日本司法支援センターの業務の特例に関する法律」の適用と相まって司法書士が業務として関与できることが明確にされたことは、司法書士制度の歴史においても大きな出来事であったのではないかと考える。

　また、原発事故に基因する損害賠償請求権につき、特例が存在しない以上は民法に則り3年で消滅時効にかかるとされるところ、全青司としてはわずか3年で時効を迎えてしまうことの問題点につき適時意見書・要望書等を発出してきた。この点に関しては、その後、「東日本大震災における原子力発電所の事故により生じた原子力損害に係る早期かつ確実な賠償を実現するための措置及び当該原子力損害に係る賠償請求権の消滅時効の特例に関する法律」（以下、「原賠時効特例法」という）等の成立・施行により、消滅時効期間が10年に延長されるに至っている。

　さて、ここまで偉そうに書いてきたものの、私が委員長を務めたのは実際には最初の1年のみである。福島県の司法書士が委員長に居座ることは委員会の私物化にもつながりかねないため、2年目以降は一幹事として活動させていただいた。さまざまな実績も、そのほとんどがほかの役員の皆さんの活躍によるところである。

　5年もの長きにわたって予算と人員を割いて委員会を存続させてくれた全青司には感謝申し上げるとともに、いっしょに活動してくれた仲間のみんなにも心より御礼申し上げる次第である。

6　原発事故被害は過去のものではない

　この原稿を執筆しているのは締切も間近に迫った2019年9月下旬であるが、まさに今日依頼者から電話がかかってきた。私の地元である福島県郡山市内から一時避難していたご家族の実費賠償を中心とした原発ADR申立書を作成した件で、原紛センターよりこれが受け付けられた旨の封書が自宅に届いたという連絡である。

　このとおり、原発事故から8年半が経過し元号は新たに令和になっても、原発事故の被害は決して過去のものではない。福島第一原子力発電所周辺を中心に、そもそも自宅に戻れる見通しすら立っていない避難者がまだまだたくさん存在している。このような状況においても原賠時効特例法による消滅時効期間の10年は刻々と迫ってきている。

　さらに言うなら表現は非常に悪いが、家族揃って損害賠償手続が進められるだけマシとも言わざるを得ない。原発事故を起因とした家族不和は業務上も業務外でも嫌というほど見聞きしている。原発事故による金額に換算しようのない被害・影響はずっとずっと福島県民を苦しめ続けている。

　最後にネガティヴな内容を書き連ねてしまったが、反対にむしろ勇気づけられる経験をすることも決して少なくなかった。

　たとえば、避難所で知り合って結婚した夫婦が、避難生活の最中に私の事務所を訪れたことがあった。自分たちの故郷は自分たちの手で除染してから戻りたいという強い希望の下、除染を手がける会社の設立登記を依頼したいとのことである。しばらくして今度は変更登記が生じた際に、会社代表を務める妻が汚れたつなぎを着たまま事務所を訪れた姿を目の当たりにして、避難者の逞しさを見た思いであった。

　これらのとおり原発事故被害は今なお決して過去のものではない。福島県外ではほとんど報道されることもなくなっているものと思われるが、全国の司法書士の皆さんには引き続き関心をもち続けていただけると幸いである。

　また3.11のときには司法書士ではなかった、あるいはそもそも未成年だったという若い会員も今後どんどん増えてくるであろうが、避難者は全国各地に存在し、さらには避難先に移住した方々がたくさん存在しているという事

実だけは何卒理解しておいていただきたいと切に願う。

7　最後に

　私が全青司幹事になったばかりの頃、先輩たちがしばしば「走りながら考える」という言葉を口にしていたことを思い出す。これは行動することと考えることの重要性を端的に言い表していたのであろう。

　全青司はこのたび50年の節目を迎えるところであるが、大先輩たちの時代から現在まで先進的な取組みを連綿と積み重ねてきたからこそ、長きにわたってその活動が継続できたのではないかと考える。これからの50年も市民の目線を決して忘れることなく、その時代その時代の潮流をいち早く汲み取って、走ることと考えることを両方大事にしながらますます意欲的に活動されることを大いに期待する。

19　ハンセン病問題への全青司の取組み

奈良県司法書士会

西山　弓子

1　はじめに

「ハンセン病の患者・元患者の皆様、親族の皆様に対し、90年もの長きにわたり不当に強いてきた辛辣な差別・偏見の実態が、2005年3月1日、ハンセン病問題に関する検証会議による『ハンセン病問題に関する検討会議・最終報告書』として総合的かつ客観的にまとめられました。その中で、検討会議が指摘した『法律家として社会から付託された責任を果たさず、なすべき行動を怠ってきた』との事実を、『街の法律家』を自認する私たち青年司法書士は、自らへの指摘であると真摯に受け止めています」。

これは、「ハンセン病問題に関する検討会議・最終報告書」が出された際に、当時の小澤吉徳全青司会長名で発出した会長声明[1]の冒頭の一文である。

2001年5月11日、熊本地方裁判所のハンセン病違憲国家賠償請求訴訟の判決（熊本地判平13・5・11判時1748号30頁。以下、「熊本判決」という）に対し、当時の内閣総理大臣であった小泉純一郎が、同月23日の記者会見で「控訴を行わない旨を決定した」ことを話す姿は、皆さんの記憶にも残っているのではないだろうか。その控訴断念の会見から約半年後の2001年12月、筆者は、当時大阪会の伊藤浩平さんらに誘われて、岡山県の瀬戸内海に浮かぶハンセン病国立療養所「長島愛生園」を訪問する機会を得た。後に知ったことだが、

1　「ハンセン病問題に関する検討会議・最終報告書を受けて」（全青司2005年度会発第38号）。

伊藤浩平さんは全青司の先輩であった。

　岡山県本土と島に架かる青い橋を渡って園内に入ると、海の青さと草木の緑が目に飛び込み、風光明媚な、静かで自然豊かなところだと思った。しかし、園内を見学しながら、回復者の方から説明を受け、一目の感想は一変した。風光明媚な美しい島は、社会から狩り出され追いやられた隔離の地であった。本来であれば、子どもや孫に囲まれ賑やかに生活しておられたであろう世代の人たちが、断種や堕胎によって、子をもつ権利を奪われ、子や孫を抱く喜びを奪われ、それゆえに高齢者だけの町となり、それゆえ日々の雑踏がなく静かなのだという事実を知った。園に入る際に渡った青い橋は「人間回復の橋・邑久長島大橋」と名づけられた橋で、1988年5月に開通するまでに約17年間の架橋運動を要し、本土側住民による辛辣な差別偏見と闘いながら、漸く開通した橋であった。そして「人間回復の橋」と名づけられたのは「隔離の必要のない証」を勝ち取った大きな成果だからであるという事実を知り、帰路ではもうただの青い橋ではなくなった。

　また、ハンセン病違憲国家賠償請求訴訟の弁護団声明の文中にある、「らい予防法という日本国憲法には相容れない法律の存在を許したことに対し、法曹としての自らの責任に思いをいたす」という、法律家の不作為に対し正面から向き合うべきであることを法律家自ら語った言葉にも出会った。そして筆者は「司法書士も不作為の当事者ではないのか」という疑問を強く抱いた。

2　全青司としての第一歩

　療養所から帰ると、筆者は、司法書士は日々「身近な法律家」と自認している以上、そこには、ハンセン病問題に対して「法律家としての不作為」の当事者としての反省と果たすべき責任があるのではないか、今からでも何かすべきだし、何かできることがあるのではないか、と考えるようになった。しかも、終身強制隔離政策の被害者である回復者の皆さんの高齢化が深刻であることがわかり、「早急に行動に移さなければ」という焦りも感じていた。しかし、この思いをどう伝え、どう行動すればよいのか、その方法が司法書士になって日の浅い筆者にはわからなかった。そこで、京都で開催された全

青司役員会の席で思い切って発言してみることにした。おそらく、あまりにも感情が先行しすぎて、上手く思いを言葉にできていなかったと思う。繰り返しになるが、司法書士にこの件でいったい何ができるのか、筆者には全く見えていなかったから。ところが、全青司の先輩方は、新人司法書士の頭の中だけでなく心の中まで見事に掬い取ってくれた。逆に「とにかく現場に足を運んでみよう」「自分たちにできることを探してみよう」と、できるだけ早く行動を起こすことを提案してくれた。そして、2002年6月、群馬県の草津温泉にある栗生楽泉園を、全青司として初めて訪問するに至ったのである。その際、長野会の金子良夫元全青司会長や、全青司会員である草津町の松村宏志さんが、療養所訪問の企画を具体化するのに尽力してくれた。

　筆者は、今でもこの時のことをときどき思い出す。まずは現場に行って司法書士のできることを探すという全青司の先輩方の活動スタイル、フットワークのよさ、そして感受性。

　特に感受性については、回復者の話を聴きながら、大きな身体の金子さんがポロポロ涙をこぼす姿が忘れられない。筆者が、その後も全青司にのめり込んでいるのは、この時の感動がずっと残っているからかもしれない。筆者にとって、全青司という団体を自画自賛したくなる出来事の一つとなっていることは間違いない。

3　「くらしの相談会活動」という現場

　当初、私たちには、何か役に立ちたいと焦る気持がある一方、このままそっとしておいてほしいと願う回復者の皆さんの気持も大切にしなくてはならないという思いがあった。そのような折、終身強制隔離政策が廃止されたとはいえ、幼くして隔離された回復者の方からすれば、人的交流が十分に回復されているとはいいがたい状況であり、国賠訴訟でお世話になった弁護士さんが多忙であることは重々承知しているので、個人的な相談は持ち掛けにくいという回復者の声が私たちに届いた。

　善は急げとばかり、これまで全青司が全国の司法過疎地において開催してきた無料法律相談および法律教室活動のノウハウを生かし、2003年6月、沖縄県名護市にある沖縄愛楽園において「くらしの相談会・遺言の書き方教

室」を開催した。くらしの相談会では、講堂に相談ブースを設けるだけでなく、回復者の自室を訪問し、じっくり話をうかがった。寄せられた相談内容は、知人への貸付金の回収や、親族の借金問題、そして相続や登記に関することなど、療養所に限らない他の巡回法律相談でもよくある内容の相談であった。沖縄という土地柄、返答に窮する事態を想定し、沖縄青年会に応援要請し、相談員として参加してもらったことも、安心して相談を受けることができた理由だと思う。

　沖縄愛楽園や宮古南静園で相談会を開催する中では、もちろんハンセン病問題を背景にもつ相談もあった。たとえば、貯金の名義人が亡くなり、妻が預金の払出しをしようと園内郵便局に手続にいくと、婚姻届を提出していないために法定相続人の地位にないとの理由で払出しができないといった相談や、2003年1月6日の金融機関等による顧客等の本人確認等及び預金口座等の不正な利用の防止に関する法律の施行に伴い（2008年3月1日廃止）、本人確認書類が揃わないとの理由で口座解約に応じてもらえないといった相談があった。これら相談の背景には、ハンセン病に対する終身強制隔離政策によって、療養所以外での生活が想定されない入所者は事実婚の形をとっている人が多いという事情があった。また、幼くして療養所に入所させられて以降、車を運転する機会もないため自動車免許を取得しておらず、また、海外旅行に行く機会もなかったためパスポートもない。ハンセン病回復者の方々には健康保険の適用がなく健康保険証が支給されない。終身強制隔離政策によって本人確認法による法定の確認書類が揃わないという事態が、療養所内で生じていたのである。終身強制隔離政策を推し進めた国が、その政策によって甚大な影響を受けている回復者の現状を知ろうともせず、夫婦であることを認めず、いずれかの書類は当然もっているだろうと本人確認法の適用を強いることに対して強い憤りを感じた。結果的には、ほかの複数の通帳と住民票で代替するという取扱いを行うことで解決できたが、この結論に至るまでに、国立療養所である園の園長名で「本人に間違いない旨の書類」を作成し代替する案を提案したところ、国立療養所の園長名の書面は公的書面にあたらないと拒否され、ほかの療養所や支援団体に対し、同様の事例がないか問合せを行い、上記通帳と住民票による取扱いで解約したという事例が栗生楽泉園

で見つかったので、沖縄愛楽園においても同様の取扱いを提案することができた。そのほかにも、ハンセン病への差別偏見から子どもを守るために、自分の子を兄の子として出生届を提出した結果、実子でありながら法定相続人でないという事情が生じており、実子に対して遺言を残したいという相談もあった。

　沖縄愛楽園では、布団の訪問販売による被害報告が自治会に寄せられた。この頃、「ハンセン病療養所入所者等に対する補償金の支給等に関する法律」が、2001年6月22日に成立、同日施行されたことをマスメディアが大きく取り扱ったことで、回復者が補償金を受け取ったことが広く社会に知られることになった。その補償金が早速狙われていたのである。人生被害に対する補償金をなんだと思っているんだという怒りが湧いてきた。そこで、第2回目の法律教室では、「悪質な被害から身を守る教室」と題して、オレオレ詐欺（振り込め詐欺）の被害に遭わないための電話対応をデモンストレーションし、送り付け商法に対する対処法などについての法律教室を企画した。この法律教室の後、訪問販売対策として、療養所の正門に警告の看板を掲げるという具体的な対策が施された。さらに、2005年3月には、回復者証言集の編纂ボランティアの方を愛楽園自治会職員とするための職務環境整備に関する相談を受けた。全青司人権擁護委員会の幹事であった千葉県会の古田善宏さんが社会保険労務士とのダブルライセンスだったので、自治会の事業者登録をして雇用保険などの福利厚生を充実させるための各種手続を行った。司法書士業務ではないが、個人の相談だけでなく、それ以降自治会組織に関する相談を受けるきっかけとなった。ちなみに、編纂された「沖縄県ハンセン病証言集」の中に全青司への謝辞が記されている。

　2007年11月には、全青司憲法委員会の事業として、全青司憲法検討フォーラムの中で「ハンセン病問題基本法の制定を求める緊急集会」を開催した。愛楽園証言集編集事務局研究員の辻 央さん、琉球大学の森川恭剛教授、全国退所者原告団連絡協議会前会長の伊藤さん、早稲田大学の水島朝穂教授に参加いただき、終身強制隔離政策を合法化し、ハンセン病に対する差別偏見を下支えしてきた各法律を再検証した。回復者の方々の現状を再確認し、今なぜ、ハンセン病問題基本法の制定が必要なのかを考えた。新しい法律の制

定に司法書士として深くかかわることの意義、回復者の方々の人生最期の闘いを共に闘っていくことの意義を確認した。最後に集会アピールという形で私たちの決意を発出した。

2005年10月には、会長声明[2]を出し、「①厚生労働省は、韓国小鹿島更生園と台湾楽生院の入所者がハンセン病補償法の適用を受けられるように、平成13年6月22日号外厚生労働省告示第224号（以下「告示」という）を速やかに改正すること、②厚生労働省は、不支給処分の取消しを命じた東京地方裁判所民事第38部の判決に対する控訴を断念すること」を求めた。

療養所を訪問して実施する「くらしの相談会活動」は、入所者の減少、高齢化の影響で、相談件数が少なくなってしまったこともあって、現在では行われていない。しかし、全青司としてのハンセン病問題への問題意識は、各地の青年会にも確実に伝播している。岡山青年会で定期的に開催されていた岡山県にある邑久光明園への訪問・入所者との交流活動が代表例であるが、鹿児島青年会では、創立40周年記念事業で「司法書士とハンセン病問題を考える」というテーマを取り上げ、東京、埼玉、神奈川、長野、群馬などの青年会でも、参加者を募って、各地の療養所や資料館を自ら訪問し、ハンセン病問題に関心をもち続けようという取組みが行われている。

4　「当事者」として

療養所を訪問し、相談活動に携わる中で考えてきたことは、回復者の皆さんの、辛辣な差別偏見に晒されてきた時間の長さ、死ぬまで隔離され続けることへの絶望から自ら命を絶つ仲間を見送りながら過ごしてきた時間の長さ、終身強制隔離政策の下で、家族から引き離され、回復者の皆さんが過ごしてきた隔離の日々についてであった。筆者の想像力を最大限働かせてみても、当事者の思いにはとうてい及ばない。想像の限界を超える「事実」が実際に存在し、平成・令和の世になってもなお、回復者の皆さんを苦しませている。回復者の皆さんは、「らい予防法」という違憲な法律によって、個人の尊厳

2　「ハンセン病補償金不支給処分取消訴訟」東京地裁判決を受けて（2005年度全青司会発第53号）。

を傷つけ剥ぎ取られて、社会からの辛辣な差別・偏見によって回復者自身だけでなく、愛する家族までも傷つけられ、自己の存在自体に否定的にならざるを得なかった。本当に悲しすぎる事実である。しかし、この事実には、法律の下支えがあったことを私たち司法書士は決して忘れてはならない。不作為の当事者だから。

ハンセン病問題にかかわる中で、「個人の尊厳」「人間回復」という言葉を何度も何度も反芻してきた。司法書士が他者の人生にかかわることのできる職能であるということを実感できる貴重な経験であったと思う。しかし、それと同時に、司法書士は自己以外の他者の人生にどこまでかかわっていく覚悟があるのか、そういった課題に向き合う時間でもあったように思う。そして、向き合うためには、「当事者性」がとても大事であると考えるようになったのもハンセン病問題に全青司としてかかわったからであるように思う。司法書士は常に社会に生きる当事者としての目をもって、現状を黙信せず、常に誤った方向、内容でないかと目を光らせ、社会に提言し、問題を「一般化」することが、必要であり、重要であると考えるようになったのは、全青司に出会い、ハンセン病問題にかかわることができたからではないだろうか。

5 最後に

ちょうど、この原稿を執筆していた2019年11月15日、議員立法により「ハンセン病元患者家族に対する補償金の支給等に関する法律」（令和元年法律第55号）が成立した。「21世紀の一番星」と呼ばれる熊本判決が色あせることのないよう、回復者の皆さんやご家族にとって、自分たちを苦しめるだけで、決して助けてくれる存在ではなかった「社会」や「法律」に対する不信感を、当事者の一人として近くにいて、社会への信頼・法律への信頼、今後への希望に変わっていく過程をずっと共に歩みたいと、青い橋を渡って18年過ぎた今も心からそう思っている。

20　全青司の憲法委員会

群馬司法書士会

石橋　修

1　近時の改憲論に関する提言書──第一次憲法委員会

　全青司には、2006年度から2008年度までの間、憲法委員会が設置されていた。「月報全青司」を読み返してみると、2005年度、人権委員会の中に憲法を研究するグループが立ち上がり、次年度から憲法委員会が組成されたことがうかがえる。

　当時の憲法委員会委員長であった澤田章仁司法書士は、「憲法感覚の浸透へ向けて」と題する文章の中で「全青司が法律家集団として果たすべき役割は、人権侵害などの憲法問題が生じた後の事後的救済に終始するものであってはなりません。致命的で回復困難な人権侵害は、これを未然に防止することでしか救済はできません。したがって、世の中に人権侵害を誘発するかもしれない動きが散見されたならば、全青司は、これを憲法問題として敏感に受け止め、敏感に反応し、事態が生じる前であっても、積極的に意見・提言を表明していかなければならないのです」と記している[1]。

　2006年度、憲法委員会の議論の中心は「近時の改憲論に関する提言書」（以下、「提言書」という）に関してであった。「近時の改憲論に関しては、立憲主義や基本原理（根本法理）などの日本国憲法の原点に関する認識が不足しているものと指摘せざるを得ず、また他方において、立憲主義や基本原理（根本法理）をさらに定着させ、その究極の目的である人権保障を推進する

　1　月報全青司311号。

ための議論も並行していかなければならない」（「提言書」5頁）との認識の下、その執行が2007年2月の役員会で承認された。

私は、当時全青司で活動していた身ではないながら、代表者会議などを通じてこの間の議論に触れていたが、慎重論や反対論も根強く主張されていたと記憶している。

「提言書を出すこと自体に反対なのではない、今年度執行は反対である」「議論が不十分である」「現時点で執行すると退会者が出る」などの反対意見があるとしたうえで、当時の大部孝全青司会長は、「執行する場合の全青司の短・中期的デメリットとしては、組織内部的には、執行に反対する会員の反発や総会の混乱が考えられる。活動に関する議論の機会が不十分であったことから、今後、全青司活動に対する会員のモチベーションが低下し、活動の萎縮化が免れないこと等々が議論となりました」と書いた[2]。

翌2007年度、私は、月報全青司の編集委員長を務めたが、紙面には憲法委員会を中心に執筆いただいた「連載憲法」を掲載し、同委員会の活動を伝えた。さらに、提言書の執行に反対していた人たちの意見を取り上げ、全青司の執行のあり方を考える特集を企画したが、これは叶わなかった。

数年後、全青司の中に憲法委員会はなくなり、2014年度に復活するまでに数年の期間を要することとなった。

2　憲法研究特別委員会

(1)　嵐の中の「憲法研究特別委員会」結成

2014年7月、政府は憲法解釈を変更することによって、集団的自衛権の行使を容認する閣議決定を行った。この事態に対し、当時の全青司には憲法研究の下地ができておらず、何ら意見を述べることができなかった。内心忸怩たる思いがあったのか、2014年度の水谷公孝全青司会長の意向が強く反映された形で、同年8月の役員会に憲法研究特別委員会設置に関する議案が上程された。

しかし、この議案は同役員会で2日間にわたる激論の末、否決された。否

2　月報全青司323号。

決の理由は「全青司が憲法を研究する必要はない」という消極的なものではなく、「むしろ、今後も継続して進めていくためには、ここで焦って設置を承認してしまうのではなく、慎重に会員への周知を図ってから進めたほうがよいのではないか」との積極的な理由によるものであった。

　その後、同年10月の代表者会議で意見交換の時間を設け、憲法研究の必要性について議論した。「代表者ML（全国の青年会代表者と全青司執行部で構成されるML）への投稿をもっと早くにしてほしかった」「会員に意見を述べる機会を与えてほしい」との意見もあったが、特別委員会を設置して研究をスタートさせることについては、おおむね賛同を得られたとの判断の下、役員会で憲法研究特別委員会の設置が承認された。

　なお、2014年度に憲法研究部署の設置についてさまざまに議論を尽くし、数カ月ではあったが、特別委員会として憲法研究の活動をスタートできたことは、翌年度正式に憲法委員会を設置し、研究を続ける土壌を整えたという意味では非常に意義あることであった。

(2)　憲法研究特別委員会の設置趣旨

　憲法研究特別委員会の設置趣旨は以下のとおりであった。

　「これまで政府の憲法解釈では、『我が国に対する武力攻撃が発生していないにもかかわらず自衛権（集団的自衛権）を行使することは違憲である』とされてきました。しかし、政府は平成26年7月1日の閣議決定により、集団的自衛権の行使を容認するよう憲法解釈を変更しました。政府による憲法解釈の変更がどこまで許されるのかは議論のあるところではありますが、時々に恣意的な解釈変更が可能ということになってしまえば、まさに立憲主義に反すると言わざるを得ません。このような立憲主義の危機にあたり、法律家である青年司法書士の団体としていかに行動すべきか、ご一緒に考えていきたいと思います。

　また、同年7月18日、最高裁判所第二小法廷は『外国人は、行政庁の通達等に基づく行政措置により事実上の保護の対象となり得るにとどまり、生活保護法に基づく保護の対象となるものではなく、同法に基づく受給権を有しないものというべきである』と判示しました。棟居快行教授は『月報司法書士423号』において、上記のような問題を"小さな憲法論"と呼んでいます

が、実務家たる司法書士としては、『見落とされがちな、今の日本社会の日常生活との関わりにおける実践的で小回りのきく憲法論』（同教授）にも精通する必要があるでしょう。

そこで当委員会では、社会情勢も踏まえたうえで『平和主義や民主主義、表現の自由など、日本国憲法の中心的な価値を守ることを使命とする』"大きな憲法論"を、そして、司法書士実務から見えてくる"小さな憲法論"をともに研究すべきテーマとし、司法書士の視点から研究・議論します。今後さまざまな問題が発生した際に、憲法的な視点から対応できる素地を作りたいと考えるからです。

憲法については、単に本を読んで研究し、講義を聴くだけでは理解は深まりません。様々な異なる考えを理解し、意見をぶつけ合うことで知識が深化するはずです。そのためにはたくさんの方に参加いただき、積極的な議論を進めていきたいと考えます」。

3 第二次憲法委員会の活動

⑴ 会長声明・意見書の発出

2015年度、新たに組成した憲法委員会は、4月の代表者会議において夫婦別姓の問題を取り上げて議論するなど、年度当初から順調に活動をスタートさせた。特にML上の議論では、しばしば俗に言う「炎上」状態となるほどの活況を呈していた。

そんな2015年は、政府から安全保障関連法案が提出され、国会周辺や全国各地でデモ活動が展開されるなど国民的議論がわき起こり、司法書士にとっても法律家としての立ち位置が問われる年であった。全青司では、これらの法案が成立することは立憲主義の危機であるとの認識から、衆議院での可決を受けて同年7月27日、法案が違憲であることを訴える「安全保障関連法案による立憲主義破壊に反対する会長声明」（以下、「7月会長声明」という[3]）を、参議院での法案可決を受けて同年9月25日、「安全保障関連法案の強行

---

3 7月会長声明は全青司ホームページに掲載されている〈http://www.zenseishi.com/opinion/2015-07-27-02.html〉。

採決に強く抗議し、同法の廃止を求める会長声明」（以下、「9月会長声明」
という⁴）を発出した。

　また、同年11月26日には「沖縄県知事による辺野古埋め立て承認取り消し
に対する国の法的対抗措置に抗議するとともに、沖縄県との協議の継続及び
辺野古埋め立てにかかる一切の行為の停止を求める意見書」（以下、「辺野古
意見書」という⁵）を政府に提出した。

　憲法委員会が中心となって声明や意見書を作成し、役員会で諮ったうえで
執行したわけであるが、会員の中からは、「これらの声明や意見書を発出す
べきではなかった」との反対論が提起された。一連の経緯は、「社会問題に
対し、全青司が組織としてどう関わっていくのか」を考察する格好の素材で
あるため、当時、全青司会長としてどんなことを考えていたのか述べてみた
い。

⑵　会長声明発出に対する反対意見について

　あらためて全青司が発出した声明を確認すると、7月会長声明では、「自
衛隊法、武力攻撃事態法、周辺事態法等の安全保障関連の10本の現行法を改
正する一括法案（平和安全法制整備法案）及び国際平和支援法案の採決によ
る立憲主義破壊に反対する」、9月会長声明では、「安全保障関連法案の強行
採決に強く抗議し、同法の廃止を求める」ことを趣旨とした。

　上記会長声明の発出を受け、2015年11月、某青年会代表者から全青司代表
者MLに「声明の内容に反対か、内容に反対でなくとも声明を出すことに
反対の者がいること。全青司内部で議論が尽くされたように思えないこと。
全青司会長が声明を出すことは、内容に反対の会員にとっては特定の思想信
条を押しつけられることになること」を理由として、当該代表者の所属する
青年会が「全青司の主催する活動に、当面の間参加しない」ことを決議し、
34名の会員中19名が全青司を脱会するとの連絡を受けた。

　この事態を受け、私は代表者MLで各地の代表者に対し以下のとおり呼

4　9月会長声明は全青司ホームページに掲載されている〈http://www.zenseishi.com/
opinion/2015-09-25-02.html〉。

5　辺野古意見書は全青司ホームページに掲載されている〈http://www.zenseishi.com/
opinion/2015-11-26-01.html〉。

びかけた。

「全青司の執行に対する意思表示が、『全青司主催の活動に当面の間参加しない』もしくは『全青司からの退会』という形で表明されたことは、非常に残念でなりません。『辞める』あるいは、『活動に参加しない』という意思表示は、今後の対話の途を閉ざし、議論を深める機会をも手放すことになりかねないからです。対話を重ねても意見の一致をみないかもしれません。しかし、対話することなしに相互理解が深まることはあり得ません。対話することなしにお互いの妥協点を見出すことはできません。

全青司は、多様な意見を有する会員が、『市民の権利擁護および法制度の発展に努め、もって社会正義の実現に寄与すること』を目的として活動している団体です。そのため可能な限り会員の意見を事業に反映させるべく議論し、執行にあたっています。

他方において、青年司法書士の法律家職能としての職責に鑑みて、議論を尽くす中で、発出すべきと考えられる意見については、時機に遅れることなく責任をもって発出することも、執行部のなすべき判断であると考えています。

今年度は特に憲法に関連した多くの議論がなされています。全青司としての意見の発出についても、その両者のバランスを考えながら事業執行にあたっているということを会員のみなさんにご理解いただきたいと思います」。

私の呼びかけに対し、さらに別の青年会代表者から「今回の件で、今後の対話の途を閉ざし、議論を深める機会をも手放したのは全青司側ではないか。某青年会の決議は会員の意向を重視した結果であり、全青司も会員の声をしっかり聞くべきだ。今の全青司はバランス感覚を失している」との返信があった。

(3) 全青司はなぜ「辺野古意見書」を出したのか

2015年11月に発出した辺野古意見書の意見の趣旨は、以下のとおりである。
「1　沖縄県知事による公有水面埋め立て承認の取り消しに対し、国が行政不服審査法に基づいて行った審査請求及び執行停止申し立ては無効であるから、直ちに手続きを中止するよう求める。

2　沖縄県名護市辺野古における米軍新基地建設のための公有水面埋め立

てに関し、国が行おうとしている地方自治法245条の8の規定に基づく
代執行手続きについては、その要件を満たしていないから、撤回又は中
止すべきである。

　3　国は、地方自治の本旨に基づいて沖縄県との協議を継続し、その協議
　が継続する間、辺野古埋め立てにかかる一切の行為を停止するよう求め
　る」。

　辺野古意見書発出にあたり、同年11月に行われた役員会では「時機に後れ
ることなく今意見を言うことの必要性」と「可能な限り会員の意見を事業に
反映させることの重要性」を意識しながら議論を重ね、憲法委員会が提出し
た「新基地建設計画の撤回を求める」という提案を「沖縄県との協議を継続
し、その協議が継続する間、辺野古埋め立てにかかる一切の行為を停止する
よう求める」と修正したうえで承認した。

　「会員間で議論が尽くされたとは思えない」との指摘があることは承知し
ていたが、3000名もの会員が全員同じ意見ということはあり得ない。さまざ
まな意見をもつ会員がおり、出席した役員にも積極的、消極的、さまざまな
意見がある中、2日間にわたる議論の結果、役員一人ひとりが悩んだ末に最
終的な判断を下した。

　「時機に後れることなく」意見書を発出する理由の一つに、国の主張が認
められれば、日々埋立工事が進んでしまうことがあった。なぜこれが大きな
問題になるかというと、「公有水面を埋め立てることによってできる土地は
国有地となる。現在基地は私有地に建設されているが、それが国有地に建設
されるとなると、半永久的に沖縄が基地負担を強いられることになる」から
である。後に工事中止を命ずる司法判断がなされたとしても、この間に事実
上埋立工事が進んでしまえば、これを元に戻すことは難しくなる。だからこ
そ、「協議を継続し、その協議が継続する間、辺野古埋立てに係る一切の手
続を停止するよう求める」意見書を早急に発出しなければならなかったので
ある。

　また、同役員会では、「宜野湾市民により、沖縄県知事による辺野古埋立
て承認取消しの無効確認訴訟が提起されている」件をどう評価するのか、と
の議論もなされた。提訴した普天間周辺住民は、はたして辺野古新基地建設

に賛成なのだろうか。その真意は、「どこでもいいから早く普天間から基地を移転してほしい。それほどまでに基地の存在が負担となっていて、もう堪えられないのだ」ということではなかったか。

　私たちの意識の中では当時、「普天間基地が辺野古に移転しなければ普天間の住民が困る。他方、移転すれば辺野古の住民が困る。判断の難しい政治的な問題だ」といった普天間か辺野古かの二択で思考停止に陥ってはいなかっただろうか。普天間と辺野古周辺住民だけが安全保障の当事者なのではない。意見書では「沖縄が今求めているのは、沖縄に新たな基地を造らず、わずか0.4％を返して欲しいとのささやかなものである」と述べた。

　私は2015年11月24日、沖縄県名護市辺野古の米軍キャンプシュワブゲート前に座り込んだ。以下はゲート前で私自身が体験した出来事を全青司役員幹事MLに投稿した文章である。

　「朝7時、80人程の新基地建設反対派の人たちが、工事車両の基地入場を阻止すべく人間の鎖を作っています。80人の平均年齢は60歳代だったでしょうか。そこに東京から約100人の警視庁機動隊がやってきました。100人の平均年齢は20歳代だったでしょう。

　60代が一人一人、20代に剥がされ抱えられ、バスと鉄柵で歩道に作られた『檻（監獄ではありませんので念のため）』に運ばれていきます。私も両脇を抱えられ運ばれました。腕を振り払ったら逮捕されます。抵抗はできませんでした。怖かったです。道路の通行を妨げた私は犯罪者なのでしょうか？

　工事車両がゲートに入るまでの間、排除された人たちが再び抗議活動できないよう『檻』は20代にガードされていました。私は20代の青年に語りかけましたが、彼は無表情でした。怖かったです。

　7時10分、仕事を終えた100人は去って行きました」。

　辺野古ではこの光景が毎朝繰り返されており、座り込みはすでに6年もの期間に及んでいるという。

4　まとめ

　私は、2015年7月の代表者会議で、7月会長声明に関する議論の最後に以下のとおり発言した。

　「この会長声明をぜひ出したいと考えている。司法書士は法律家なのか、全青司は法律家団体なのかが問われていると思うからである。法律家職能としての使命を自覚する司法書士が集まった全青司が、この声明を出さないということはあり得ない。立憲主義がないがしろにされれば市民生活は崩壊する。だからこそ市民の権利を擁護する我々全青司が意見を表明することが必要だ。有志で出したのでは意味がない。全青司は市民の生活を守るための団体なのだ、市民の権利を擁護する法律家職能としての団体なのだということを会長声明に託したい。声明を出すことで辞める会員が出ることは本意でないが、辞める会員がいるから出さないという選択肢もないと思う。丁寧に説明をしたうえで出したいと考えているが、時期の問題もあるので、この代表者会議で意見を聞いたうえで発出したい」。

　われわれ司法書士は、日々の業務や活動の中で、多くの市民が生きづらさを感じながら生活していることを知る。知ってしまった者として、問題に対しどう取り組んでいくかで法律家の真価が試される。

　全青司はこれまで、生活保護問題では受給者の側に立って、労働問題では労働者の側に立って、原発事故においては被害者の側に立って相談を受け、政府に対し意見を述べてきた。辺野古で起こっている問題を「別枠」とすることは、それまでの活動を無にすることになりかねなかった。

　一連の声明・意見書を発出する過程で、何人もの会員が全青司を去ることとなってしまった。当時会長だった者として責任を痛感している。

　一方で、辺野古意見書を読んだ沖縄県民から以下のメールをいただいた。

　「全国司法書士協議会様

　辺野古埋め立て承認取り消しに対する国の対応への意見書、ありがとうございます！／大変勇気の要ることだったと思います。敬意を表します。／沖縄は見捨てられているわけではないんですね。救われた気持ちです。／民主主義国家の一員として、辺野古埋め立ては絶対させません。普天間は絶対返還させます。／日米安保の基地負担は、全国の問題です。／よろしくお願いします」。

　最後に、佐藤優氏の著書[6]より抜粋する。

　「米海兵隊の基地を、沖縄県以外の都道府県はどこも受け入れようとしな

272

い。なぜだろうか？　それは民意が受け入れないからだ。沖縄県の民意も海兵隊の受け入れに反対だ。それなのに受け入れることを強要する東京の政治エリートの、うわべの言葉づかいはていねいだが、本質において強圧的な姿勢を、沖縄は構造的差別ととらえている」「差別が構造化されている場合、差別する側の人間は、差別している現実を認識していないのが通例だ」。

　上記の「東京の政治エリート」を「本土の人間」と置き換えたうえで、まさにわれわれ一人ひとりに対する呼びかけだと考えなければならないのではないだろうか。

6　佐藤優『官僚階級論―霞が関（リヴァイアサン）といかに闘うか』（にんげん出版、2015年）。

21　辺野古新基地建設をめぐる全青司憲法委員会の活動と今後の役割

東京司法書士会

半田　久之

1　はじめに

　2014年、全青司に憲法委員会が復活した。といっても筆者は、復活前に存在した憲法委員会をリアルタイムでは知らない世代である。復活の経緯等については、石橋修さんの寄稿で触れられているので、本稿ではこの点は割愛し、復活後、憲法委員会が一貫して取り組んできたテーマである沖縄辺野古新基地建設をめぐる課題を紹介したい。そして、全青司において憲法委員会が果たし、また、果たそうとしている役割を考えていきたい。

2　意見書、現地調査等

　憲法委員会では、この間、一貫して辺野古新基地建設問題を取り上げてきた。取り上げ方は、会長声明・意見書発出、現地視察、市民公開シンポジウム、学習会などである。まず、復活後、本稿執筆（2019年10月）時点までの取組みを概観したい。

(1)　2015年11月意見書

　全青司においては、沖縄における基地問題につき、憲法委員会復活前の2014年の沖縄全国大会、復活直後の福岡全国研修会においても取り上げている。そして、2015年には、沖縄県知事が辺野古新基地建設のための公有水面埋立て承認を取り消したことにより、国が沖縄県を提訴したことを受け、全青司として「沖縄県知事による辺野古埋め立て承認取り消しに対する国の法的対抗措置に抗議するとともに、沖縄県との協議の継続及び辺野古埋め立て

にかかる一切の行為の停止を求める意見書」を発出した[1]。これは、防衛省が一私人として国（国土交通省）に対し、審査請求を行うことの不当さ、憲法が地方自治を保障している趣旨を没却するとして憲法委員会が中心となって議論し、発出したものである。

この意見書が憲法委員会復活後、辺野古新基地建設をめぐる課題でのスタートとなった取組みである。この年度では、憲法委員会はこれに先立ち、「安保法制」についても憲法違反との立場から意見書を起案している。どちらも役員会ではもちろん、メーリングリスト上でも、大炎上の議論を経て、発出に至っている。いずれに対しても、「国防の問題」、「政治的」、「会員が減少する」などの意見を受けつつも、最後は、「全青司は法律家団体である」、「法律家団体が憲法問題に声をあげるのは当然」との声を受けて、発出に至っている。

(2) 2016年9月現地視察

2016年9月には、憲法委員会として沖縄県東村高江にてヘリパッド建設工事および名護市辺野古の新基地建設工事の視察活動を行った。現地視察を受け、沖縄の基地問題について、憲法の視点からどのように考えるべきかを委員会内や全青司役員会、月報全青司への寄稿等を通じて議論してきた。そして、この取組みを通じて、あたかも沖縄にだけ憲法が適用されていないかのような現状があるということへの理解を深めた。

(3) 2017年2月木村草太教授学習会

現地視察に加え、理論面での学習を深めるべく、辺野古新基地建設について、「木村理論」を提唱している木村草太首都大学東京教授をお招きしての勉強会を開催した。「木村理論」とは、憲法の41条・92条・95条から導き出されるもので、大要以下のものである。

まず、どこに、どのような基地を建設すべきか否かは、まさに国政の重要事項であるから、「国権の最高機関」であり「唯一の立法機関」（憲法41条）である国会による立法措置が必要であるというもの。

---

1 意見書全文は全青司ホームページに掲載されている〈http://www.zenseishi.com/opinion/2015-11-26-01.html〉。

　次に、新基地建設により、立地自治体においては都市計画、警察、消防、環境の保全など、地方自治体が通常行使しうる行政権限（自治権）が大幅に制限されるので、立地自治体の自治権がどの範囲で制限されるか、その制限の代償としていかなる措置がなされるべきかなどが「地方自治の本旨」（憲法92条）に基づいて法律で規定される必要があること。

　さらに、地方自治が脅かされ不当な差別を受けることのないよう、特定の自治体にのみ適用される特別法を制定する場合には、立地自治体の住民の投票による同意が必要となる（憲法95条）というものである。

　そして、この「木村理論」を辺野古新基地建設にあてはめると、いずれも満たしていないと指摘している。

　このような状況の中、それまでいったんストップしていた辺野古新基地建設工事が再開され、日々工事が進行する中で、沖縄で心を痛め、傷を負っている方々に対し、法律家として責任を果たすことが必要ではないかと委員会内にて議論し、次項で述べる会長声明発出へとつながっていく。

(4)　2017年2月会長声明

　2017年2月28日、全国大会の直前に、「辺野古新基地建設工事を中止し全国の自治体を等しく候補地として国民全体で議論を深めるべきこと、並びに、普天間飛行場の移設先の決定につき日本国憲法に則り立法措置と住民投票を求める会長声明」（以下、「会長声明」という）を発出するに至った[2]。

　この声明では、これまでの意見書から発展を遂げた点として、2点指摘したい。

　第1に、辺野古新基地建設問題について、憲法上の当不当のレベルから合憲違憲というレベルで、正面から憲法上の問題点を指摘した点である。これは、先に木村草太教授から学んだ「木村理論」を中心に据えたことによるものである。具体的には、声明では、辺野古新基地建設の「法的根拠は憲法上の土台を欠く」こと、基地建設には法律の制定と住民投票が必要であることを指摘している。

　2　会長声明全文は全青司ホームページに掲載されている〈http://www.zenseishi.com/opinion/2017-02-28-01.html〉。

第2に、この声明では「基地問題」を「沖縄問題」という沖縄在住の人だけの問題としてとらえるのではなく、自分の事として考えるとの視座を明確に打ち出した点である。会長声明では、自分たちは関係ないと思い、この問題から目をそらすことは、「日本国民の多くが日米安全保障条約が日本の平和と安全に役立っていると認識しその利益を享受する傍ら、その負担については沖縄県に偏在させることを暗に認め、無意識にも『沖縄県は本土とは違う』との差別」と指摘している。

なお、この会長声明は多くの反響を呼んだ。沖縄の地元紙である「琉球新報」では、総合面で声明の要旨を、社会面では梅垣晃一会長(当時)のコメントを掲載するなど大きく扱われた[3]。

また、この記事や声明を見た複数の市民の方から電話・手紙での感謝、激励が全青司事務局に寄せられた。

(5) 2017年11月沖縄でのシンポ＆フィールドワーク

2017年11月には、沖縄での全青司役員会に際し、市民公開シンポジウム「我々は、沖縄の米軍基地問題といかに向き合うべきか」を開催した(沖縄青年会と共催)。シンポジウムでは、この間の会長声明等発出を含めた全青司活動を紹介し、小口幸人弁護士、ノンフィクションライターの渡瀬夏彦氏からもそれぞれご報告いただき、討論するというものであった。当日は多くの市民の方にも参加いただき、「琉球新報」、「沖縄タイムス」でも大きく取り上げていただいた。

また、その翌々日には、辺野古新基地建設工事現場、嘉手納基地等をめぐるフィールドワークも開催した。辺野古新基地建設工事現場では、カヌーで洋上から抗議活動をしている地元の方から、新聞で全青司の活動を知ったと激励をいただいた。

(6) 2018年3月意見書

2018年には、「日米地位協定の改正、航空特例法の改正及び沖縄の基地偏在を固定化させ、沖縄県民の人権を侵害し、法の下の平等に反する辺野古新基地建設工事を中止し、全国の自治体を等しく候補地として国民全体で議論

---

3 琉球新報2017年3月8日朝刊。

を求める意見書」を発出している⁴。

　この意見書を契機に、辺野古新基地建設が沖縄県民への人権侵害であるとの指摘を行うようになる。それまでの2017年2月会長声明では、木村理論に基づき、憲法の統治機構の条文からその違憲性を導くものであった。この点、この意見書から「『沖縄に住む人々』と『本土に住む人々』という極めて不合理な区分により、『本土の理解が得られない』から『辺野古が唯一』と閣議決定し、辺野古新基地建設を強行していることは、沖縄に住む人々の幸福追求権、平和的生存権を侵害し、法の下の平等（憲法第14条1項）に反する」と述べるなど、明確に憲法の人権条項からその違憲性を主張するようになった。つまり、この問題の本質は、安全保障上の政策の是非ではなく、本土の人と沖縄の人との「自由の格差」の問題なのである。

(7)　2019年3月会長声明

　2019年3月には、その前月に行われた辺野古新基地建設についての沖縄県民投票の結果を受け、「辺野古米軍基地建設のための埋め立ての賛否を問う県民投票を受けての会長声明」を発出している⁵。声明は、文末で「本土においては、普天間基地の代替施設について、全国の自治体を等しく候補地として、在日米軍基地のあり方について、新基地の建設の是非や当否を含め、日本全体で検討する国民的議論が必要である。当協議会は、これに向けて引き続き力を尽くす所存である」と結んでいるように、県民投票において沖縄が本土に対して投げたボールへの応答との気持を込めて作成されたものである。

3　2019年5月、陳情の活動

　2019年5月には、沖縄での役員会において、全国1788の自治体議会に対して、「辺野古新基地建設の即時中止と、普天間基地の沖縄県外・国外移転について、国民的議論により、民主主義及び憲法に基づき公正に解決するべき

4　意見書全文は全青司ホームページに掲載されている〈http://www.zenseishi.com/opinion/2018-03-28-05.html〉

5　会長声明全文は全青司ホームページに掲載されている〈http://www.zenseishi.com/opinion/2019-03-02-01.html〉。

とする意見書の採択を求める陳情[6]」を行うことを決めた。

　この陳情は、これまでの声明等でも触れていた「国民的議論」の一翼を担うべく、全国1788のすべての自治体議会に陳情を送るという、極めて大胆な活動であり、また、事務作業的にも大変な労力を伴うものであった。しかし、役員会2日目開始前の日曜早朝に多くの役員が集まり、集団で資料組み、ホチキス止め、押印などの流れ作業を行い、1時間強の作業で発送作業の準備を完了させた。後日、陳情書発送を新聞報道で知った全青司活動に理解あるフリーライターの方に、SNS上で「こういうことを気合でやるのが全青司」とご紹介いただいた。まさに「気合」で活動を展開する、とても全青司らしい活動であったと思う。

　なお、陳情発送は沖縄では大変大きなニュースとなり、「琉球新報」、「沖縄タイムス」いずれも翌日の朝刊1面トップで報道された。また、翌々日の「琉球新報」では、「米軍基地負担の陳情　公正負担の国民的議論を」と題する社説で「画期的であり、歓迎したい」と全青司の取組みが紹介され[7]、琉球朝日放送の番組においても、筆者の電話インタビューとともに活動が紹介された。

　また、陳情提出後には、議会によっては提案者が意見陳述をできるところがあり、こちらも手分けをして意見陳述を行った。筆者も東京都国立市議会にて意見陳述を行わせていただいた。市議の方から熱心に質問もいただき、また、傍聴していた市民の方からも激励をいただいた。国立市議会では、筆

6　陳情の要旨は以下のとおりである。
　1．辺野古新基地建設工事を直ちに中止し、普天間基地を運用停止にすること。
　2．全国の市民が、責任を持って、米軍基地が必要か否か、普天間基地の代替施設が日本国内に必要か否か当事者意識を持った国民的議論を行うこと。
　3．国民的議論において普天間基地の代替施設が国内に必要だという結論になるのなら、沖縄の歴史及び米軍基地の偏在に鑑み、民主主義及び憲法の規定に基づき、一地域への一方的な押付けとならないよう、公正で民主的な手続きにより解決すること。
　を議会において採択し、その旨の意見書を、地方自治法第99条の規定により、国及び衆議院・参議院に提出されたい。
7　琉球新報2019年5月13日社説。

者が意見陳述を行った委員会段階では採決の結果、否決されたが、その後に本会議では逆転で採択された。このほかにも憲法委員が意見陳述を行った議会やそうでないところでも採択された議会があり、その数は23議会（2019年10月8日現在[8]）に上る。

　これらの取組みの一つひとつがまさに国民的議論の実践なのだと思う。

4　全青司における憲法委員会の役割

　ここまで2014年の憲法委員会復活以後、2019年までの辺野古新基地建設をめぐる憲法委員会の取組みをみてきた。これらの取組みを行う中で、この課題が安全保障上の政策の是非の問題ではなく、憲法上の統治機構の課題、さらには基本的人権がきちんと保障されていない、「自由の格差」の問題であるとの認識の発展があった。

　全青司に憲法委員会が存在するのは、青年法律家として、市民や社会、司法書士を取り巻く課題を憲法の視点からとらえ、権利侵害やルール違反が起きていることに気づく感覚を研ぎ澄ませること（筆者は、この感覚が法律家に必須の人権感覚ではないかと考えている）にあると考える。そして、権利侵害やルール違反に気づいた後には、法律家団体として、相手が一私人の場合でも、国家権力であっても、さまざまな行動を起こし、それを改善させていくことが必要である（「憲法的視点とその実践」）。

　先般の法改正により、司法書士の使命が法律に明記された。すなわち、「司法書士は、この法律の定めるところによりその業務とする登記、供託、訴訟その他の法律事務の専門家として、国民の権利を擁護し、もつて自由かつ公正な社会の形成に寄与することを使命とする」（司法書士法1条）というものである。その崇高な使命を全うするには、憲法的な視点とその実践が不可欠である。そのためにも憲法委員会が今後も果たしていく役割は大きい。昨今の社会情勢を見るに、憲法上の基本的人権の価値や法の支配を軽視して

8　なお、この数字には「採択」（議会において陳情を可決し、意見書を関係省庁に送付したもの）のほか、「趣旨採択」（趣旨に賛同するが、意見書送付は行わない）、「みなし採択」（同一会期においてすでに本会議において議決されていて、一事不再議により議決することなく、採択とみなして処理すること）も含む。

いるかのような出来事が続いているように思われる。このような状況であるからこそ、憲法的視点をもった法律家の役割はますます重要にならざるを得ない。全青司が率先してその役割を果たすことを期待して筆を擱くこととしたい。

22　養育費問題への取組み

長野県司法書士会

川上　真吾

　全青司50周年記念誌への寄稿依頼をいただき、大変光栄ではあるが、「養育費問題への取組み」は、まさに全青司で現在進行中の取組みでもあるため、先輩方の原稿と比較して、色彩のことなるものとなることをご容赦願いたい。

　この問題への今までの取組みを振り返るとともに、今後の活動へのさらなる取組みを誓い、本稿を記したいと思う。

1　養育費問題へ取組む端緒（個人的な端緒）

　私は、2006年に試験合格し、東京の大規模事務所に就職した。法律家になりたくて司法書士をめざしたのに、毎日、不動産決済の書類や遺産分割協議書を流れ作業のようにつくることばかりさせられており、司法書士資格に絶望しかけていた。そんなとき、関東ブロック新人研修において、長野から来ていた元全青司会長金子良夫さんに誘われ、長野青年会の「クレサラ110番」を見学させていただいた。そこでは、法律家である司法書士の先輩方が、情熱をもって多重債務者救済にあたっていた。そこで、初めて法律家である司法書士を見て、自分もこれをやりたい、こうなりたい、と思い、金子さん初め長野青年会の先輩の熱心なお誘いもあり、地元である長野県松本市に帰郷し、2007年に登録・開業をした。

　開業した当時は、多重債務問題のピークの頃であったため、多重債務事件の現場にすぐに入った。かかわったほとんどの事件が、多重債務事件であった。

　多重債務事件の相談を受ける際には、当然だが、これまでの人生の経過や

家計状況を聴き取る。聴取りを続けていると、離婚している方がかなり多く、また、その中で「養育費をもらえていない」「養育費を支払っていない」という方が多いことに気づいた。養育費を支払ってもらえれば、債務整理後の生活が楽になる、と思い、債権差押命令申立書作成や、調停申立書作成、履行勧告の申立て支援、離婚調停支援なども行うようになった。これが、私の養育費問題への取組みの端緒である。

　ある事件では、履行勧告も再度の調停も功を奏さず、差押可能財産も全く判明しないため履行命令申立書を作成し、家庭裁判所に提出に行ったところ、いっさい受け付けてもらえない、ということが起きた。裁判所書記官からは、調停をやってください、この裁判所ではいっさい受理しません、と言われ、大喧嘩をした。

2　長野青年会での取組み

　2009年、私は長野青司協の役員だったが、役員会や懇親会の場で「多重債務の事件で、養育費をもらっていない人が多いのは問題だ。もらえるように支援すべきだ。なぜやらないのか」としきりに吠えていた記憶がある。当時は、仕方ない、何を言っているのかわからない、手が回らない、という反応が多かったように記憶している。しかし、当時の長野青年会会長の計らいにより研修で講師をさせていただき、青年会で初めて養育費の問題を共有した。正直、反応が薄かった、というのが率直な感触ではあった。そのため、自分が考えているこの問題は、実は私の思い違いで、大した社会問題ではないのか？　司法書士にできることはない分野なのか？　と思い、一度、その情熱を失ってしまった。

　ところが、2013年、私が長野青年会会長を務めた際に、懇親会で仲間から「あの研修の情熱はすごかった。あの情熱はどこに行ったのか」と言われ、ハッとした。役員に諮ったところ、同じ問題意識を実務の現場で感じている人が増えていた。事業計画にも全くなかったが、急遽、12月に、おそらく全国初の養育費相談会「養育費なんでも相談室」を開催した。結果、1日で24件もの相談を受けた。相談会にはNHKも取材がきたほか、自治体の広報誌や新聞にも告知報道が掲載された。

3　全青司での取組み

　長野青年会での相談結果をもって、1月の全青司の代表者会議で「これだけ需要がある、全青司でやるべきだ」と発表した。

　すると、人権擁護委員会の面々や次年度会長予定者であった石橋修さんが「ぜひこれはやろう」と急遽全青司の次年度事業計画に入れることとなった。ただし、当初は人権擁護委員会内でも、養育費に取り組むことに懐疑的な意見もあったように記憶している。

　そして、そのまま私は、この2015年度に、人権擁護委員会担当常任幹事となり、8月には全青司による全国一斉養育費相談会を開催した。結果として203件の相談を受けたが、新聞記者の方からの問合せが多かったことが強く印象に残っている。中日新聞の記者の方は、長野県松本市まで、私と、かつての依頼者の取材のため、ご足労いただいた。社会問題として関心をもっている方が多いことがわかった。

　この年度で、全青司で共有したことは「養育費問題は、貧困問題に直結している」ということだ。ひとり親世帯の2世帯に1世帯が貧困状態であり、その原因が、収入が低いことにあるのは、各種データ[1]からも明らかである。そういった状況であれば、なおさら養育費の支払いを確保することが、貧困問題の改善に資するというのは、当然の帰結である。

　ただし、「わずかばかりの養育費を支払ってもらっても、生活はよくならず、貧困対策にはならない」との意見もよく耳にした。これは、半分は正しいが、半分は誤った指摘だと思う。養育費が「わずか」となってしまうのは、取り決める裁判所の算定表がおかしく、また、相手方が低収入の状態や、賃金の低い非正規労働に陥ってしまっているこの日本がおかしいのである。子どもには何の非もない。「わずか」だからといってあきらめるのは愚かだ。むしろ、わずか5000円の養育費でも、塾に通い、レジャーにも行け、服が購入できる。そういったことが、子どもの生きる希望につながる、と考えた。

1　各種データ（平成28年　国民基礎調査）については厚生労働省ホームページに掲載されている〈https://www.mhlw.go.jp/toukei/saikin/hw/k-tyosa/k-tyosa16/〉。

さらには、面会交流の実施率が極端に低い日本においては、養育費の支払いが、非監護親との交流の復活となり、この意味でも養育費は重要である。

また、ひとり親世帯に支給されている「児童扶養手当」については、所得基準が設けられているが、2002年度の児童扶養手当法改正から、受け取った養育費の8割を所得として算入するという改悪が行われていることにも気づいた。「養育費をもらうと、児童扶養手当が減るんですよね」という当事者の声を聴き、低所得に苦しみ、児童扶養手当を受給している世帯ほど、この構造になってしまうことに気づいた。これは、お金の出所が変わるだけで、貧困対策にはなっていない。全青司は2015年度に、この点について児童扶養手当の所得算定基準に関する意見書[2]を発出している。

その後、毎年全国一斉養育費相談会を年1回開催し、例年100件以上の相談を受けている。2018年には、遂に日司連との共催で全国一斉養育費相談会を開催したが、この時、一部の日司連役員の消極的な態度や言動を伝え聞き、司法書士会が弁護士会に比して遅れている理由がわかった。「緊急でない限り、日司連は会則上、相談事業の実施主体になれない」と。早急な組織改革が必要なことは明らかである。

4 専門相談ダイヤルの開設

全国一斉養育費相談会を開催し、感じたことは、常設の相談窓口の必要性である。相談会開催の際に、私は毎年必ず、地元の自治体にチラシ設置依頼に行っているが、そこでは「年に一回だけなのですか」「常設してください」とよく耳にする。相談先がなく、自治体も困っているのである。なお、平成28年度全国ひとり親世帯等調査[3]においては、母子世帯の主な養育費の相談先として、弁護士をあげた人は15.7%しかおらず、家庭裁判所（17.1%）、親族（47.7%）に劣後している。

---

2 意見書全文は全青司ホームページに掲載されている〈http://www.zenseishi.com/opinion/2016-01-14-01.html〉。

3 調査結果（平成28年度全国ひとり親世帯等調査結果報告）については厚生労働省ホームページに掲載されている〈https://www.mhlw.go.jp/stf/seisakunitsuite/bunya/0000188147.html〉。

　また、調べてみると、各司法書士会の相談センターで、積極的に養育費相談を受けているところはほとんどない。全青司がやるしかない、ということで、2016年から準備し、役員会でも議論のうえ、常設電話相談の開設準備をした。そして、相談需要が多い、生活保護と労働問題とともに、2019年 5 月、常設の「専門相談ダイヤル」を設置し、電話相談開始した（養育費に関しては毎週金曜日の13時～15時）。開設当初は、相談がなかったが、2019年 9 月以降、養育費については 1 回あたり 1 ～ 3 件程度の相談が寄せられており、養育費相談の受け皿となってきている。

5　今後の活動

(1)　法改正など

　さて、養育費問題について、大きな動きが二つあった。

　一つ目が、「民事執行法の改正」である。

　2020年 4 月 1 日施行の民事執行法改正により、養育費の不払いの際に、裁判所に申立てをし、義務者の口座情報、勤務先情報を入手できるようになった。これにより、支払いが確保されるため、養育費の相談が激増することになるであろう。

　二つ目は、「新算定表の登場」である。

　家庭裁判所での調停・審判で使用されている「養育費算定表」について、最高裁判所から新しいものが発表され、家庭裁判所ですぐに使用されるとのことである。

　以前の算定表は、必要経費が現実より多く認められ、養育費の金額が低廉となり、実態に合っていないと指摘されていた。これが、改善される見込みである。

(2)　疑　問

　上記二つの動きによって、世の中はよくなるのであろうか。

　まず、養育費の支払いは確保されても、貧困問題の解決にならない可能性があると考える。それは、前述のとおり、養育費の 8 割が、児童扶養手当の所得基準上の所得として算入されてしまうことも理由にある。

　また、非正規労働、貧困が拡大している中、支払義務者に資力がない場合

も多く存在しているが、今回の法改正は、それらのケースには無力である。

　さらにいえば、今回の法改正は、「自助」を増やすものであり「公助」「共助」ではない。OECD 加盟国の中で最悪の状態にあるひとり親世帯の貧困率を改善するならば、国による給付を増やす、サービスを増やす、正規職員につくことのできる環境を整備することが必要である。

　全青司は、養育費が支払ってもらえれば、それでよいとは全く考えていない。そういった貧困改善のための「共助」「公助」を増やすための法改正や環境整備を求めて活動していく。

　昨年、シングルマザーを支援する団体の方からいただいたご指摘が、胸に刺さった。「司法書士さん、多重債務問題では成功を収めたけれど、あれとは違って、養育費の問題は絶対悪がいないから、難しいですよね」と。おそらく、絶対悪は、当事者ではなく、日本という国家ではないだろうか。ひとり親世帯は生活が苦しくて当たり前、というこの空気をこれまで長く放置してきたのは、政府であるからだ。

(3) 取組みの発展のために

　養育費の事件は、裁判書類作成事件という司法書士の本来業務であるにもかかわらず、現状、なかなか現場で取り組む人が増えていかない。残念ながら、全国一斉相談会の直前に研修で知識を入れて、それきりまた1年後の相談会まで養育費の実務にあたることがない方も多く存在している。それを突破するために、各地で常設相談窓口を設置することを推進していきたい。なお、ある地方の司法書士会に研修講師でうかがったところ、100名を超える参加があり、しかも若手が少なく、実務で取り扱っている方ばかり、ということがあった。その県は弁護士が少なく、歴史的に離婚関係事件を司法書士が多く取り扱ってきていたようだ。このように、伝統的な業務である。

　また、残念ではあるが、弁護士の家庭裁判所における婚姻関係事件の就任率は、高くない。43.3％のケースで、当事者双方に全く代理人が就いていない状況にあり、双方に就いている率は25.9％にすぎない[4]。弁護士が激増し

4　裁判所の統計データについては、最高裁判所ホームページに掲載されている〈https://www.courts.go.jp/toukei_siryou/siryo/hokoku_08_about/index.html〉。

ているにもかかわらず、この結果である。司法書士が、この受け皿になることがとても重要だ。紛争解決の専門家として、司法書士がこれを取扱うことこそ、市民に必要とされる資格として、とても重要なことである。

　さて、家事代理権獲得をめざす司法書士が多いことは明らかではあるが、どこに立法事実があるのか。相続事件や成年後見事件であろうか。離婚事件、養育費事件、面会交流事件など、市民のニーズが高く、弁護士の手が回っていない分野に正面から取り組まずして、市民から立法事実ありとの声を得ることができるのか。私たちの後ろ盾は市民の声しかないはずだ。

6　最後に

　現場を曇りなき眼で見て、問題の本質を知る。そして、知ってしまった者の責任を果たす。社会正義を実現する。これが、全青司の役割であり、本質だと思う。

　全青司は、これからも、この養育費の問題、そして関連する問題について、市民の権利擁護のために全力で取組むことを誓い、本稿の締めとさせていただく。

資　料

【資料】　全青司の50年間の歩み

西暦　（和暦）	国内外の主な出来事 （重要な社会事象）	主な法改正等の動き （私法、司法制度、 司法書士法関連の法改正）
1964年　昭和39年	東京五輪 東海道新幹線開業	臨時行政調査会答申案（司法書士廃止論）が 報道される
1965年　昭和40年		
1966年　昭和41年		
1967年　昭和42年		司法書士法の一部改正 （司法書士会に法人格の付与等）
1968年　昭和43年		
1969年　昭和44年		
1970年　昭和45年	大阪万博	
1971年　昭和46年		
1972年　昭和47年	札幌五輪 沖縄返還	
1973年　昭和48年		
1974年　昭和49年		
1975年　昭和50年	ベトナム戦争終結 山陽新幹線全線開業	

全青司の活動	会長	大会／研修会
第1回全国青年司法書士の集いを大阪で開催 （3月5日〜6日。全国から8会、70名余参加）		
第2回全国青年司法書士の集いを開催（大阪）		
第3回全国青年司法書士の集いを開催（兵庫）		
第4回全国青年司法書士の集いを開催（東京）		
全国青年司法書士連絡協議会の誕生 創立総会・第1回大会を熱海市で開催 （1月31日〜2月1日。全国から27会、220名参加）	初代 高橋一夫（大阪）	第1回熱海全国大会
第2回大会を名古屋にて開催	初代 高橋一夫（大阪）	第2回名古屋全国大会
第1回全国研修会を東京代々木オリンピック記念青少年総合センターにて開催（9月15日〜17日。130名参加）	初代 高橋一夫（大阪）	第3回仙台全国大会 第1回東京研修会
	初代 高橋一夫（大阪）	第4回岡山全国大会 第2回大阪全国研修会
	第2代 相馬計二（東京）	第5回福岡全国大会 第3回東京全国研修会
	第2代 相馬計二（東京）	第6回札幌全国大会 第4回大阪全国研修会

資　料

1976年　昭和51年		
1977年　昭和52年		
1978年　昭和53年		司法書士法の一部改正 （目的・職責規定の新設・国家試験制度導入）
1979年　昭和54年		
1980年　昭和55年		
1981年　昭和56年		
1982年　昭和57年	フォークランド紛争勃発	
1983年　昭和58年	三宅島噴火	
1984年　昭和59年		
1985年　昭和60年		司法書士法一部改正（登録事務の日司連への 移管、公嘱協会の設立）
1986年　昭和61年	伊豆大島噴火	
1987年　昭和62年		
1988年　昭和63年		

国民と司法書士創刊号	第2代 相馬計二（東京）	第7回東京全国大会 第5回東京全国研修会
司法書士実態調査表作成	第2代 相馬計二（東京）	第8回広島全国大会 第6回秋田全国研修会
	第3代 原田献三（東京）	第9回大阪全国大会 第7回沖縄全国研修会
司法書士による市民法律教室（埼玉） 国民と司法書士2号	第4代 上野義治（大阪）	第10回松山全国大会 第8回長野全国研修会
月報全青司創刊 国民と司法書士臨時増刊号	第5代 水原厚（京都）	第11回名古屋全国大会 第9回金沢全国研修会
国民と司法書士3号 第1次上田調査実施	第6代 小山稀世（神奈川）	第12回熊本全国大会 第10回神戸全国研修会
国民と司法書士4号 秩父調査実施	第7代 宮谷昭廣（大阪）	第13回福島全国大会 第11回秩父全国研修会
公共嘱託登記受託促進に関する（社団）法人設立反対の意見書 サラ金問題街頭アピール	第8代 高橋清人（栃木）	第14回鳥取全国大会 第12回旭川全国研修会
社会問題対策部門の設置（クレサラ問題） 全国一斉市民法律教室の開催	第9代 喜成清重（石川）	第15回徳島全国大会 第13回岡山全国研修会
パノラマ法律講座の開催（全国青年税理士連盟、青年法律家協会弁護士学者合同部会と共催）	第10代 大貫正男（埼玉）	第16回鳥羽全国大会 第14回筑波全国研修会
簡易裁判所統廃合反対集会の開催 国家秘密に係るスパイ行為等の防止に関する法律に反対する決議 市民と司法書士5号（国民と司法書士を改題）	第11代 細田長司（高知）	第17回横浜全国大会 第15回京都全国研修会
登録免許税引上げ反対決議	第12代 松崎定守（愛知）	第18回長崎全国大会 第16回群馬全国研修会
フランス不動産登記視察団 公正証書アンケート（全国クレサラ・生活再建問題対策協議会と共催） 市民と司法書士6号	第13代 風間邦光（長野）	第19回山形全国大会 第17回大阪全国研修会

資　料

1989年	昭和64年 平成元年		
1990年	平成 2 年	バブル経済崩壊 雲仙・普賢岳噴火 湾岸戦争勃発 東西ドイツ再統一	
1991年	平成 3 年		
1992年	平成 4 年		
1993年	平成 5 年		
1994年	平成 6 年		
1995年	平成 7 年	阪神・淡路大震災	
1996年	平成 8 年		
1997年	平成 9 年		
1998年	平成10年	長野五輪	新民事訴訟法の施行
1999年	平成11年		
2000年	平成12年	三宅島噴火 東海豪雨	消費者契約法の成立 民事法律扶助法の施行
2001年	平成13年	アメリカ同時多発テロ事件	司法制度改革推進本部の設置

地・家裁支部廃止阻止全国キャラバン	第14代 川道繁行（長崎）	第20回高知全国大会 第18回東京全国研修会
定住外国人と家族法シンポジウム開催 提言「司法書士法改正」発刊 登記手数料値上げ反対請願運動	第15代 齋藤幸光（群馬）	第21回名古屋全国大会 第19回札幌全国研修会
市民と司法書士7号 裁判を傍聴する会発足（大阪）	第16代 齋木賢二（東京）	第22回鹿児島全国大会 第20回静岡全国研修会
登記手数料値上げ反対運動 （街頭署名、デモ行進）	第17代 齊藤馨（神奈川）	第23回山口全国大会 第21回福岡全国研修会
全国青年司法書士協議会に名称変更	第18代 北川哲男（長野）	第24回岩手全国大会 第22回広島全国研修会
民事訴訟手続に関する改正要綱試案に対する意見書	第19代 長田悦子（埼玉）	第25回金沢全国大会 第23回広島全国研修会
阪神・淡路大震災救援活動	第20代 堀池勇（静岡）	第26回岡山全国大会 第24回京都全国研修会
登記所統廃合阻止全国キャラバン 全青司旗作成	第21代 加藤政也（東京）	第27回大分全国大会 第25回旭川全国研修会
市民からみた司法書士（島根調査）	第22代 稲村厚（神奈川）	第28回兵庫全国大会 第26回大阪全国研修会
巡回法律相談活動の開始	第23代 水谷英二（愛知）	第29回島根全国大会 第27回三重全国研修会
市民法律教室シンポジウム開催 市町村あて法律相談に関するアンケート実施	第24代 山内鉄夫（大阪）	第30回宮城全国大会 第28回東京全国研修会
全国一斉クレサラ110番	第25代 竹村秀博（広島）	第31回熊本全国大会 第29回愛知全国研修会
高金利引下げ全国キャラバン実施 巡回法律相談（全国37カ所）、小笠原巡回法律相談 三宅島噴火災害被災者支援 全国一斉住宅ローン・クレジットサラ金110番	第26代 里村美喜夫（札幌）	第32回千葉全国大会 第30回静岡全国研修会

資　料

2002年　平成14年	アフガニスタン紛争勃発	司法書士法の一部改正 （簡裁代理権の付与等）	
2003年　平成15年	イラク戦争勃発		
2004年　平成16年		不動産登記法の改正 総合法律支援法の成立	
2005年　平成17年		会社法の成立	
2006年　平成18年		出資法の一部改正 貸金業法の一部改正	
2007年　平成19年	新潟県中越沖地震	日本国憲法の改正手続に関する法律の成立 裁判外紛争解決手続の利用の促進に関する法律の施行	

簡裁事件受任推進委員会設置 出資法上限金利の引下げ等を求める請願運動 韓国視察 第1回ハンセン病療養所訪問 司法過疎解消対策ワーキングチーム設置 ヤミ金融チラシ・DM買取運動	第27代 金子良夫（長野）	第33回山口全国大会 第31回福岡全国研修会
全国一斉過払金返還請求訴訟提起 ゼロワンマップ作成事業 NPO法人司法過疎サポートネットワーク、 NPO法人小笠原サポートネットワークとの連携	第28代 盛岡登志夫（京都）	第34回青森全国大会 第32回兵庫全国研修会
ゼロワンマップ作成・公開 生活保護ホットライン実施 住基ネット反対運動	第29代 高原勉（兵庫）	第35回岐阜全国大会 第33回神奈川全国研修会
児童養護施設法律教室開催 出資法の上限金利見直しに関する公開アンケート 三宅島常設相談所開始 生活保護110番開始	第30代 小澤吉徳（静岡）	第36回宮崎全国大会 第34回札幌全国研修会
憲法委員会の設置 近時の改憲論に関する提言書の発出 会社法電話相談 ADRトレーニング開始 全国一斉労働トラブル110番の開始 労働相談Q&Aの執筆 災害対策本部活動	第31代 大部孝（福岡）	第37回富山全国大会 第35回京都全国研修会
割賦販売法改正対策特別委員会設置 全青司メディエーションセンター設置 全青司当番司法書士ホットラインの開始	第32代 伊見真希（千葉）	第38回福島全国大会 第36回広島全国研修会

2008年　平成20年		
2009年　平成21年		
2010年　平成22年		
2011年　平成23年	東日本大震災／東京電力福島第一原子力発電所事故	
2012年　平成24年		
2013年　平成25年		
2014年　平成26年		
2015年　平成27年		

憲法フォーラムの開催 刑事法フォーラムの開催 派遣労働者のための110番 反貧困フェスタ2008	第33代 稲本信広（熊本）	第39回高知全国大会 第37回大阪全国研修会
自死対策特別委員会設置 民法改正特別委員会設置 企業支援コンペ開催 改正貸金業法の完全施行を求める請願活動	第34代 小山田泰彦（岩手）	第40回鹿児島全国大会 第38回宮城全国研修会
武富士会社更生電話相談会 全青司40周年記念式典特別委員会設置 刑事法フォーラム	第35代 村上美和子（東京）	第41回三重全国大会 第39回東京全国研修会
東日本大震災災害対策本部設置 日司連・リーガルサポート・全青司　震災相談 Q&A 臨時総会開催 出会い系サイト被害110番	第36代 後藤力哉（札幌）	第42回埼玉全国大会 （東日本大震災のため中止） 第40回静岡全国研修会
原発事故避難者110番開催 第２次上田調査実施 自然人保証廃止を考えるシンポジウム	第37代 野﨑史生（愛知）	第43回山形全国大会 第41回兵庫全国研修会
原発事故不動産・家財賠償110番 特定秘密の保護に関する法律案に反対する緊急会長声明	第38代 谷嘉浩（大阪）	第44回長野全国大会 第42回旭川全国研修会
原発事故等対応委員会バスツアー開催 憲法研究特別委員会設置 沖縄愛楽園くらしの相談会開催	第39代 水谷公孝（三重）	第45回沖縄全国大会 第43回福岡全国研修会
生活保護基準引下げ違憲訴訟全国支援の会協力 子どもの人権に関するシンポジウム 全国一斉養育費相談会の開催	第40代 石橋修（群馬）	第46回鳥取全国大会 第44回熊本全国研修会

2016年	平成28年	熊本地震	成年後見制度の利用の促進に関する法律の成立
2017年	平成29年		民法（債権法）の改正
2018年	平成30年		民法（相続法）の改正
2019年	平成31年 令和元年		司法書士法の一部改正（使命規定の創設等） 民事執行法の改正
2020年	令和2年	新型コロナウイルス感染症 東京五輪（延期）	

熊本県内一斉巡回相談活動（熊本会と共催） 辺野古視察 辺野古新基地に関する会長声明 夫婦の氏勉強会	第41代 梅垣晃一（鹿児島）	第47回奈良全国大会 第45回神奈川全国研修会
東京レインボープライド参加 九州豪雨災害対策本部設置 面会交流支援シンポジウム	第42代 広瀬隆（埼玉）	第48回茨城全国大会 第46回広島全国研修会
セクシュアルマイノリティに関する電話相談会 所有者不明土地問題シンポジウム ADR徹底的にロールプレイ研修会	第43代 石川亮（千葉）	第49回岐阜全国大会 第47回群馬全国大会
辺野古新基地撤回の全自治体陳情 専門相談ダイヤル開始 破産者マップに関する電話相談、関係機関申入	第44代 半田久之（東京）	第50回埼玉全国大会 第48回岩手全国研修会
WEB研修会の連続開催 コロナ災害を乗り越えるいのちとくらしを守るなんでも相談会参加	第45代 川上真吾（長野）	第51回山口全国大会 （新型コロナウイルス感染症対策のため中止） 第49回東京全国研修会 （新型コロナウイルス感染症対策のため延期）

（注１）　本年表は、編集委員会が月報全青司および総会資料等を基に作成している。
　　　　　資料の散失や記憶違いなどで、必ずしも正確なものになっていない点は、編集委員会の責任であり、関係者にはお詫び申し上げる。
（注２）　全国大会および全国研修会の名称については、便宜、開催地名を冠した漢字表記にて統一している。
（注３）　年度を超えて継続した活動も多く、年表記載上それらは適宜総括等がなされた年度で掲載している。

司法過疎対策 独立開業フォーラム

～君の力を発揮すべきところPart Ⅵ～

そうか! ここで 開業すればいいのか!!

入場無料

各会場共、来場者先着100名に「司法書士開業・実務に役立つ資料集」を無料配布!!

東京会場	大阪会場
日時 平成**17**年**10**月**15**日(土) 13:00～17:00	**日時** 平成**17**年**10**月**22**日(土) 13:00～17:00
場所 **司法書士会館** (JR四谷駅徒歩5分)	**場所** **大阪司法書士会館** (地下鉄谷町線谷町四丁目駅徒歩3分)

主催 **全国青年司法書士協議会**　　**後援** **日本司法書士会連合会**

お問い合わせ 司法過疎対策独立開業フォーラム実行委員会事務局
E-mail kasotaisaku2005@yahoo.co.jp (担当者 東京会場/外山・大阪会場/野崎)

弱った、困った、わからないときに

司法書士 無料 巡回法律相談

❓ 土地建物の売買

マイホームを建てたいと計画しています。土地や建物の売買では、どんなことに注意したらいいのでしょうか？

❓ クレジット サラ金問題

リストラで住宅ローンを払えなくなりサラ金から借りて返済していたらみるみる負債がふくれあがった。

❓ 相続・遺言等

父が亡くなって、ずいぶんたちますが、遺産相続をしていません。相続の手続きはどうするのでしょう。

たとえば
こんなときに！

❓ 高齢者・障害者の 相続、財産管理・承継 等の問題

財産や契約のことで心配なことはありませんか？

❓ そのほかお困りのこと、たとえば

- ●会社・法人の設立・変更
- ●古い抵当権が残っています。どうやって消せばいいの？
- ●最近話題のNPOって私達のボランティアグループも法人化できるの？

お気軽にご相談ください。

◢全国青年司法書士協議会

〒160-0004
東京都新宿区四谷1-2 伊藤ビル7F
（JR四谷駅前）
ＴＥＬ.03-3359-3513
ＦＡＸ.03-3359-3527
http://www.sihousyosi.akita.akita.jp

私たちは地元住民の意向を無視した「登記所統廃合」に反対しています。

国民総背番号制をつぶそう

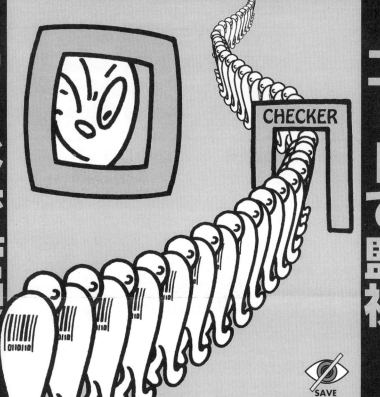

カードで管理、

コードで監視。

CHECKER

SAVE
THE PRIVACY

21世紀に負の遺産を贈らないために

国の指針

自治省は、2000年度より全国民に固有の番号(コード)を付けた〔住民基本台帳番号制度〕を導入し、全国共通仕様の〔国民登録証〕(カード)を発行してコンピューター管理する計画をしています。

現実は....

私たち一人一人に番号がつけられコンピューターで管理されるようになるとそれは、国家による、完全な監視社会です。一人ひとりが丸裸にされるプライバシーのない社会です。国家による情報操作社会です。

全国青年司法書士協議会

あ と が き

　ここに、全青司50周年記念誌を献辞するにあたり、編者を代表して、寄稿、取材並びに編集にご協力をいただいた関係各位に深く感謝を申し上げる。およそ１年間半にわたる準備期間を経て、使命規定を冠する改正司法書士法の施行の年に、全青司の半世紀にわたる歴史を一冊の書籍の形として記すことができたことは、編者としてこのうえない喜びである。

　また、この記念誌が刊行されるにあたっては、新型コロナウイルス感染症の影響により大変な困難に直面しているさなか、民事法研究会編集部に多大なるご尽力をいただいた。ここに重ねて御礼申し上げたい。

＊

　全青司とは、司法書士の「良心」である。だからこそ、全青司は、業界のエゴや自己満足からは最も遠くにあることを志すべきであり、その活動は、純粋に、市民のために、そして最も弱い立場に置かれた人々のためになるかどうかを基準として、そのための活動に全力を尽くすべきである。青年会に入会して間もない頃、先輩から何度も熱く聞かされた覚えがある。

　私は、その後に全青司の執行部にかかわり、今は現役から一歩退いているが、先輩から言われたその言葉は、まさにそのとおりであり、全青司のあり方として今も変わりはないと思う。そして、この全青司50周年記念誌に寄稿された数々の活動の歴史もまた、それを如実に表していると思う。

　ただ、「良心」を体得することは、まことに難しい。いや、むしろ無理であることを承知のうえ、自らの限界を意識していなければならないのかもしれない。自らの良心は、いつの間にか「独善」に摩り替わってはいないか。事業の本当の成果は、いつの間にか「目先の満足感」に挿げ替わってはいないか。そして今、目の前にいる声の大きな人の、論旨明瞭なる言説に従って事業を執行することは、本当に自らの良心に適うものなのか。私が執行部にいた時代には、考えれば考えるほど答えはみつからず、良心の意義をめぐって彷徨うばかりであった。そのことは、おそらく、今の全青司にも言えることであり、全青司の歴史は、執行部や会員一人ひとりの葛藤の記憶の歴史であるともいえる。

　願わくは、そんな全青司の活動と、その背景にある葛藤の記憶を後世に引き継ぎ、全青司の活動を、そして、司法書士制度をよりよいものに発展させていくため、この記念誌が議論と熟慮の土壌となり礎の一つとして貢献できることを祈る。

令和2年8月1日　司法書士法改正の日に
全青司創立50周年記念事業特別委員会編集長
第41代全青司会長　**梅垣　晃一**

全青司創立50周年記念事業特別委員会

委員長
　川上　真吾
編集長
　梅垣　晃一
編集委員
　阿部健太郎／稲村　　厚／上中　元貴／半田　久之／西山　弓子／
　松田佐智子／松永　朋子／吉田　　健／和田　秀幸

（五十音順）

〔編者所在地〕

全国青年司法書士協議会

〒160-0004　東京都新宿区四谷2丁目8番地　岡本ビル5階

☎03-3359-3513㈹

✉info@zenseishi.com

http://www.zenseishi.com/

使命を胸に──青年司法書士の軌跡──
〔全国青年司法書士協議会50周年記念誌〕

2020年10月31日　第1刷発行

定価　本体2,900円＋税

編　　　者　全国青年司法書士協議会
発　　　行　株式会社　民事法研究会
印　　　刷　株式会社　太平印刷社

発 行 所　株式会社　民事法研究会
　　　　　〒150-0013　東京都渋谷区恵比寿 3-7-16
　　　　　〔営業〕　TEL 03(5798)7257　FAX 03(5798)7258
　　　　　〔編集〕　TEL 03(5798)7277　FAX 03(5798)7278
　　　　　http://www.minjiho.com/　info@minjiho.com

落丁・乱丁はおとりかえします。　　ISBN978-4-86556-392-4　C2032　￥2900E

■21世紀の司法書士像を創る総合法律情報誌■

市民と法

隔月刊
2月・4月
6月・8月
10月・12月

拡大する司法書士業務を支援する専門情報誌！

特集　実務に直結する最新情報を詳解！

裁判関係業務

✹特集　よく似た法的手続を上手に使い分ける（3）〔125号〕（令和2年10月）
- Ⅰ　事業再編のための株式交換、株式移転、株式交付等の使い分け（内藤　卓）
- Ⅱ　遺言における自筆証書と公正証書の使い分け（石川　亮）
- Ⅲ　社会的養護の方法としての未成年後見と特別養子縁組（山本健二郎）
- Ⅳ　財産開示手続と第三者からの情報取得手続の使い分け（大賀宗夫）

不動産登記

✹特集　物権法と収用関係法との交錯〔123号〕（令和2年6月）
- Ⅰ　企画趣旨—所有者不明土地問題の動向を含めて—（鳥谷部茂）
- Ⅱ　所有権放棄をめぐる問題（堀田親臣）
- Ⅲ　土地収用法の不明裁決・円滑化法の収用特例（福重さと子）
- Ⅳ　意思主義・対抗要件主義と効力要件主義（石口　修）
- Ⅴ　土地・建物の登記義務（並川雄一）
- Ⅵ　収用を円滑に進めるための所有権・利用権の評価・補償（仁王頭毅）

商業登記企業法務

✹特集　よく似た法的手続を上手に使い分ける（2）〔122号〕（令和2年4月）
- Ⅰ　相続における事実上の相続放棄の使い分け（仲　　隆）
- Ⅱ　相続における預貯金債権の払戻手続の多様化（香月裕爾）
- Ⅲ　任意後見と家族民事信託の連携（遠藤英嗣）
- Ⅳ　共有関係の解消・離脱の手続の使い分け（三平聡史）

論説/解説　実務や制度に鋭く論及！

- 民事信託支援業務のための執務指針案100条（3）
  ——法3条業務としての民事信託支援の確立に向けて——〔125号〕（渋谷陽一郎）
- 国民目線で考える裁判のIT化〔124号〕（笠原毅彦）
- 信託における遺留分の侵害と相続法の改正〔124号〕（田中和明）
- 民事信託支援業務のための執務指針案100条（2）
  ——法3条業務としての民事信託支援の確立に向けて——〔124号〕（渋谷陽一郎）

好評の連載　簡裁民事実務研究／現代家族の肖像と法律問題／Q&A簡裁民事実務メモ／現場からのアプローチ／相続・今昔ものがたり／全青司ノート／すぐに使える！　資産税の豆知識／裁判手続のIT化をめぐる司法書士事務所の風景／紛争解決のためのADRレポート／若葉からの便り／法律家のひとりごと（不定期）

発行　民事法研究会

〒150-0013　東京都渋谷区恵比寿3-7-16
（営業）TEL.03-5798-7257　FAX.03-5798-7258
http://www.minjiho.com/　info@minjiho.com

全青司ノート[※]　（※市民と法で好評連載中）

- 裁判ＩＴ化と司法書士の本人訴訟支援　　　　　　　　　　　日々野正英
- 新型コロナウイルス感染症に起因する社会混乱に対する全青司の取組み

　　　　　　　　　　　　　　　　　　　　　　　　　　　　　平野　　瞬
- 破産手続はこのままでよいか　　　　　　　　　　　　　　　手嶋　竜一
- 法制審議会民法・不動産登記法部会中間試案に対するパブリックコメント

　　　　　　　　　　　　　　　　　　　　　　　　　　　　　小坂　和義
- 法制審議会民法・不動産登記法部会中間試案の概要と若干の考察　宮澤　智史
- 養育費・面会交流の実状と司法書士の取組みの課題　　　　　荘原　直輝
- 「県民投票」そして「新しい提案」から自由、民主主義を問う　安里　長従
- 明らかになった官報公告の問題点　　　　　　　　　　　　　手嶋　竜一
- 司法書士の使命　　　　　　　　　　　　　　　　　　　　　北川　雄太
- 所有者不明土地問題解決に向けての司法書士の役割　　　　　木村　幸一
- 労働問題への取組みと「2018 年問題」　　　　　　　　　　市野　秀樹
- 中小企業と働き方改革と「いい会社」　　　　　　　　　　　竹内　　淳
- 児童養護施設＋いい会社＋空き家問題 × ＡＤＲ＝∞の話　　山崎　梨紗
- 相続法改正シンポジウム　　　　　　　　　　　　　　　　　和田　秀幸
- 法定相続情報証明制度と司法書士の役割　　　　　　　　　　八木　貴弘
- 生活保護基準引下げ問題　　　　　　　　　　　　　　　　　松井　修一
- 民事執行法の改正に関する中間試案に対する期待と懸念　　　和田　秀幸
- 全青司のセクシュアル・マイノリティの権利擁護活動の報告　中村　貴寿
- 多重債務問題の再燃と司法書士の役割　　　　　　　　　　　坂田　亮平
- 改正組織的犯罪処罰法（いわゆる共謀罪）の問題点　　　　　白井　則邦
- 沖縄・辺野古基地建設と憲法　　　　　　　　　　　　　　　半田　久之
- 全国一斉生活保護 110 番の開催結果報告　　　　　　　　　川上　真吾
- 全国一斉労働トラブル 110 番の開催結果報告　　　　　　　坂田　亮平
- 商業・法人登記と司法書士　　　　　　　　　　　　　　　　古谷　理博
- 全国一斉養育費相談会実施報告　　　　　　　　　　　　　　川上　真吾
- 民法（相続関係）改正に対する意見書の提出　　　　　　　　齊藤　　幹
- 憲法的視点で求める司法書士像　　　　　　　　　　　　　　中林　和典
- 親子関係法制の課題　　　　　　　　　　　　　　　　　　　清水佐智子
- 子供の貧困と養育費問題　　　　　　　　　　　　　　　　　川上　真吾
- 原発事故ＡＤＲ申立支援への関与　　　　　　　　　　　　　河内　謙治
- 第 44 回全青司くまもと全国研修会　　　　　　　　　　　　松永　朋子

　　　　　　　　　　　　　　　　　　　　　　　　　　　　　（ほか）